易学

成立と展開

本田　済

講談社学術文庫

はしがき

これは易の概説である。

ずっと前に、旧師から、故狩野直喜博士が「易と説文だけはやるものでない」と後進を戒めておられた由をうかがったことがある。まことに、易学の論理というものは、奇々怪々でつかまえどころがない。私は前に、経の成立から漢易までを扱った小論文「易経の成立とその展開」（昭24、甲文社刊・東洋文化の問題）を書いて、狩野博士の言のもっともなことを、今さらのように痛感させられた。で、それからあとは、易だけに頭をつっこむことをわざと避けて来た。このたび、もう一度易を扱う機会を得て、資料を読み返して見て、私の視野がうぬぼれるほどに広がってもおらぬこと、狩野博士の言のいよいよもっともであることを再び悟らねばならなかった。

第一章易経の成立は前の論文と重複する部分で、あらすじは大して変っていない。ただ易の背後の時代の空気といった面に少しく意を用いたつもりである。いまの私としては、易がもと何であったか、経や伝の成立の絶対年代がいつであったか、ということはあまり興味がない。各時代において易がどのような意味をもったか、に重点をおきたかった。しかし或る程度の経伝の先後は定めておかねば、それもできない。そのためこの部分に意外に手間どってしまった。

第二章は易学の歴史である。選んだ人々は、各時代において、思想史的に興味あるものに絞ったので、バランスの不適当なところもあろう。これもなるだけ時代思潮との聯関において見てみようと思って、よけいなようであるが、私の理解した時代相の要約を挿入して、これと膚接させて述べるつもりであった。無論、そうは言っても、私の能力の限界として、すべての時代についてそうした説明がつけられるわけもない。勢い、古代の易学と時代相についてはやや詳しく、近代についてはごくあらましにならざるを得なかった。

第三章は第一、第二章ではわざと触れなかった占いの技術についての説明であり、第四章易と中国人のものの考え方は、全体の結論のつもりである。

註記はすべてその個所に括弧で挿入し、引用させて頂いた諸先生の敬称は「氏」に統一した。便宜に従ったまでである。各節の初めに、内容の梗概を紹介してあるのは、書肆の要望にもよるもので、専門家以外の方で本書を読まれる向きに対して、少しでも理解の足しになれば、と思ってである。

くりかえしていうが、これは概説である。しかし私なりの概説である。概説として当然とり上ぐべくして遺脱している点も多くあろうし、叙述の繁簡の平均がよろしきを得ていないこと明らかである。だがこれは一つには私の問題意識にひっかかる点を重点的にとりあげたからでもあって、幾分はやむをえないことだと思っている。

易の論理の複雑怪奇な迷路の中にはまりこむことを避けて、この迷宮の建っている地盤なり背景なりを大ざっぱに鳥瞰しようというのが、私の意図の一半であったが、それがどこまで成功しているかは、読者の批判に俟たねばならない。

著　者

目次

易学

易学

成立と展開

第一章　易経の成立

第一節　通説とその批判

〔梗概〕易とはうらないの書であり、儒教の経典でもある。それは経（本文）と十翼（解説）とでできていて経のなかには六本の棒をならべた卦《か》と、それの文句とがある。この卦、文句、解説の作者が誰かというのが、古来の儒者の大問題であるが、包犠《ふっき》、文王、孔子いずれも聖人であるとされ、それ故にこそ易が神聖な書物となるのである。しかし包犠などは神話の人でしかないし、易が文王のころあったかどうかも疑わしい。孔子が易を愛読して十翼を作ったということも簡単に信ぜられない。孔子のことばの中に易について触れたものは一つだけで、それも別の意味に読めるからである。易という名が、かわる、かわらない、たやすいの三つの意味を含むという儒者の説明は哲学的に深いものではあるが、これも一番もとの意味であるかどうかは疑問である。

易は筮占《うらない》の書物である。とともに、詩・書・礼《らい》・春秋とならんで、五経の一に数えられる。現在の易のテキストは、経（本文）と伝（解説）とから成っている。

経を構成するものは、六十四の象徴的な符号、卦《か》と、卦の内容を短い文字に表わした卦《か》辞《じ》、爻《こう》辞とである。

六十四卦というのは、八卦を互いに組み合わせてできたもの。さらに、八卦とは、陰⚋、陽⚊の二種の爻を三本組合せたものである。すなわち、☰乾《けん》、☷坤《こん》、☳震《しん》、☴巽《そん》、☵坎《かん》、☲離《り》、☶艮《ごん》、☱兌《だ》がこれである。故にこの八卦を上下に重ねると、左図のように六十四の卦ができあがる。

	☰（乾下）	☷（坤下）	☳（震下）	☴（巽下）	☵（坎下）	☲（離下）	☶（艮下）	☱（兌下）
☰（乾上）	䷀乾	䷋否	䷘无妄	䷫姤	䷅訟	䷌同人	䷠遯	䷉履
☷（坤上）	䷊泰	䷁坤	䷗復	䷭升	䷆師	䷣明夷	䷎謙	䷒臨
☳（震上）	䷡大壮	䷏豫	䷲震	䷟恒	䷧解	䷶豊	䷽小過	䷵帰妹
☴（巽上）	䷈小畜	䷓観	䷩益	䷸巽	䷺渙	䷤家人	䷴漸	䷼中孚

（☵坎上）　䷄需　䷇比　䷂屯　䷯井　䷜坎　䷾既済　䷦蹇　䷻節

（☲離上）　䷍大有　䷢晋　䷔噬嗑　䷱鼎　䷿未済　䷝離　䷷旅　䷥睽

（☶艮上）　䷙大畜　䷖剝　䷚頤　䷑蠱　䷃蒙　䷕賁　䷳艮　䷨損

（☱兌上）　䷪夬　䷬萃　䷐随　䷛大過　䷮困　䷰革　䷞咸　䷹兌

かように三爻から成る八卦を積み重ねて六爻としても、もとの八卦の意識は失われない。つまり下半分と上半分と続いてはいるが、わけて考えることも可能なのである。下を内卦、上を外卦とよび、また、例えば䷊泰ならば乾下坤上、䷋否ならば坤下乾上というふうによぶことができる。

易経の記述によれば、六十四卦の順序は次の通りになっている。

乾　坤　屯《ちゅん》　蒙　需　訟　師　比
小畜　履　泰　否　同人　大有　謙　豫
随　蠱《こ》　臨　観　噬嗑《ぜいこう》　賁《ひ》　剝　復
无妄《むもう》　大畜　頤《い》　大過　坎　離」　咸《かん》　恒

遯《とん》　大壮　晋　明夷　家人　睽《けい》　蹇《けん》　解
損　益　夬《かい》　姤《こう》　萃《すい》　升　困　井
革　鼎　震　艮　漸　帰妹　豊　旅
巽　兌　渙《かん》　節　中孚《ふ》　小過　既《き》済《さい》　未済

この順序を見ると、乾䷀の次が坤䷁で、陰⚋と陽⚊との反対の形、屯䷂の次が蒙䷃で、全体を上下ひっくりかえした形、というふうに、一組ずつ組み合わせになっていることがわかるであろう。なお、経は上下二部に分れており、乾から離までが上経、咸から未済までが下経とよばれる。

卦辞とは、一つの卦全体の説明。例えば䷈小畜の卦について、

亨。密雲不雨、自我西郊。

とおる。密雲あれど雨ふらず、わが西郊よりす。

といい、䷔噬嗑について、

亨。利用獄。

とおる。獄に用いるに利あり。

とあるのがその例である。

爻辞とは、各卦の一本一本の爻につけられた文であり、䷈小畜においては、

初九　復自道、何其咎。吉。

　道よりかえる。何ぞそれ咎めん。吉。

九二　牽復。吉。
ひきてかえる。吉。
九三　輿説輻、夫妻反目。
くるまは輻《や》をと（脱）き、夫妻は反目す。
六四　有孚、血去、惕出。无咎。
まことあり。血は去り、おそれ出《い》ず。とがめなし。
九五　有孚攣如、富以其隣。
まことあり攣如《れんじょ》たり。富ますにその隣を以てす。

上九　既雨既処、尚徳載婦。貞厲。月幾望、君子征凶。

すでに雨ふり既におる。徳をたっとびつまをのす。ただしけれどあやうし。月はもちにちかし。君子ゆけば凶（圏点は韻をふむ字）

とあり、䷔噬嗑にあっては、

初九　屨校滅趾、无咎。
かせをふみてあしゆびをほろぼす。とがめなし。
六二　噬膚滅鼻、无咎。
はだをかみ鼻を滅ぼす。とがめなし。
六三　噬腊肉。遇毒。小吝、无咎。
ほしにくをかんで、毒にあう。すこしく吝なれど、とがめなし。

九四　噬乾胏、得金矢。艱貞、吉。
　ほしにくをかんで、こがねの矢を得たり。かたけれどただしければ吉。
六五　噬乾肉、得黄金。貞厲、无咎。
　ほしにくをかんで、黄金を得たり。ただしけれどあやうし。とがめなし。
上九　何校滅耳、凶。
　かせをにないて耳をほろぼす。凶（圏点は韻をふむ字）

とあるのが、その例である。いい落したが、六本の爻は下から上への順に数えられ、したがって、六つの爻辞もその順序になっている。初九、九二などのよび名は、各々の爻のよび方であり、陽爻⚊が第一の場所（位という）すなわち一番下にある時は、これを初九といい、陰爻⚋がそこにある時は初六とよぶ。第二の位に陽爻⚊があれば九二と称し、陰爻⚋があれば六二という。第三位はしたがって九三あるいは六三、第四位が九四あるいは六四、第五は九五あるいは六五。最後つまり一番上の位に陽爻⚊があれば上九、陰爻⚋ならば上六とよぶ。九と六は、つまり、陽爻⚊と陰爻⚋の代表する数なのである。

いうまでもなく、卦辞、爻辞の役目は、そのまま占いの判断のことばになることである。つまり筮竹の操作によって、䷔という卦が出、その六二の爻が問題の爻であるとすれば、答は噬嗑䷔の卦辞爻辞の中にある。「獄に用うるに利あり」という卦辞であるから、大体刑罰に関する卦で、危い運勢を暗示している。さらに六二の爻辞「はだをかみ鼻を滅ぼす。とがめなし」によって、多少の被害はあろうが大したことはなかろう、という判断に達しうるわけである。

以上が経の内容である。ところで、右に挙げた僅かな例でもわかるであろうが、経文すなわち卦辞爻辞はきわめて難解である。卦の形と、卦の名或いは卦辞爻辞との聯関、いいかえればこの形の卦が何故にかかる意味をもつかということ、それも不明である。さらには、易が占いの実用上の役目をするだけでなく、儒教経典の一つとして、深遠な哲理を含むとされる以上、その説明がなければならない。伝はそのためにある。

伝は、彖《たん》伝の上と下、象《しよう》伝の上・下、繫辞《けいじ》伝の上・下、及び文言伝、説卦伝、序卦伝、雑卦伝あわせて十巻ある。それでふつう十翼とよぶ。翼とはたすけるの意で、経の述べんとするところをたすけ明らめるものであるから、かくよばれる。十翼の内容の説明は便宜上後にゆずる。

右の経と十翼とが易経を構成する部分である。ところで、これらは何時、誰が作ったものであるか。

古来の通説によると、八卦の作者は包犧《ふつき》（伏犧）という牛身人面の古帝王とせられる。それは繫辞伝に「包犧氏仰いで象を天に観《み》、俯しては法を地に観、鳥獣の文《もよう》と地の宜しきを観、近くはこれを身にとり、遠くはこれを物にとる。ここに始めて八卦を作り、以て神明の徳を通じ、以て万物の情を類《たぐ》う」とあるによっており、この点はさして異説はない。

ただ八卦を重ねて六十四卦とした人は誰かという問題については、各種の説がある。魏の王弼《おうひつ》は包犧自らが重ねたとし、後漢の鄭玄《じようげん》は、包犧の次の古帝王神農氏であるといい、晋の孫盛は夏《か》の禹《う》であるとする。後漢の班固《はんこ》らは文王であるという。ただ包犠以外の説にとっては、孔穎達《くようだつ》が指摘する通り、繫辞伝の「包犠が益の卦にのっとって市場を作り、噬嗑の卦にかたどって刑罰を作った」という記述が難点になるであろう（周易正義）。

卦辞・爻辞の作者についても種々の論がある。一説は、両方とも周の文王（B.C.12c）の作とするもの。論拠は繫辞伝の「易の興るや、それ中古に於てするか。易を作る者はそれ憂患あるか」「易の興るや、それ殷《いん》の末世、周の盛徳に当るか。文王と紂《ちゅう》との事に当るか」で、明らかに文王の作とはいわないのだが、それらしく見える。漢代の緯書《いしょ》・易乾鑿度《けんさくど》には「皇策を垂れしは犠（包犠）、卦もていい徳を演《の》べしは文（文王）、命を成せしは孔（孔子）」の文があり、史記（自序）に「西伯羑里《ゆうり》にとらわれて周易を演ぶ」というが、この説に属するであろう。鄭玄らがこの説をとる。

第二の説は、卦辞を文王の作、爻辞を周公の作とする。何故にかようにわけたかというと、爻辞の中に文王以後のこととおぼしいものが記されているからである。升卦の六四の爻辞に「王もって岐山に享す」とある。この王は通常文王と解されている。しかるに文王が王となったのは死後のことで、生前は紂の臣下で西伯たるにとどまっていた。で、彼が爻辞をも作ったとすれば自らを「王」とよぶわけはない。次に、既済の卦の九五に「東隣の牛を殺すは西隣の禴《やく》祭にしかず」とある。ふつう東隣は紂を、西隣は文王を指すと解せられる。しかし、この文の作者が文王ならば、紂の臣として、東隣西隣という対等の表現をとることは不可能であったろう。この二者はまだ、固有名詞がないだけに、回避できないことはない。

ただ明夷の六五の爻辞、

箕子之明夷（箕子《きし》の明やぶる、とも、箕子明夷にゆく、ともよまれる）

にいたっては、この文の作者を文王とすることを許さない。箕子は紂の暴虐を諫めて投獄されるか逃亡するかした忠臣で、右の文は箕子のとらわれあるいは逃亡を意味する。しかるに、その事実は文王の死後にあった。爻辞を周公の作とするのは、右の矛盾を避けんがためである。後漢の馬融《ばゆう》、呉《ご》の陸績らがこの説を持している。なお、この説の今一つの武器として、左伝（昭公二年 B.C.540）の記事がある。韓宣子が魯《ろ》に行って易と春秋とを見、「周の礼はことごとく魯にあり。われ今にして周公の徳と周の王たりしゆえんを知る」といったという話である。

右の二つの説を比べると、後者の方に強味があるようだが、にもかかわらず前漢では前の説が信奉された。それというのは、前漢の経学がまだ粗雑なもので、細かな矛盾にかかずらうことをしない。それに第二説の支柱である左伝が前漢の末まで世に出なかったし、この韓宣子の記事そのものが偽作と疑われる十分の理由がある。したがって前漢の学者たちは左伝のこの記事に牽制されることはない。故に第一説の弱点は箕子という固有名詞だけに限定される。そこで前漢の学者趙賓《ちょうひん》は箕子 ki-si を荄茲 kai-si すなわちめばえという普通名詞によみかえて、先の矛盾を切りぬけたものである（漢書・儒林伝。なお ai の韻と i の韻とは、古代の音では多く相通ずること、詩経などの押韻を見れば明らかである）。そもそも周公を儒教的文化の創始者に祭りあげるのは、古文家（後述）だけのすることで、前漢の末まで古文家というものはなかった。前漢に第一説が、後漢に第二説が行われたのは当然のことである。

十翼の作者については、諸家ひとしく孔子（B.C.552-479）を挙げる。孔子の言行を記した論語には、孔子が十翼を作ったという記載はない。ただ孔子のことばとして、

加我数年五十以学易可以無大過矣（述而）

の文がある。これはふつう「我に数年を加え、五十以て易を学べば、以て大過なかるべし」とよまれ、孔子が易を愛読した証拠と見なされている。また、

不恒其徳、或承之羞

その徳をつねにせずんば、あるいはこれがはじをうけん

の語も論語（子路）に見える。この句は、易の恒卦の九三の爻辞と全く同じであるところから、これまた孔子が易を見た傍証と考えられている。で、史記（孔子世家）には、

孔子晩而喜易、序彖繫象説卦文言（孔子晩〈年〉にして易をこのみ、彖・繫・象・説卦・文言をのぶ、とよみならわすが問題は残る）

といい、「韋編《とじいと》三たび絶」（当時の書物は竹に漆で書いたものを革のひもでつないだ）えるまで愛読したともいう。

以上が易の作者である。班固の漢書（芸文志）には「易の道は深し。人は三聖を更《へ》、世は三古を歴《へ》たり」とある。八卦が包犠、卦を重ね卦爻辞を書いたのが文王、十翼が孔子と三聖人の手に完成し、その間上古・中古・下古と三つの時代を経過したというのである。班固は

前漢の今文《きんぶん》家の通説によっているので、周公を数えないが、班固のことばが通念となって、のちに周公を加える古文家の説が盛んになっても、文王と周公は一つに数えて（親子である）、やはり三聖とする。なお附け加えねばならぬことは、十翼の「十篇」という数は漢書にいたって始めて明記されたということである。

　次に易の名称について。易はまた周易ともよばれる。このよび方は早く左伝、周礼《しゅらい》に見える。周易ならぬ他の易の存在を前提してであるか。周易の周は、ふつう周代の周を意味すると解せられている。周の文王が作ったからである。そして、易の字については鄭玄の解釈が最も有力である。「易は一名にして三義をふくむ。易簡、一なり。変易、二なり。不易、三なり」（周易正義に引く易賛・易論）易の一字が「易《かわ》る」「易らない」「易《やす》い」の三つの意味を同時にふくむというのである（いま簡易の易はiの音で変易の易のek音と異るが古くはその区別がない）。宇宙のすべての移りかわりの中にかわらぬものを見、しかもそれが簡易な法則において見られる、という易経の考え方にそっての解釈である。呉の虞翻《ぐほん》は、日と月との二字を組み合わせたのが易の字であるという。これまた易という書物が宇宙をつつみ、宇宙の整然たる運行方式を写しているという観点を裏にひそめた解釈である。より多く易の字形に即した解釈は、といえば、後漢の許慎《きょしん》の書いた字書、説文《せつもん》解字に見える易を蜥蜴《とかげ》の象形とする解釈であろう。事実、易の字は金文（古い銅器にほられた字体）で見ると（師酉敦）（伯家父敦）のように蜥蜴の形をしている。それが何故に易《かわ》るの意味になるかといえば、蜥蜴はよく色がかわる（カメレオンであろうか）からである、と。

以上が易の成立についての古来の伝統的な説明である。大体儒教の所説はきわめて論理的ではあるが、それはやはり一つの「信条」を前提しての論理であって、必ずしも科学的真実ではない。早く宋代には、こういう教条に疑いをさしはさむ勇気のある学者が出ている。欧《おう》陽脩《ようしゅう》（易童子問）、王応麟（困学紀聞）らは十翼を疑い、清《しん》の崔述《さいじゅつ》（洙泗考信録）らがこれにつづく。降っては、わが国の内藤虎次郎（研幾小録・易疑）、本田成之（支那経学史論）、武内義雄（易と中庸の研究）、津田左右吉（儒教の研究Ⅰ・易の研究）らの諸先達が、易の成立についての新しい仮説を立てておられる。以下、先人の業績の上に立って、通説の疑わるべき諸点をいくつか挙げて見よう。

包犠といい、神農というような古帝王が、神話中の人物に過ぎないことは、改めて言を費やすまでもないであろう。包犠については史記の補三皇本紀に簡単な叙述が見えるが、それも易の繋辞伝にそのままよっている。それ以外なんら見るべき伝承がない。ということは包犠が割合に新しくできた神話的人物であることを思わせる。大体中国の歴史は時代が降るにつれて古くなる。孔子のころには堯《ぎょう》・舜《しゅん》が最も古い帝王と考えられていた。やや降って、堯より古い帝王として、黄帝、神農が現われ、さらに包犠がその前におかれるようになる。こうした現象の起る動機は、春秋戦国時代の多くの学派が、自分の学問の伝統を、より古い由緒あるものにしようと、互に争うことにある。彼らはその学統の始祖たる偶像を必要とする。より古い、すなわちより尊い偶像を、彼らはあるいは創造しあるいは民間伝統の中から拾いあげて来る。もっとも戦国末まで、これらの偶像は各学派専用で、互いに流用されるこということがある。墨家は禹《う》、道家は黄帝、農家は神農というように。それがやがて各学派の主張が混合し融会して来て、偶像の不寛容性もいつしか消えてしまう。こうした事情から考えて、儒家の手に成る易繫辞伝が、本来道家系の神人である包犠の名をかかげていることは逆に、繫辞伝そのものの成立が戦国末より前ではありえない、ということを暴露するものである（崔述、内藤氏、津田氏）。

文王あるいは周公を卦爻辞の作者とすることも単なるフィクションであること、後に述べる卦爻辞の性格からして明らかになるであろう。前掲、左伝の韓宣子の話は余りに「できすぎている」だけに疑わしい。易と春秋とは経書の中でも世に知られたのが最もおそいものである。しかも春秋を周公と関係づけるのは古文家だけの所説である（春秋を孔子の作った歴史とするのは今文家古文家ともひとしいが、古文家は、〈春秋の筆法〉を周公の遺制とし、孔子はそれを祖述して春秋を書いたという）。ところで左伝とは、前漢末の古文学者劉歆《りゅうきん》の努力によって始めて世に出た、春秋の古文の伝（解説）であり、その中に劉歆の手が加えられていることは疑えない。また劉歆の父劉向《りゅうきょう》は、古文家の費直の易に対して推戴の意志があったもようである（漢書・芸文志）。韓宣子の話では易も周公と結びつけられているが、これも前漢今文家の説かなかったところである。こう考えて来ると、左伝の中で、周公と結びつけて易と春秋の書名が挙げられているということは、古文の易、古文の春秋のためにする作為ではないか、すなわち韓宣子の話というのが、劉歆の偽作し挿入した部分ではないか、と疑われるのである。

十翼孔子作成説も、つとに疑われたところである。欧陽脩も指摘しているとおり、十翼の各篇は同じ事がらについても異った解釈を下しており、断じて一人の手に成るものではない。孔子の言行についての第一資料たる論語の中で、孔子自身が、十翼を作ったことについてなんら言及していない上、孔子を顕彰することに最も力を尽し、孔子の春秋作成についても讃辞を惜まぬ孟子（B.C.372-289）が孔子の十翼の「作」について一言も述べていない（孔子の春秋製作も疑わしい。論語には何も言っていない。孟子は、孔子が春秋を作ったことは述べるが、春秋の一句をも引いてはいない。孟子は果して春秋を見たのであるか。恐らく孟子のころ、孔子が作ったという伝説ができただけであろう。百歩をゆずって孟子のころ春秋が存したとしても、今日残っている春秋では決してない）。先秦（秦以前）の書物すべてがそうである。さらに十翼の思想は孔子の思想と大いに異る。繋辞の宇宙観は孔子のナイーヴな天と相容れないし、彖、象に含まれる陰陽の概念は思想史的に孔子よりずっと後の発生にかかるものである。説卦の三才や繋辞の鬼神も孔子の説かぬところであり、聖人の観念にしても、孔子のそれより十翼のそれの方がずっと新しい。十翼の十という数は漢書に始めて現われることは前に触れた。史記では「孔子晩而喜易序彖繋象説卦文言」とあるだけで十篇という数は挙げていない。序を叙述の意味に取れば、十翼のうちの序卦雑卦を孔子が作ったという記載はここにはないこととなり、序の字を序卦の意味にとれば「孔子晩にして易の序、彖……をこのむ」という意味になって、孔子「作」の意味は不明瞭となる（崔述）。いずれにしても史記の書かれたころ（B.C.100ごろ）、十翼のすべてができていたかどうかということすらが疑われる可能性があることとなる。隋書・経籍志に、説卦伝は漢の宣帝の時（B.C.74-49）河内の女子が始めて発見した、とある。つまり史記の書かれた時には、説卦もこの世にはなかったのである。これによって清の康有為（新学偽経考）は史記のこの一文を劉歆が後から挿入したものとまで極論する。たしかに史記のこの文章は曖昧で誤りの存在を思わせるが、後人の挿入と見ることはいかがであろう。司馬遷のころ少くも彖・象・繫辞・説卦・文言は存在し、かつそれらを孔子作とする儒家の教条も確立していたであろうし、司馬遷はその教義をそのまま述べたまでであろう。説卦の問題も、隋書・経籍志をそのままに信用するのが誤りである。経籍志の基くところは後漢の王充のことばにある。王充の論衡（正説）に、当初、易に一篇が欠けていて、宣帝の時発見されたというのがそれである。しかし王充はその篇名を述べていないので、果して説卦であったかどうか、にわかに断定できない。経籍志の作者は王充の言によって、おのが意をもって、それを説卦と断じたのではあるまいか。

孔子が十翼を作ったということだけではない、孔子が易を読んだことすらが疑わしい。前に引用した論語の「五十以学易可以無大過矣」の一句は、必ずしも孔子が易を見た証拠にはならない。唐の陸徳明の経典釈文（経書の各種のテキストの文字やよみの異同をのべたもの）を見ると、「魯《ろ》論（魯に伝わった論語のテキスト）にては易を読んで亦となす」とある。易の字は亦の字のようによむ、ということは易を亦の仮借《かしゃ》（発音の同じ字を意味をかまわずかりること）としてよむ。とすると、この文は「五十以学易、可以無大過矣」でなく

「五十以学、亦可以無大過矣」のようによまねばならぬ。五十以て学べば、また以て大過なかるべし——長生きできて、五十の手習をすれば、私のようなものでも大きな過はなくなるだろう——これだと学問一般の効用についての孔子の感想であって、易についての発言ではない（これに対して張心澂氏の偽書通考に反対の意見がある。陸徳明は易を読んで亦となすといい、易を亦につくるといわないから、これは易の発音を示しただけで、亦の字にかえる意味ではないと。たしかに魯論でも字はかえてはいないのである。ただ発音を亦にかえるのである。しかし発音をかえるということは意味をかえてよむことで、ここでは亦の意味によむことを示したものである。これは陸徳明の同じ書物の中でもいくらも例はある。書経金滕の辟の字に対して陸氏は扶亦の反・鄭は避と読む、という。これは hek を hi と発音をかえる指示にとどまらず、意味の相違にかかって来るのである）。

また恒卦の爻辞、不恒其徳或承之羞が論語に見えることも、必ずしも孔子が易を読んだ証拠とはならない。論語の中のこの句は、易に曰く、として引用されたものではない。共通の諺を両者が用いたか、あるいは逆に易の方が論語を引いたとすら考えうるのである。以上、論語の中の易にかかわるとされた唯二点の個所が、全く証拠能力をもたないことを明らかにした。

そもそも先秦の書物で易を引用した例がほとんどない。わずかに荘子天下篇、荀子大略篇に見えるだけである。そのうち天下篇は、明瞭に漢代に作られた部分であるし、大略篇もやはり荀子の中でも新しい部分に属する。詩経や書経が多くの書物の中に盛んに引用されているのに、より古い伝統ある経書であるべき易が、全く儒家の書物にすら引かれないというのは不思議ではないか。したがって易がたとえ古く存在したとしても、儒者によってひもとかれるような書物ではなかった、ということは確かである。

孔子の倫理は、「いやしくも仁に志せば悪なし」（里仁）、「人の過つや各々その党に於てす、過を観てここに仁を知る」（同上）の語が示すように、大体、動機主義 motivism にある。しかるに易の方は、いかに深遠な哲理を含むと称するにせよ、占い divination の書である以上、動機主義の倫理とあい容れない。占いとは結果を先に示すことによって行動の指針を与えるものであるから。理論的にいって、動機主義の倫理はその根柢に不可知論 agnosticism をもつべきである。動機主義の倫理を持するカントは、神が人間の眼から未来を隠したことをたたえている。未来を予見する能力を人間が所有するならば、良心の命令にのみ従って行動する純粋さが成立しなくなるからである。その点で孔子の考え方はどうか。「いまだ生を知らず、いずくんぞ死を知らん」（先進）といい、病篤い時も子路の祈禱のすすめを斥けたこと（述而）などから推して、孔子も「大体は」未来不可知の立場にあるといってよかろう。とすると、未来を知りうるものとし、吉凶の先見――幾を見て起《た》つことをよしとする易の原理は、孔子から見れば卑しまれねばならない。

しかし、この問題はそれだけに尽きないものがある。孔子の考え方が全く非合理的なものを払拭し切っているわけではないから。たとえば、孔子は命というものを修養の極において見うるものとしている。私がさきに「大体は」と限定した理由はここにある。儒家の考え方がはじめから不可知論に徹していたならば、本質的に divination である易が、儒家の系譜の中にはいりこむ隙はなかったはずである。それが結果においてはいりえたというのは、後の時代思潮の動きにそった儒家自身の変貌によるのであるが、儒家がさように変貌する可能性を開いたその鍵は、やはり孔子の考え方のふくむ矛盾の中にあるとせねばならぬ。このことは後にも触れる。ここでは孔子の思想が、より多く易とは反対の方向を指すものであることを指摘すれば足りる。

以上で易の作者についての通説が「伝説」に過ぎないことは、ほぼ首肯されたであろう。しからば何故にかかる説が立てられる必要があったか。易に「経」というカリスマ的権威を与えるためである。そして易が詩や書とちがっておそく出現しただけに、よけいにそういう点で神聖性を強調する必要があったからである。伏犠はじめ三聖を経たということは、聖人と古さとで光背を身につけるのに効果的である。大体中国では一般に古いということが、価値ありということである。これは、私の臆測では、老人の崇拝と連なる感情であり、その発生因は彼らが農耕民族であることに多くを負う。農耕は、狩猟が敏捷と膂力《りょりょく》を第一要件にするのと異り、経験と智慧を最もとうとぶ。そこで狩猟民族が若者をとうとぶように、ここでは老人が尊敬される。この感情がひろげられて、古いものへの尊敬となる。また、伏犠神農がそうであるが、大体中国の神話中の人物が戦闘的な英雄神でなくて、平和的な文化創造神であるということも、かれらが狩猟民族でなく農耕民族であったことに多く起因するのではなかろうか。

第二節　易の発生基盤

〔梗概〕殷代はすべての事がらをきめるのに神のお告げを用いた。だから巫が大臣であった。神意をうかがう方法としてよく使われたのは亀の甲をやく法で、それに次いで筮竹をつかう占いがある。周代になると筮竹の方がよく行われるようになるが、殷の占者はおちぶれて売卜者となる。当時大ていの同業組合は標識をもっていた。売卜者集団の標識の一つがトカゲ（易）であったので、その後筮につかう書物ができたときこれに易という名をつけたと考えられる。

しからば易は本来何であったか。占い divination の具である。亀《き》卜《ぼく》（亀の甲をやいてわれ目の形で占う）、占夢（夢で占う）、眡《し》祲《しん》（天候を見て占う）などと、divination たる点では本質的にえらぶところがない。

易の占い方は筮《ぜい》による。筮の字は竹と巫とで構成されている。巫《ふ》の字は、工と廾とから成る。工は発音を示し（工に ku の音あり、ku と hu は相通ずる）、廾は双手を天に向ってふりたてる形である（加藤常賢氏・漢字の話）。つまり巫は神をよび、神に憑かれて、神のことばを宣《の》るもの、「みこ」「かんなぎ」である。故に竹と巫から成る筮とは、竹の棒を使用して神意をうかがう魔術なのである。

巫は殷代（B.C.17?c-11c）において絶大の力をもっていた。大体中国の君主が、それ自体呪術師としての性格を有する。部族の生命源たる農作をゆたかならしめるため、君主は災害をはらい、天候をほどよく調節する義務を負う（マックス・ウェーバーもそのことを指摘する）。そのためには部族の守護神《トテム》の意向を常にうかがい、その怒りを買わないようによく仕えなければならぬ。この性格は中国の君主に近代まで残っているが、とくに殷代は神政Theocracy時代といわれるほど万事が神意によって決定された。そこで神意を問う役目にある巫は殷にあっては宰相の地位をしめた。巫咸は最も有名であり、書経（説命）に出て来る傅説《ふえつ》もおそらく巫説《ふえつ》の仮借であろう。

ここで注意しておくべきは、中国の巫はいかに地位が高い時でも、旧約聖書の予言者Prophetとは性格がちがうということである。モーゼやアブラハムが予言者としてみずから指導者となったのに反し、巫は単なる官吏であり、文字通りmedium（霊媒、手段）である。決して支配者そのものにはならなかった。神意を問う主体は、あくまで君主であった。このことは祭についてもいえる。周礼の大宗伯は最高の祭祀官であるが、その職分は「天神人鬼地祇の礼を建てて、以て王を佐《たす》く」と規定されている。司祭でなくて助祭なのである。司祭は王その人である。けだし祭とは神と一つになることであり、神《トテム》（＝聖獣）の血をすすり、神《トテム》（＝聖獣）の肉を食うことは、神を生かすとともに祭る者に神そのものの力を吹きこむ。支配者として、自分が最も多くその力を受け取りたいと念願することは自然の成り行きであり、そこで最高司祭の役を自らが荷うこととなる。祭祀の特権化という現象もここから起る。

占いの方法として、殷代に最も盛んに行われ、最も重い権威を有したのは亀卜である。河南省安陽県の殷の都のあとから発掘されつつある遺物がそれを物語っている。筮が殷代に行われていたかどうかは明瞭でない。たとえ存在したとしても卜よりは低い地位しか与えられなかったであろう、と想像される。周代に入って、筮がむしろ卜より流行するようになっても、卜の方が重いとされた。左伝（僖4）の「筮は短、亀は長」の語がそれを示す。これは勿論、亀卜の方法がより古い伝統を荷っていることから、かくいわれるのであろうが、もっと本質的な優劣のわかれ目がありはしないか。一つには朱子のいうように（語類66）、亀卜の方が、神意の啓示がより簡単直截になされるということもあろう。さらに、筮の煩瑣な手続が、本来の司祭たる王者の手の介入を許さず、全く占官の専門技術にゆだねられねばならぬこと、亀という珍奇な動物を材料に使う卜に対して、筮の道具はあまりに安っぽいということからも来るであろう。卜の場合、亀甲に穴をあけ、それを灼き、灼理《やけめ》を判断するのは史の役目であるが、なお君主の参加する段階がある。右の操作の前に君主が亀甲に手を触れるのである（礼記・玉藻の君定体を私はかく解する）。これは単なる儀礼ではない。最高の司祭たる君主の手が触れることによって、それまで「俗なる物」であった亀甲は、「聖なる物」に転ずるのである。セム族の祭において、司祭が犠牲獣の頭に手をふれてこれを聖化する（R・スミス・セム族の宗教）のと同じ意味である。亀は一種のトテムであり、さればこそ犠牲となりえた。司祭の按手によって聖化されるだけの価値があった。筮竹には「犠牲」

という要件が欠けている。

殷の後に周の時代（西周がB.C.12c-8c、東周がB.C.8c-3cそのうちB.C.721-481を春秋時代、以後を戦国時代ともいう）が来る。周民族は、文化的に殷民族より低い剽悍な遊牧民族だったというが、政治的な才にかけては相当に長《た》けていたと見てよい。かれらは殷を滅したあと、殷のもたなかった神を発明した。殷民族のもろもろのトテムの上に立つ最高の神、天帝である。これをおのが守護神とし、これの祭を独占した。殷人にとっては生活のすべてであった宗教が、ここで政治的なものに変貌して来る。無論、卜というような神秘的技術がにわかに信用を失うことはない。書経（金滕）には周公が卜を行ったことを記し、詩経も夢占いや卜の行われたことを示している（斯干）。ただ全般的にいって、殷代社会の強い宗教性は、時とともに薄らいでゆく。殷にあって最高の位をしめた巫・史の職は、だんだんと尊貴の度を低め、東周になると、きわめて微々たる地位しかもたなくなる。このことは神の性格の変化と照応する。神は、人間と身近かなDämon（魔）ではなく、Gott（神）となり、さらにはGottheit（神性）にすら転じてゆく。そこで、Divinationの方法としても、神意が直説法によって述べられる巫・卜のような素朴な手段よりは、数理的な技術の上に間接的に神意が表現される方法のほうが、より合理的な正確なものと考えられる可能性が生じて来る。筮の流行は、このような契機の上に立つ（東周に筮が流行したといっても、それは直ちに今の易の書物によって筮がなされたという意味にはならない）。

殷王朝の滅亡後、多くの殷の遺民は、いかなる境遇に陥ったか。多くは奴隷となり、またあるものは商人となった（小島祐馬氏・古代支那研究・原商）。記録官のような特殊技術をもつものは文化の低い新支配者に用いられることもあったであろう。殷の宗教的職業者は相当な数に上ったであろうが、周王朝において果してどれだけ用いられたであろうか。異なるトテムをあがめる者は「異端」として新しい神の前にタブーとされるのが普通である。「神は非類を歆《う》けず」（僖10）という通り。左伝によれば、春秋期の魯の国に周社と亳《はく》社とがあった。陽虎が魯の人と盟をたてる時、魯公および最高支配層である三家とは周社で盟い、国人とは亳社で盟ったという（左・定6）。これは古く殷周革命のとき、新支配者のみのトテムを周社とし、被支配者のトテムを亳社として残して区別した名残りであろう。こういう点から推して、殷の宗教関係の職のものは、殷滅亡とともに多くが失職したと見られる。

しかも巫は多く侏儒であり佝僂であったという（加藤氏）。古代人にとって畸形は神聖視された故である。後世の文献ながら、荘子（人間世）には佝僂の支離疏が売卜を業としたことを載せ、荀子（王制）には傴巫跛覡《せむしびっこのみこ》（今の本では撃に作るが、覡の仮借）の語が見えることからも肯けることである。彼等は形態的にそういう職業に運命づけられている。転職はまず不可能なのである。で、おそらく、失職せる彼らは野に下って売卜者などにならざるをえなかった。

ところで古代人は、共通の職業のものは、一つのギルドを作り、共通の標識を持っていたらしい。それは一種のトテム、その職の職能神であった。彼らにあっては職業とは、その氏《うじ》の世襲のものであったから。楚の国で歴史のことを檮杌《とうこつ》とよぶ（孟子・離婁下）。檮杌は奇怪な獣の名であろう。けだし史官の職が檮杌をトテムとしていたのである。左伝に「むかし黄帝氏は雲を以てしるす。故に雲師となして雲の名あり。炎帝氏は火を以てしるす。故に火師となして火の名あり。共工氏は水を以てしるす。故に水師となして水の名あり。大皞《たいこう》氏は竜を以てしるす。故に竜師となして竜の名あり。わが高祖、少皞摯《し》の立つや、鳳鳥たまたま至る。故に鳥にしるし、鳥師となして鳥の名あり」とある（昭17）のも、官職に附せられたトテムの伝統が訛伝したものであろう。古来中国の法官は獬豸《かいち》という神秘な獣の形の冠をかぶるが、これまた法官職のトテムではなかったか。こういう点から類推して、卜筮者ギルドも何かのトテムをもっていた、にちがいない。それは何であったか。

ここで易の字が蜥蜴であるという説が想起される。おそらく卜筮者集団は蜥蜴をトテムとしていたのである（私は易という書物がその時あったといっているのではない。筮書に附せられた易という名だけの発生を問題にしているのである）。卜筮者のギルドも単一ではなかったはずで、周王朝にもやはり在官の卜筮者団はあったし、先に述べた在野売卜者団もいくつかあったかも知れない。これら複数の卜筮者ギルドが、それぞれのトテムをもつとすれば、蜥蜴以外の標識も存在せねばならぬ。易の伝に附せられた彖とか象とかいう名も不可解なものであるが、いずれにしても字自体は珍らしい獣の名である。恐らくこれも蜥蜴集団以外の卜筮者団のトテムではなかったろうか（彖伝象伝が出来たのは後のことである。私はこの彖とか象とかいう名だけが古いものだといっているのである）。トテムが何の意義をもつかの穿鑿《せんさく》はむだである。蜥蜴が色を変えるとしても、原初的な筮法の中に変易という概念があったかどうか不明である。で、私の臆測は、蜥蜴標識の理由にまでは及ぼさない（易トテム説は森安太郎氏の示唆に負う）。

卜筮者集団のトテムが易《とかげ》であるとすれば、易という名は、自然にそれをする人、職の名ともなる。礼記（祭統）の中に「易抱亀南面」（易は亀をいだきて南面す）とある。易の字が書名あるいは技術ではこの場合文章とならない。私はかつてこれをごく新しい資料とし、易なる技術の観念的擬人化の表現としてかたづけた（易経の成立とその展開）。しかし、これが新しい資料ならば、筮書の名たる易を、亀卜と結び付けるわけはないので、いささかの疑念は残っていた。が、このトテム説によって見る時はしごく簡単に説明がつく。つまり職名である。

以上のように卜筮者集団のトテムが易《とかげ》であるとすれば、かれらの間で新しい占法が発明されたばあい、これにそのトテム名を附することも当然ありうることである。だが、今の易なる書物が何時できたか。これはまた次の問題である。

第三節　経

〔梗概〕経の内容は一時にできたものでなく古いものも新らしいものもある。六十四の卦が先にあってそれに文句をつけたという通説も信じがたい。卦爻辞のもとの材料は古い卜辞の残片やおみくじの文句が主であろう。それにことわざ格言のたぐいをまぜたり、作り足したりして六十四卦三百八十四爻の文句をそろえたのであろう。これらの文句は占いの答のためのであるから、いかにもあいまいで、象徴的で、決して倫理的な教えなどではない。ただ庶民的な処世智のようなものは見られる。爻辞は下から上へ昇ってゆく傾向をもち、これが易に不安定な感じを与えているが、こういう形のものができるのは、周のきびしい身分制の崩れる時期ではないかと想像される。

易の成立を考えるにあたって、まず十翼を経から切り離さねばならぬ。さらに経についても卦と卦辞爻辞とを切離して見る必要がある。

卦を構成する陰陽の両爻⚊⚋が、もともと何を意味するかについて、種々の推定がなされている。男女生殖器の象形（郭沫若氏・古代社会）、亀卜の際の灼理の象形（武内氏）などがその主なものである。今私としてはいずれともいえない。とにかく六十四卦三百八十四爻の組み合わせになった両種の爻は、なんらかの二元的原理あるいは範疇を指し示すシンボルであることは確かである。これに対して卦爻辞の方は、大体において実事（抽象的でないという意味で）だけを説いている。智慧の段階から推して、卦と卦爻辞とを比べると、後者の方がよりプリミチブなものであるといいうるであろう。もっとも、偽古文尚書などを作った中国人の手なみから推して、卦の成立ののちに、わざと古めかしい文字をえらんで卦爻辞を作ったという仮定も成り立つが、卦の形に合わせて後から全部の辞を作ったにしては、あまりに不揃いである。

卦名の文字は多く爻辞の中に見える文字である。鼎の卦に例をとると、初六の爻辞に「鼎顚趾」の句があり、九二には「鼎有実」、九三「鼎耳革」、九四「鼎折足」、六五「鼎黄耳金鉉」、上九「鼎玉鉉」と、六つの爻辞にすべて鼎の字が見え、「鼎」という卦名の附せられている理由が納得される。しかるに六十四卦について見ると、卦名の文字が、初爻から上爻までの六つの爻辞の中に完全に揃って存するものは、履・臨・観・賁・復・蹇・困・井・鼎・震・艮・漸の十二卦に過ぎず、他はすべて不足する。すなわち六爻中五つの爻辞に卦名の字の見えるものが蒙・需・師・比・謙・蠱・剝・頤・咸・遯・明夷・旅・兌・渙の十四卦。四爻にわたるのは、同人・豫・噬嗑・无妄・坎・恒・晋・家人（家の字）・損・升・革・帰妹・豊・節・小過（過の字）の十五卦。三爻に見えるものが、訟・大壮（壮の字）・益・巽の四卦。二爻に存するもの、屯・否・随・睽・解・夬・萃・離の八卦。一爻にだけ見えるのが乾・大過（過の字）・姤・未済の四卦。卦名を爻辞に全く含まないものは、坤・泰・小畜・大畜（畜の字について）・中孚・大有（有の字について）・既済の七卦である。もっともあとの群の中、乾の爻辞は、卦名と同じではないが、竜の字を五つ含み、坤の卦は黄の字を二つ、大畜は獣の名を三つ含む。小畜と泰とは奇妙なことに復の字をそれぞれ二つ含んでおり、既済には濡（繻）の字が三つある。大有には有の字はないが大の字は一つ見える。なお、離卦は離字二つのほかに一つの履字を、大過は過の字の一つのほかに棟字を二つ、姤の卦は姤字一つの外に包字を三つ含んでいる。つまり卦名となるべき共通の文字を含む爻辞のみを一つの組として見たばあい、大部分のものが六つに足らず、中には六つ以上になるものが出て来る（復字を含むのが十一、履字を含むのが七）。六爻の卦にあてて新たにことばを創作したにしてはあまりに不整頓な体裁であり、補綴のあとが歴然としている。で、結論を先にいうと、卦爻辞の材料は、卦とは別途の発生にかかるもの、本来筮の用のものでなかった。その大部分は別の用途の古い文句で、おそらく六十四卦より先にあった。筮法の高度の発達が六十四卦を産み出し、それにことばをつける必要が生じた時、この本来別途の一群の古い文字が間に合わせにとりあげられた。この古い文句はもともと六つ一組みになっていたものでないから六爻に割りつけたばあい、余るものもあるがたいていは足りない。余った文句は別の卦のところへ穴埋めに使い、なお足りないものは、あるいは創作し、あるいは諺、成語などをも借りて来て数をそろえた。その結果が先に述べた不揃いな形となったのである（内藤、武内氏参照）。

右の古い文句というのが何であったか。武内氏は卜辞の残りとせられ、内藤氏はおみくじの残りとされる。私は両方ともあると思う。「密雲不雨」（密雲あれど雨ふらず）（小畜卦辞）、「田有禽」（かりしてえものあり）（師六五）、「田无禽」（かりしてえものなし）（恒九四）などの文句は、実際に雨や狩を卜した問いに対する答の卜辞とも見られ、文体も殷墟から出る卜辞とかわらない。しかしすべてがそれとはいえない。「見豕負塗、載鬼一車」（ぶたのどろを負いたるを見る。鬼《ゆうれい》を一つの車にのす）（睽上九）などは卜辞にしては幻想的過ぎる。卦の字は卜を旁《つくり》とし、貞、𠧪（悔の本字）も卜に従《したが》う字、吉、凶、吝も卜に用いられた字ではあるが、易の中では意味を変じているものがある。貞の字は卜辞で「問う」の意味であるが易では「正し」の意味に用いているなど。だから亀卜に用いられたことばが易に見えることは、必ずしも易の文句が卜辞から来ていることにはならない。より多くの部分はおみくじであったろう。師の卦は戦さの卦で、帰妹は結婚の卦である。今の易のしくみからいうと、結婚のことを占うべく卦を立てたとしても、筮して得られる卦は必ずしも帰妹と限らない。逆に戦さを占って結婚の卦が出る可能性もある。完成した易の建て前ではすべての文句が象徴的で万事に即応するとされているものの、当初にそれほどの意識があったかどうか。それにしては文句があまりに実際のことがらに即し過ぎていて、類推適用に困難である。師・帰妹の卦爻辞の祖型は、それぞれ戦さ、結婚のケースに応じたおみくじである。つまり戦さを占おうという人は、師の字をふくむ一組みのおみくじの中から、一本をひいて吉凶を見るというふうになっていたのではないか。先に数えあげた共通の字を含む文句の各組は、それがもと古いおみくじであるとすると、最も説明がつき易い。

　それのみでない。成語や諺のようなものもとりこまれている。たとえば問題の「不恒其徳、或承之羞」（恒九三）。これは論語に見え、孔子の発言の中に出てくるのであるが、文体からして何らかの成語であることを思わせる。一般に爻辞が、何ら道徳性を意図せぬ、頭も尻尾もない語句であるのと異り、これは、前提と断定をそなえた道徳的教訓である。試みに恒卦䷟の爻辞をならべて見ると、

初六　浚恒。貞凶、无所利。
九二　悔亡。

九三　不恒其徳、或承之羞。貞吝。
九四　田无禽。
六五　恒其徳。婦人吉、夫子凶。
上六　振恒。凶。

右の文句のうち、「貞凶、无所利」（まさにわるし利する所なし、と読みならわすが、貞凶の原義は、とうことの結果はわるしであろう）、「貞吝」（これも原義はとうこと吝であろう）、「婦人吉、夫子凶」（女にはよし男にはわるし）、「凶」は、卜筮のごく一般的なよしあし断定の術語であって、簡単に喰っつけられるもの、初からこの通りであったとも保証できない（礼記・坊記に不耕穫、不菑畬、凶とある。これは无妄六二であるが、今の易では凶でなく利用有所往となっている。漢の劉向が当時の易のテキストを校勘したときも吉凶悔吝の字が多く脱落していたという）ので、一応度外におく。とすると、九二「悔亡」（くいなし）これも右と同じ性質の術語であるから切り捨てねばならず、九二は文句を失う。九四「田无禽」（かりしてえものなし）は恒の字が無いからこれも度外におく。すると、残るのは、

(1)　浚恒
(2)　不恒其徳、或承之羞
(3)　恒其徳
(4)　振恒

こうして見ると、(2)は(1)(4)の素朴さといかにもそぐわない。そして(3)は(2)と無関係でな

い。私の推測では䷟の卦の六つの爻辞をそろえようとする時、古いおみくじの文句としては「浚恒」「振恒」しか残っていなかったので、諺、成語の中から恒字を含むものを捜して「不恒其徳、或承之羞」を加え、これをもとにして「恒其徳」（其の徳を恒にす）を作り、なお足りない故に、卜辞の残りの「田无禽」を足し、なおも足りない故に、厳密には辞とはいえない「悔亡」という術語だけで一爻ぶんを糊塗した、と見るのである。すべての卦についてかような操作が想像される。くり返していえば、新しい筮法のための六爻の形が作られて文句の必要が生じた時、それまで伝わっていた古いおみくじの文句、卜辞の残り、それに成語、諺の類を加えて六つにわりふり、なお六に足りないのは作り、まれに六からあふれるものは他の卦へ無理に押しこむなどしてできあがったのが今の爻辞なのである。なお次のような疑問が起るであろう。

「筮の歴史は易経の歴史よりずっと古いであろう。今の易の六つの爻をおく筮法のような複雑なものができる以前にも、より簡単な筮法がいろいろあったろう。そのばあい、今の爻辞にあたるものはなかったのか」私の答はこうである。⚊と⚋の六本の組合せは六十四通りであるが、仮りに五本なら三十二、四本なら十六である（六十四卦がそうしてできたと断定するのではない）。六十四卦以前により簡単な筮法があったとして、その操作による結果の図式は幾何級数的により少なかったであろう。とすれば、わざわざ固定した辞がなくとも図式を記憶しおくことで、即興に判断の辞を下しえたろう。辞の必要は、三百もの場合の答を要求するような筮様式の複雑さから始めて起って来る。

爻辞が大体右のようにしてできたとすれば、卦名の由来はおのずから明らかである。一組の中の共通の文字が卦名に選ばれたのである。

卦辞はどうか。復の「亨、出入無疾、朋来无咎、反復其道、七日来復、利有攸往」（とおる、出入ともやむことなし、朋の来るにとがめなし、其道にかえる、七日に来りかえる、往くところあるに利あり）、履の「履虎尾、不咥人、亨」（虎の尾をふむも人をかまず、とおる）のように爻辞と同様、卦名の文字を含み、文体も似ているものもあるが、大有の「元亨」（おおいにとおる）、剝の「不利有攸往」（ゆくところあるに利あらず）のように、よしあし断定の術語だけで成り立っているものが多い。前二者については、復、履の字をふくむ一聯の材料からとったとも考えられる。後の二者については、先に恒卦の爻辞について述べた通りで、爻辞に附せられてある吉、凶、悔亡などの術語の成立と時を同じうする。つまり私の推測でゆけば、共通の字をもつおみくじの文句よりあとである。第一節に挙げた噬嗑の卦辞と爻辞を見るがよい。卦辞は「亨《とお》る、獄に用いるに利あり」というやや抽象的な語句で、どうも爻辞の中に刑具の名が見えるところから要約して作られた感があるではないか。

勿論右の推定は全部がそうだというのではない。卦の形を見て考え出された卦辞・卦名もたしかにある。泰䷊の卦辞に「小往大来」、否䷋の卦辞に「大往小来」とあるのは、どう見ても☰を大とし、☷を小としての発言としか考えられない。しかも否卦において、卦名の否の字の見えるのは九五「休否、大人吉、其亡其亡、繫于苞桑」、上九「傾否、先否、後喜」とのみ。泰卦にあっては泰字は爻辞中に一つも出て来ない。そして否の六二に「包承」

といい、六三に「包羞」といい、泰の九二には「包荒」とある。また泰初九と否初六は全く同一の「抜茅茹以其彙」の句を爻辞としている。これは何らかの作為のあとを思わせる。「休否」「傾否」「先否後喜」の一群のおみくじの文句が残っていたとして、䷊、䷋の相対する一組の卦の一方にこれをわりあて、この卦を「否」と名づけ、反射的に今一つの卦を反対の意味の「泰」と名づけたものの、この泰字は創作したものであるが故に、都合よくあてはまる辞がない。そこで「包承」「包羞」「包荒」「其亡其亡、繫于苞桑」など包字を根幹とする一群のおみくじ（姤の爻辞にふくまれる包有魚・包无魚・以杞包瓜もその群の一部をわけたものであろう）を割裂して振りあて、なお泰否を一つの「組み」と意識しているものだから、同一の「抜茅茹……」の句を共通に使用して、体裁を整えたのである（休否、大人は吉という句とそれ亡びんそれ亡びん苞桑にかかるの句とは絶対に意味が続かない。後者は亡と桑とで韻をふむが、前者とは韻が合わぬ。よせあつめた結果余るようになったので、よいかげんに合せてしまったのでもあろうか）。

同様の疑いは大過䷛と小過䷽、大畜䷙と小畜䷈、既済䷾と未済䷿などの組みについて起って来る。大過には「過渉滅頂」（よぎりわたりてあたまを滅す）の句があり、小過には「過其祖」（その祖をすぐ）、「弗過防之」（すぎず、之を防ぐ）、「弗過遇之」（すぎず、之に遇う）、「弗遇過之」（遇わず之をすぐ）の一群の文字があるが、いずれも「過」字だけを含んでいて「大過」「小過」を含んではおらず、明らかに五つとも過字を根幹とする一聯の文句であったにちがいない。䷛ ䷽ が形の上で相似しているところから、この一聯を割裂して配当し、一を大過、他を小過と名づけたものであろう。

大畜には畜字はないが、馬・牛・豚《ぶた》の家畜名が三つの爻に見え、小畜にはそれもない。両卦共通に「輿説輹」（荷物をつみすぎて車の輻がおれる）の句があり、大畜にはなお「閑輿衛」（車をしまいこんでまもる）の句も見える。その上小畜には「復自道」（道よりかえる）、「牽復」（ひかれかえる）の句がある。卦名の畜が家畜の意味であるか蓄積の意味であるか（輿説輹の句や小畜の富以其隣の句を見よ）は、にわかに断定できないが、両卦の名が䷙䷈の相似から創作されたことは、共通の句の存在からも明らかである。復字を含む句は勿論復卦の一聯の材料から借りて来たもの、輿字を含む句はあるいはこれまた一聯の古い文句であろう。

既済・未済も、済字をふくむ文句としては未済の卦辞「小狐汔済、濡其尾」（小狐ほとんど川をわたらんとしてその尾を濡らす）と、六三「未済、征凶」（いまだわたるべからず、ゆけば凶）の二つだけである（そして後のは必ずしも創作不可能ではない。征凶は術語で切り捨てて考えうる。とすれば未済は小狐汔済から作ったともいえる）。䷾と䷿との整った対《つい》の卦形に着目して、未済およびそれに対する既済なる卦名を案出したと見ることができる。

要するに卦爻辞は決して一時にできたものではない。その材料のうち、古いものはあるいは殷代にさかのぼるであろうし（卜辞の残り。既済九三の高宗伐鬼方にしても貝塚茂樹氏著、中国古代史学の発展によれば史実である）、新しいものは春秋戦国まで下るであろう。

内藤氏によれば、蠱上九「王侯に事《つか》えず」とある王侯の熟字は戦国以前になく、帰妹の「帝乙妹を帰《とつ》ぐ」の帝乙のよび方――王者に帝字を使うこと――も、戦国の東帝西帝（B.C.288）以前にないという。左伝の中に周易として出て来る文句で今のに無いものがあることも、易のテキストの固定は決して古くないことを想像させるものである。テキストといっても、文字に書かれたものを意味してはいない。およそ古書が文字になったのは漢になってからで、それまでは暗誦で伝わるのが普通であった。易もその例にもれない。卦爻辞が多く韻をふんでいるのも暗誦の便利のためである。口伝であって、しかもその性質上異文の存在が十分予想せられるからには、それらが混淆し固定するのに相当長い醸成期間があったと見るべきである。

かくしてできあがった卦爻辞は、そのまま占いにおける判断のことばとして用いられること左伝や国語の占筮記事に見える通りである。卦爻辞の意味内容はきわめて難解で、註釈を離れて解釈を下すことはおよそ無意味な臆断にしかならない。で、ここで一つ一つの卦についての説明はさし控え、全般的な見通しを述べるにとどめたい（各時代に易がどう受取られ、どのように解釈せられたかは第二章に例示するであろう）。

十翼は、六爻の位によしあしの傾向があると主張する。すなわち、二と五、つまり内卦外卦の真中の位をよしとし（彖・象）、「二は誉れ多く、四は懼れ多し。三は凶多く、五は功多し」（繫辞）という。しかし爻辞の内容を見ると必ずしもそのような法則に当てはまりはしない。十翼の思想はそれ自体別の発展であり、爻辞の成立が前述のように断片的なよせあつめであるからには、一貫した法則に合うはずがないのである。逆に、そうした法則に必ず合致しているならば、易の面白さというものは、大いに減殺されるであろう。

卦と卦爻辞を概観して第一に感ぜられることは、判断がいかにも曖昧であること、いいかえれば融通がきくということである。およそ卦には、此は吉、彼は凶という傾向をもっているものの、吉卦のすべての爻が吉とは限らず、凶卦のうちに吉なる爻、吉卦のうちに凶なる爻が存在する。一つの爻についてすら、「征《ゆ》けば凶、居れば貞吉」（革上六）のように抜け道のある両頭の判断を下しているものが少くない。この曖昧性、融通性は、実際の占筮においていかに好都合であったか想像にあまりある。占いということの神聖性を、占者・依頼者ともに信じて疑わない時代には、凶卦が出たばあい、その答が依頼者の気に入らずとも、凶と断じてよい。しかしそういう信念が相互に揺らいで来た時代（東周期がそうである）になると、王者のお抱えの占官でもそうだが、特に占者が民間の職業人であるばあい、依頼者の意を迎えて答をぼかすことがありうるからである。常識的に見て、爻辞の最後の吉、凶、悔、吝などの断定の術語が最も必要な部分であろうと思われるに拘わらず、この部分が、経文の定着の過程の上で、最も遅れている（前述、礼記の引く易が文章は同じで断定辞の異ること、漢の劉向のこと）のは、うがって考えれば、この断定辞のみは、その時々の占者の自由裁量でつけていたからではないか、とさえ想像される。

次ぎに指摘しうることは、象徴的であるということ。⚊と⚋とから成る卦の形は、原義が何であるにせよ、象徴的である。䷖が剝と名づけられ、䷗が復と名づけられているのなどは解りやすい例である。それに、問う人の提出する問題の種類は無限であり、答える辞の数がきまっている上に、おみくじとちがって、問題にぴったり合った卦が出るかどうか予測できないから、結果的に、卦爻辞の一句一句は、字のままの事がらでなく、象徴的な意味とせねばならない。離上九「王用出征、有嘉折首、獲匪其醜、無咎」（王もって出征して首をとるのよろこびあらん、そのたぐいにあらざるものをえん、とがめなし）の答は戦争以外のことを問うたばあいにも出る可能性はある。とすれば、この敵の首をとるという文句は、何かの利得を象徴的に述べたと解するほかはない。帰妹上六「女承筐、無実、士刲羊、無血、無攸利」（むすめかたみをささぐるに実《み》なし、おのこ羊をさくに血なし、利するところなし）は結婚の卦の文句であるが、それ自体象徴的である。他の事を占してこれが出ればますます象徴的に受取るしかない。

さらに気づくことは倫理性の欠如ということである。これは占いというものの性質からしてもやむをえないもののようである。易が与える答は、「斯くなせ」という道徳的な無上命法というよりは、「斯く成る」という呪術的な予見であるから。卦爻辞の大部分は簡単すぎて意味不明であるが、その中でやや首尾の整ったもの――恐らく諺や成語が多いであろうが――を拾って見ても、世間智ともいうべきものはあるけれど、倫理とまでいえるものはほとんどない。「不恒其徳、或承之羞」は易の中で特に程度の高い考えであるが、これの由来が新しいことは前に述べた。既済九五「東隣殺牛、不如西隣禴祭」（東隣の牛を殺すは西隣の禴祭にしかず）禴祭はきわめて粗末なお供えしかない祭、牛を殺しての祭は最も豪華な祭である。で、一句の意味は「富者の万灯より貧者の一灯」というほどのことであろう（隣の飯は粥でもうまい、の意味にもとれないことはないが、祭の字に即して考えれば前のようになる）。蹇六二「王臣蹇々、匪躬之故」（王臣の蹇々たるはみずからのことにあらず）はわが身を忘れて王事に尽す臣の純情を叙べた高い倫理であるが、同じ卦の他の爻辞と比べて不均衡である。他の爻辞に見える蹇字は、「往蹇来誉」（往くときは蹇なれど来るときは誉あり）、「往蹇来連」（往くときは蹇にして来るときはおそし）のように足なえの意味であるが、この蹇々は転じて努めるさまである。右の例はいずれも易の中では最も倫理性の高いものをさがしたのである。より多く印象に訴えてくるのは、右と逆の要素、世間的な狡智——それもごく素朴な庶民的な体験智、わが国のいろはかるたの程度の智慧——である。无妄六二「不耕穫、不菑畬」（耕さずしてえ、くさきらずしてひらく）は、働かざるもの食うべからずとは正反対の「棚からぼた餅」の意味であるし、无妄六三「或繋之牛、行人之得、邑人之災」（牛をつなぐものあり、たびびとの得《とく》、むらびとの災）も同様の意味で、盗みへの反省はここにはなさそうである。頤初九「舎爾霊亀、観我朶頤」（なんじのくすしき亀をおいて、わがおとがいをうごかすをみよ）は「花より団子」に当る。離九三「不鼓缶而歌則大耋之嗟」（かめをたたいて歌わずばおいぼれのなげきあり）は老いの至らざる間に歓楽を尽せということであろうし、大過九五「枯楊生華、老婦得其士夫」（かれやなぎ華を生ず、老いしおんな其のわかき夫を得）は、やもめ世帯に花が咲くの俚言にそのままである。解六三「負且乗、致寇至」（負いかつ乗ればぬすびとの至るを致す）は、後世でもしばしば身のほどならぬ地位につくという譬喩あるいは謙辞に用いられるが、原義はおそらく、荷物をどっさり背負って馬車に乗ったりすると盗賊に狙われるぞという智慧であり、「良賈は深く蔵して虚しきがごとし」（史記・老耼列伝）の意につながるものであろう。損六三「三人行則損一人、一人行則得其友」（三人ゆけば一人を損し、一人ゆけば其の友を得）、この後半は「旅は道連れ」の感じであるが、前半はさらに世故に長《た》けた智慧である。三人で行くと、とかく話がまとまらぬ故、きっと一人の気持をそこねるというのである（荘子・天地篇に、三人行けば一人惑う、の語がある。あるいは共通の諺によるものであろうか）。以上のような基調は、易の慣用の「何々に利あり」という表現とあいまって、いかにも功利主義的な卑俗な処世の智慧の堆積といった感じを易全体に与えている。朱子が「易は、貞《ただ》しきに利ありとはいうが、貞《ただ》しからざるに利ありとはいわないから、功利主義ではない」と弁解している（朱子語類66）けれども、何としても他の経書と比べて見ても、その感じが卑俗なことは否定し切れない。伊藤仁斎が易を嫌ったことも（語孟字義・鬼神）、うなずけることである。

　しかし、中国人自体にとって、このような色彩があればこそ易が受けたということも否定できないであろう。国の教である儒教の全部が厳格主義 rigorism に固められたとしたら、実際やり切れないものであろうから。

　最後に指摘したいことは、六爻が下から上へ数えられるのとあいまって、爻辞の内容も、大体下から上へ向って発展してゆく傾向を示しているということである。乾䷀の卦においては初九「潜竜勿用」（ひそめる竜、用いるなかれ）、九二「見竜在田」（あらわれたる竜、田に在り)、九三「君子終日乾々」、九四「或躍在淵」(或いはおどって淵にあり)、九五「飛竜在天」(とぶ竜、天にあり)、上九「亢竜有悔」(のぼりたる竜、悔あり)とあって、竜が地中より天に昇りゆく動きを、漸☴☶の卦においては初六「鴻漸于干」(おおとりみぎわにすすむ)、六二「鴻漸于磐」、九三「鴻漸于陸」、六四「鴻漸于木」、九五「鴻漸于陵」、上九「鴻漸于陸」と、鴻《おおとり》がみぎわから磐《いわ》に陸に木に陵《おか》にすすみゆくさまを示す。さらには困☱☵にあっては、初六「臀困于株木」(しり株木にくるしむ)、九二「困于酒食」(酒食にくるしむ)、六三「困于石、拠于蒺藜」(石にくるしみいばらによる)、九四「来徐徐、困于金車」(来ること徐々なり、こがねの車にくるしむ)、九五「劓刖、困于赤紱」(はなきられあしきられ、赤きくみひもにくるしむ)、上六「困于葛藟、于臲卼」(つるくさにかせにくるしむ)、と、困《くる》しむ程度がだんだん軽いものから重いほうに移りゆく状況。噬嗑☲☳を見ると(原文は第一節に)、噬《か》むという動作について、足枷に足をかまれることから始まって、皮膚をかまれ、毒をかみ、黄金の矢をかみあて、最後には頸枷に耳をかまれるにいたるまで、噬まれる身体の個所の上昇あるいは利害の度の上昇が見られる。

右の下から上へということが興味深い。六爻を現実の社会階級(庶人、大夫など)にふりあてる考え方は、漢代に完成したもののようであるが、爻辞が、実際の占いに際しても、何らかのシムボリックな解釈をとらざるをえぬ以上、乾卦の竜、漸卦の鴻を擬人法的に考えて、一人の人間が時間の推移とともにより高い地位に昇りゆくかたちを暗示しているというふうに受け取ることは、ごく自然な成り行きである。革の卦を除外しても(革の卦爻辞は、十翼を排除して見れば革命の意味はもっていない）、易の雰囲気が何か革命的なanarchicな感じをもっているのは、このためである。繋辞伝に「文王と紂との事に当るか」といい、「易を作る者は憂患あるか」「易を作る者は盗を知れるか」というのは、易の作者にその意識はないにしても、易の構成そのものから来る感じを敏感にとらえての発想である。

大体、西周の社会は、諸侯の下に、卿、大夫、士、庶人、工商、阜《そう》、隷、僕、圉《ぎょ》の身分が定まっており（左伝・襄公9年・13年）、「官は方を易《か》えず」「庶人は農穡に力《つと》め、商工阜隷は業を遷すを知らず」（左・襄9）と謳われるように、もって生れた身分を超えることは思いもよらぬことであったはずである。しかも西周の社会は単なる力関係の階級社会ではない。部族神の庇護の光の投ぜられる疎密の度によって、祭にかかわりうる役がらの高下が先天的に定まる。それは部族神との血のつながりの濃度に正比例する。これはやがて世俗的な意味での階級ともなるのであるが、本来の意味は右のような宗教的な階級である（余談であるが、王のみが天を祭り、諸侯以下は山川星などを祭るというように階層的に規定されるに到ったそのもとは、天が周によって創作された神だからである。星はいろんな部族のトテムであり祖霊のすみかである。これら部族を統一し君臨した周は、それらの星の上に立つ神をもとめて天を祭ることとした――小島氏による――。されば詩経で見ても、周の庶民の天に対する感じは思慕よりも畏怖と圧迫の方が強い）。いずれにしても周の社会構成は、上から下への感じのみが強い。

故に、もし易の下から上への構成を作ったものが、いささかたりとも下層階級から上層へ昇る可能性を夢みる意識をもっていたとすれば、その時期は、多少とも身分階層の崩れて来た時代、すなわち東周にはいってからであろう。東周期の顕著な現象は、士の身分の抬頭、陪臣の旧族への下剋上、一言でいえば新興階級勃興ということである。儒家や墨家が、有徳者こそ王者たるべしと説くのもこういう時代でなければ不可能であったし、舜が庶人から一足とびに天子になったという伝説も、今日では、墨子のころに発生したとされている（顧頡剛氏・古史弁）。易の素材はたしかに古いものを含むにせよ、下から上へのこの組み立て方は、右のような時代において始めて案出されうるのではなかろうか。

第四節　左伝に見える易

〔梗概〕左伝には占い者がいろいろのことを易でぴたりと言いあてる話がいくつかのっている。これは戦国時代の占い者の家に伝わった説話で、易の解説のしかたの古い形を示していると見られる。それで今の易の十翼と比較することで、十翼のうちどの部分が古いかが推定できるであろう。左伝の中に見える易の本文は大体今の易と差異がないが、今の易とちがった占法、ちがった文句の易も存在したらしい。左伝の易の解説のしかたは、八卦を鳥とか牛とか太陽とか土とかいろんなものにあてて、その卦の卦辞爻辞にむすびつける。これは十翼でいえば、象伝のある部分、説卦伝の後半部分の解説法の範囲内にある。また文言伝の一部の原形らしいものが左伝の中にある。それだけで、十翼にある儒家的哲学は一切ない。単に占いの書物として用いているのである。そして左伝の説話中の人物はもはや必ずしも神意だけでことをきめることはしない。人間の倫理的判断にも同等の重さを認めようとする。この傾向は占いの道具としての易の権威を動揺させはしないか。

十翼が、いつごろ、どのような順序で発生したか、それがどのような意味をもつか。この問題は今まで幾多の先人にとりあげられたものである。私は試みとして左伝・国語の占筮記事を検討し、それが書かれたであろう時代に、易がいかなるものとして見られていたか、また当時に今の易の中のどの部分があり、あるいはなかったか、という点から出発して見たい。まず左伝そのものの成立時期について問題がある。左伝は公羊《くよう》伝、穀梁《こくりょう》伝とならんで、孔子の作ったという歴史「春秋」の解釈書（伝）であり、三者を春秋三伝とよぶ。三伝の中、公羊・穀梁は最初から春秋の解釈書として製作されたものであるが、左伝だけはもともと春秋の解釈書として作られたものではない。単行の史書である。これを春秋の解釈書とするために、幾多の義例（春秋の書きぶりは一字一字に厳密な法則があるとされる。その法則を説明したのが義例）を附加したのは前漢末の劉歆《りゅうきん》である。その際、義例だけでなく、多少改竄《かいざん》の手がはいっていることは否定できない。漢王朝の先祖が黄帝の子孫であると述べた文章（文13）は著しい例であり、前掲の韓宣子の記事も彼の手に成るものであろう。歴史書としての原初左伝は、大体東周の威烈王（B.C.425-402）ごろに出来ていたと信ぜられる。それはカルルグレンの行った文体研究の上から、および、周の治世の終末を予言した記事に周の寿命七百年としてある（実際は八百年以上続いた）点から計算しての推定である。勿論、前五世紀から前一世紀劉歆の時代までの間、全く手が加えられずに伝わったとは信ぜられず、少くも一度は改竄の手がはいっていることを予想せねばならない。

　左伝に見える占筮記事は、真贋の断定の困難なものである。左伝に見える占筮は、すべてが適中している。はるか後世のことまでが適中している。ということは、その後世の事実が起ってから、その話が作られたと見なければならない。最も甚しい例は、荘公廿二年（B.C.671）の伝に見える記事である。陳の厲《れい》公が、その子の敬仲の生れた時、周史をして周易をもって運勢を筮せしめたところ、敬仲が出奔して斉に往き、母国の陳が亡びたあともその血筋絶えず、八世の子孫田常が斉の国を簒奪する（B.C.387）にいたる経過を、卦によって予言している。するとこの記事は、少くも田氏簒奪以後の作でなければならない。こういう点からして、左伝の占筮記事全体を劉歆の時代まで引き下げる説（津田氏など）も出て来るわけである。しかしながら、漢代製作説に対して私はなお首肯できない。第一は文気である。漢代人にこの文章が書けたかどうかという問題である。次に、漢代人の作ならば、いかに巧みに古めかしい叙述を装おったとしても、相当多数の記事の中の易の解釈法において馬脚を現わさずにいられるかどうか。ここには漢代易説の主流である卦気説も陰陽説もない。襄公九年の記事の中に出て来る易の一句「帝乙帰妹」の「帝乙」をば、漢易諸家のすべてが湯王と解しているのに対して、左伝では微子啓と解している。こうした異る解釈が、果して偽装によってすべてに貫かれえたかどうか。

結論をいえば、私は、すべての占筮記事は B.C.387 以後 B.C.243 以前に作られたと見る。勿論それ以後においてもいささかの修正はあったであろうことを許容してである。というのは今の左伝の中に引かれている易の経文が一字の異同もない点で、かえって後からの修正を疑わせるが故である。左伝は竹添光鴻のいう通り（左氏会箋）、前半と後半とで文気によほど差異がある。大体前半は文体が簡潔であり、後半は詳細であると同時に間のびがある。にもかかわらず、占筮記事全部を通覧すると、その差が見られない。それに、春秋列国の文化は国によって相当ちがっていると思われるにもかかわらず、どの国でも占い方、使用テキストは一貫したものがある。そこで私は、この記事は、たとえ伝承は古くても、すべて右の時期に、ある一手によって整理されたものと見る。つまり、占筮の家に伝わった占いの物語を、史書の原初左伝の中に適所にはめこんだものと考える。この臆測を助けるものは汲冢《きゅうちょう》書（A.D.282 に汲郡で古墓から発掘された書物。この墓は戦国魏の安僖王 B.C.276-243 の墓という）のことである。晋書の束皙《そくせき》伝、杜預《どよ》の左伝後序に、「汲冢書の中に師春という書がある。内容は左伝の卜筮記事のみを集めており、今の左伝と一致する」という。この話が偽りでないならば私の臆測も成立不可能ではない（汲冢の師春は早く逸したらしい。宋代に存在し、黄伯思が校定した師春はすでに偽物である）。師春の書名はもと占筮家の名ではなかったか。そしてこの書は、束皙のいう左伝の中からの抜き書きというよりは、むしろ胡応麟（少室山房筆叢33）のいうように、左伝の方がその内容をとり入れたと見る方が妥当であろう。

国語は左伝とほぼ同時代の歴史を国別に記した書物である。春秋の外伝（別の伝）というが、本来そのような意図で作られたものではない。衛聚賢氏（国語之研究）によれば、国語の各篇の成立年代は、周語・楚語がB.C.431、斉語・呉語はB.C.431-384、魯語・晋語はB.C.384-336、越語上がB.C.384以後、越語下及鄭語がB.C.314以後であるという。占筮記事は周語に一つ、晋語に二つ見えるだけであるが、これまた左伝の場合と同じ理由で、最もおそい時期に、溯って挿入されたものにちがいないし、あるいは一人の手に成るかとも考えられるのである。

左伝・国語に引かれた易の経文のほとんど全部は今の易と一致するが、次の三つだけが相異している。

(1)成季が生まれる時、その父桓公は卜楚丘の父に命じて運勢を筮せしめたところ、「大有䷍の乾䷀に之《ゆ》くに遇」った。その文にいう「同復于父、敬如君所」（同じく父に復す、敬わること君の所のごとし。父・所は韻をふむ。以下同じ）と。その後成季は国人の人気を得て君主をしのぐ尊敬を受ける。（閔2）

(2)秦伯が晋を伐とうとする時、卜徒父がこれを筮した。結果は吉。其の卦は蠱䷑に遇う。その文に曰く「千乗三去、三去之余、獲其雄狐」（千乗のくらいのひと三たび去らん、三たび去りしのち、其の雄狐をえん）と。果して秦は三たび晋を破り、晋の君を虜にして帰った。（僖15）

(3)晋侯が楚と鄢《えん》陵に戦うにあたって、これを筮せしめたところ、史《うらないしゃ》がいうには、吉である、其の卦は復䷗に遇う、その文は「南国蹙。射其元王、中其目。」（南の国はちぢまる、其のおおいなる王を射てその目にあてん）と。戦った結果、晋の将軍は楚の王の目を射あて、楚は大敗した。（成16）

三者いずれも韻をふみ、スタイルも易に似ている。そこで清《しん》の顧炎武《こえんぶ》は、連山、帰蔵の文であろうという（日知録）。連山、帰蔵とは周礼《しゅらい》に見える古書の名で、それぞれ夏、殷の時代の易であるとせられ、周易とあわせて三易とよばれる（太史）。しかし周礼という書物が大体前漢末に完成されたもので、その記述は必ずしも信じがたい。連山という名も捏造の感じがするし、帰蔵の名は何か道家的な臭いがする。周易以外の類似の占筮の存在を否定しないまでも、これをただちに連山帰蔵と断ずることはできない。ところで、右の三個条の中、(1)と(2)(3)とでは卦爻の表記法が異っていることに注意されたい。「大有䷍の乾䷀に之《ゆ》く」というのは、䷍が䷀に変ずるばあい、変らねばならないその爻、すなわち䷍の第五爻を指す。他の左伝の記事のすべてがこの表現を用いている。例えば乾䷀の初九を「乾䷀の姤䷫に之く」、九二を「乾䷀の同人䷌に之く」というふうに（昭29）。しかるに(2)(3)のみは爻の表示がない。それに、「同復于父、敬如君所」は、今の易のいくつかの卦に見える復字を含み、(2)(3)と比べて文章の感じが少しは今の易に似た所がある。顧炎武が連山帰蔵であろうとして挙げているのは、実は(2)と(3)のみで、(1)を挙げていないところを見ると、顧氏は、語感から、(1)を周易の異文として黙許したもののようである。連山帰蔵は架空の名で信ずるに足りぬが、少くも右の二例がなにか周易ならぬ筮法によるものであることは疑えない。筮法一般は長い歴史にわたるであろうし、周易だけということはない。当然別の占法が存在したと見てよい。ただこの⑵⑶を見ると、別の占法、別の文句をもつもののようでありながら、卦名と卦形、それに、解釈に用いている八卦の象徴は周易と共通である。この点こそ疑わしい。前述のごとく、周易の卦名は多く爻辞の中から選ばれたものであるから。そこで次のような想像が可能である。⑵⑶の文は周易ならぬ筮法の文句の断片で、文句だけが残り、いかなる卦いかなる占法を用いたかはすでに不明であった。この記事の記述者は、話の筋に最もよく合うところから⑵⑶の文句を用いたが、それ以外の要素を欠くので、卦の形その他は周易のを無理にあてはめた。⑵は狐《こ》の字が有るから同音の蠱《こ》の卦を、⑶は楚軍が逃げ帰ったことから復（かえる）の卦を借りた、と。なお儒教の伝説で、連山帰蔵はともに周易と同じ卦を用いる（ただ順序は異る。すなわちそれぞれ艮䷳坤䷁を初めとする）というのは、左伝を見ての思いつきであろう。とにかくこの三個条が周易以外の易、あるいは周易の異種のテキストの存在を物語るものであることは確かである。

今一つ問題になるのは、左伝襄公九年の穆姜《ぼくきょう》の運勢を史が筮した記事である。得た卦は「艮䷳の八に之くに遇う」であり、用いられる辞は随䷐の卦辞である。普通の解釈では、八とは五爻変じて一爻のみ変じないばあいである、と。これは六二以外が変じて随となったもので随の卦辞を用いている。しかし、そうすると国語晋語に「泰䷊の八に之く」とあるのは、当然䷊の五爻を変じて得られるべき䷠、䷓、䷢、䷬のうちいずれかの卦の卦辞を用いるべきである。しかるにこのばあいはもとの泰䷊の卦辞を用いている。さらに晋語に「貞屯悔豫皆八」とあるのも右の解釈ではどうも割り切れない（貞は内卦、悔は外卦という）。けだしこれらはなんらかの占法上の術語であることは間違いないが、今の易のそれとは異るものであろう。それを今の筮法で解しようというのがそもそも誤っている。疑わしきは闕《か》くという態度が賢明であろう。

左伝の占筮記事はさながら講談である。その例を一つ挙げて見よう。魯《ろ》の叔孫豹《しゅくそんひょう》が生れた時、その父が卦を立てて見た。明夷䷣の謙䷎に之くに遇った（すなわち明夷初九）。卜楚丘《ぼくそきゅう》に卦を見せて判断を下させたところ、卜楚丘は次のように答えた。

これは明夷という卦でございます（初九「明夷于飛、垂其翼、君子于行、三日不食、有攸往、主人有言」鳥ここにとぶも、その翼を垂る、君子ここに行く、三日くらわず、往くところあらんに、主人ものいうことあり——圏点は韻字）。このお子は一旦国を捨てて、よそへ出奔なさりましょうが、やがては帰国して、あなたのお家をつがれましょう。しかし、その時「牛」という名の、讒言ばかりする悪人を連れて帰られます。この悪人のために遂には餓死なさいましょう。

明夷は日であります。日の数は甲・乙・丙・丁・戊・己・庚・辛・壬・癸の十あります。されば一日の刻《とき》の数も十。人間の世界で申しますなら、王・公・大夫・士・皁・輿・隷・僚・僕・台の十の身分に当ります。人間の身分の第三は卿（大夫）でございますが、一日の時刻のうち最も光の強いのは正午、次が食事時、第三は夜明けでございます。この卦は、明夷すなわち日の卦が謙——謙遜の卦に変化しますわけで、日の光はありながらまだ十分に燃え立たない形、つまり夜明けの時刻に当ります。夜明けは明るさで三番目でしたから、人間の位で申しますと卿になります。つまりこのお子は卿になられます。あなたも卿であられますによって、お家をつがれましょうと申し上げる次第。さてこれは䷣明夷が䷎謙に変ずる卦でして、当の変る部分☲は鳥でございます。そこで明夷于飛という句が出て来るわけ。そして、日の光がまだ十分でない形ですから、鳥で申しますと、あまり元気よく飛ばない。そこで垂其翼ということになります。そして人間をば日の動きになぞらえますと君子于行ということになります。また夜明けという時刻は、明るさは三番目、まだ食事時に及びません。そこで三日不食という文句が出て来ます。☲は火、☶は山でございます。☲が☶に変ずることは、火が山を焚くことでありまして、山がそこなわれます。で、そこなうという意味が出て来ます。☶は人間で申せばことばであります。これが☲にそこなわれる。そこなわれたことば、つまり讒言であります。ゆくことと讒言とで有攸往、主人有言ということになります。その讒言者の名前でございますが、明夷の卦は☲離を含んでおります。ところで、䷝純離は牛の意味をもっております（䷝離の卦辞に牝牛の字がある）。世が乱れますと讒言が勝ちます。正しいことば☶は☲牛に圧倒されてしまいます。こういうわけで讒言者の名は牛だと申し上げます。謙という卦でございますから控え目で、于飛と申しましても天翔けるのではございませんし、垂其翼とありました故、その翼は垂れて上らず、翼も大きくはございません。で、于行と申しましても行きっ切りではございません。ですからあとつぎになられると申し上げた次第。しかし、惜しいかな、終りがあまりおよろしくございませんな。

こう予言された叔孫豹は、有能忠実な公卿として成人したが、無頼な兄の売国的悪業を見ていたたまれず、隣国の斉に亡命した。魯の国境にさしかかって、知らぬ婦人の家に一夜の宿を借りたが、これと行きずりの情を交した。斉に入った彼は、名門の娘を娶り、孟丙と仲壬《じん》の二人の子をなした。叔孫豹はある夜天に圧しつぶされる夢を見た。跳《は》ね返せない。ふりむくと、色は黒く、せむしで、目がくぼみ、口の尖った男がいる。思わず「牛よ！　助けてくれ」と叫び、その牛に似た男の助けで天を跳ねかえすことができた。国を出てから四年目に、豹は魯に帰り、父のあとをついで卿となった。すると、前に宿を借りた女が、その夜孕んで生れた子供をひきあわせに来た。見ると、夢に天と格闘したときの救い主にそっくりである。試しに「牛」とよぶと「はい」と答えた。この子は側に仕えて豹の気に入りとなった。斉で娶った正妻は、豹の帰国後すぐ他の男と結婚した。豹はこの妻に怒りを覚え、ひいては孟丙、仲壬に対しての愛情も薄くなって来る。そこでこの二人の子をなかなか呼びよせようとはしなかった。二人は成長してやっと父のもとへ迎えられたけれど、幼少の時から父についていた牛の方が万事につけて信用があつい。牛の讒言によって孟丙は殺され仲壬は追い出された。そのうち豹は病気になった。牛は側を離れない。面会人は中に入れず、病人の食事は、牛が戸口で受取っては、中味を捨て、空の器を下げ渡す。こうして叔孫豹は、卿の身分でありながら、三日食わずに餓死するのである（昭４・５）。

右の占い方を見ると、「明夷于飛云々」の爻辞は、そのまま叔孫豹の運命の判断の言葉として用いられ、その爻辞の一字一句が䷣、䷎の形から引き出されている。☲は日、火、鳥、☶は山、言。「三日不食」というようなことも、それからさらに布衍して説明されている。この解法を十翼と比べて見ると、大体説卦伝と大象（象伝は卦辞を説明する部分と爻辞を説明する部分とから成る。前者を大象、後者を小象とよぶ）との中にある。それも、大象の文の最初の部分と、説卦の中の後半の部分に限られる。

大象は先ず物にあてはめて機械的に卦の構成を説明し、さらに「君子以……」とか「先王以……」とかいう文字で政治理念や道徳を説く。明夷䷣の大象は「明入地中、明夷、君子以莅衆用晦而明」（明の地中に入るは明夷なり。君子は以て衆にのぞむにくらきをもってしてしかも明らかなり）、謙䷎の大象は「地中有山、謙、君子以裒多益寡、称物平施」（地中に山あるは謙なり。君子は以て多きをけずりすくなきにまし、物をはかりて平らかに施す）。左伝に現われた限りでは、大象の君子以云々の高度の解釈はそれと指摘することはできない。大象の最初の部分の中にある、☲を明とし、☷を地とし、☶を山とする機械的な解法のみが、左伝のたとえ、共通部分である。

（大象の八卦のたとえ、圏点は左伝のと一致するもの）

☰——天
☳——雷・電
☵——水・雲・泉・雨
☶——山

☷——地
☴——風・木
☲——火・明・電・雷
☱——沢

一方、説卦伝は前半において、易が天地人を貫く道を体現していることを述べ、つづいて八卦を物事にあてて説明する。「震☳、東方也」「巽☴、東南也」「離☲也者、明也」（離なるものは明なり）「坤☷也者、地也」「艮☶、東北之卦也、万物之所成終而所成始也、故曰成言乎艮」（……万物の終をなす所にして始をなす所なり、故に艮に成言すという）「乾為首（乾をば首となす）、坤為腹、震為足、巽為股、坎為耳、離為目、艮為手、兌為口」など。これを図示すると左のようになる（点を附したのは左伝に見えるもの。なお大象と共通のものには点を附けていない）。

乾☰	天	父	健	馬	首	西北	戦	君	玉、金		（寒）	良馬	円、木果……
坤☷	地	母・	順	牛	腹	西南	役	（衆）・	布、釜、大輿	吝嗇			文、均……
震☳	雷	長男・	動	竜	足・	東	出		大塗、筤竹	決躁		善鳴馬	玄黄……
巽☴	風	長女・	入	雞	股	東南	斉	（工）	（縄直）	多白眼			近利市三倍……
坎☵	水	中男	陥	豖	耳	北	労		溝瀆、弓輪	加憂	月	美背馬	血、堅多心……
離☲	火	中女	麗	雉・	目	南	見		甲冑、戈兵	大腹	日・		蟹、牛、科上槁…
艮☶	山	少男・	止	狗	手	東北	成言・	（閽寺）	小路、門闕				指、堅多節……
兌☱	沢	少女	説	羊	口	西	説言	（巫、妾）					毀折……

説卦についても、前半の理論的部分は左伝の記事となんらつながるところがなく、左伝の八卦のたとえ（術語で象という）は殆んどすべて説卦の後半、右の表の中に含まれるのである。荘公十二年、観䷓の否䷋に之《ゆ》くという卦の形から「之を奉ずるに玉帛を以てす」の

文句を引出しているのは、説卦に「乾をば金玉となす」「坤☷をば布帛となす」とあるのを合わせれば諒解できる。僖公十五年帰妹䷵の睽䷥に之く卦に「西隣、言を責む」の句があるが、説卦を見ると兌☱は正秋の卦とあり、正秋を方角にあてると西になるので、西隣の字の説明がつくわけである。ただ、さきの叔孫豹の話の中で、卜楚丘は、牛の名を説明するのに、☲から䷝を借りて来て䷝離の卦辞から牛の字を引き出している。説卦伝の中には明瞭に「離☲を牛となす」とある。恐らく叔孫豹の話のできたときは☲に牛の象《たとえ》がなかったのである。総体に左伝の解法で用いる八卦の象《たとえ》はまだ数が少くて大象説卦に見えるそれの多種多様なのに遠く及ばない。もっとも稀に、左伝にあって説卦にないものがある。すなわち閔公元年、屯䷂の比䷇に之くの解釈をしている中に、この卦の変化は「車が馬に従っている形だ」という。内卦の☳が☷に変化したことを指すのである。☷は説卦にはないが坤の卦辞に「牝馬の貞」とある。とすると車は☳でなければならぬ。現に国語晋語には「震☳を車となす」と明記されている。しかるに説卦伝には☳を車とする説明がない。説卦伝が伝誦される間に忘れられたか、漢に入って文字に記される時に脱落したかのいずれかであろう。ともかく左伝の主要なる解釈法は、大象前半、説卦後半の埒《らち》内にある。八卦をいろいろの物にあてはめ、それでもって経文の字句を説明するということは、おそらく最も思いつきやすい方法であるから、十翼の中のこの部分が最も古いと考えてよかろう。もっとも、大象前半にしても八卦の象《たとえ》だけでなく、内卦外卦のそれを組み合わせての説明であり、説卦後半の含む象《たとえ》はまた大象・左伝のそれより遥かに多くて経文のどこにあたるのか不明なくらいで到底一時にできたものとは考えられない。十翼にしても経文同様、漢代までは暗誦で伝わったもの、十翼の多くが韻をふんでいるのも暗誦の便のためである。伝わりうけつがれる間に、整理と増補を重ねて定着されたものである。だから、右の二部分が最初から今の形をしていたとはいわない。最も古いものがここにあるというのである。

次ぎに、問題になるのは襄公九年の、「元亨利貞」の四徳を説明した文章「元は体の長なり。亨は嘉の会なり。利は義の和なり。貞は事の幹なり。仁を体すれば以て人に長たるに足る。嘉徳は以て礼を合するに足る。物を利すれば以て義を和するに足る。貞固は以て事に幹たるに足る」である。これが乾の文言伝「元なる者は善の長なり。亨なる者は嘉の会なり。利なる者は義の和なり。貞なる者は事の幹なり。君子は仁を体すれば以て人に長たるに足る。嘉会は以て礼を合するに足る。物を利すれば以て義を和するに足る。貞固は以て事に幹たるに足る」と、ほとんど同じである。いずれが先であるかというと、崔述《さいじゅつ》のいうとおり、文勢の自然さの点で左伝のが先であろう。崔述はいう、元の字は頭の意味であるから「体の長」といったので、「善の長」では不合理である、「亨は嘉の会」の会は合の意味である。そこで左伝は先に「嘉の会」といい、後にこれを布衍して「嘉徳は以て礼を合するに足る」とある。会が合の意味である以上、「嘉会」と「礼を合す」とでは意味が重複し文章として不体裁である、と（洙泗考信録）。文言伝は、早く欧陽脩も疑っているように（易童子問）、雑多な要素から成っていて、思想的に見て遥かにあとのものである。文言のこの部分も、左伝の文章から取って改悪したものに相違ない（〈体の長〉を〈善の長〉に改めたヒントは左伝昭公十二年に〈善の長〉の句があることによる）。

左伝の占筮記事の中に、彖、小象の存在を確かめることは困難である。彖伝は卦名と卦辞の解説、小象は爻辞の解説である。左伝の卦名の解釈のしかたは、きわめて簡素である。

明夷䷣は日なり（昭5）

謙䷎は足らざるなり（昭5）

屯䷂は固く、比䷇は入る（閔1）

随䷐は出ずるなり（襄9）

右はみな、実際の占いにあたってのその場その場の占者の説明のことばで、これだけを抽出することは必ずしも十全の措置ではないが、試みにこれを彖伝と比較して見る。

明入地中、明夷。内文明而外柔順、以蒙大難。文王以之。利艱貞、晦其明也。内難而能正其志。箕子以之（明の地中に入るは明夷。うち文明にしてそとは柔順、以て大難をこうむる。文王はこれを以てせり。艱貞に利ありとはその明をくらくすればなり。内難くしてよくその志を正す。箕子はこれを以てせり）

謙、亨。天道下済而光明。地道卑而上行。天道虧盈而益謙。地道変盈而流謙。鬼神害盈而福謙。人道悪盈而好謙。謙、尊而光、卑而不可踰。君子之終也（謙はとおる。天の道は下をなして光明なり、地の道はひくけれど上に行く。天道はみちたるをかきて謙なるに益し、地道はみちたるをかえて謙なるに流れ、鬼神はみちたるを害して謙なるにさいわい

し、人道はみちたるをにくんで謙なるをこのむ。謙は尊くして光あり、ひくけれどもこゆべからず、君子の終りなり）

屯、剛柔始交而難生。動乎険中。大亨貞。雷雨之動満盈、天造草昧、宜建侯而不寧（屯は剛と柔と始めて交って難の生ずるなり。あやうき中に動く。大いにとおる、ただし。雷雨の動きみちて、あめつちの造らるるくらきときなり。きみを建つるによろしきもやすからず）

比、吉也。比、輔也。下順従也。原筮元永貞无咎、以剛中也。不寧方来、上下応也。後夫凶其道窮也（比は吉なり。比はたすくるなり。下のしたがうなり。筮をたずぬるにおおいに永くただしとがめなし〈卦辞〉とは剛の中するを以てなり。不寧まさに来る〈卦辞〉とは上下応ずればなり。後夫凶〈卦辞〉とは其の道きわまればなり）

随、剛来而下柔、動而説、随。大亨貞无咎、而天下随時、随時之義、大矣哉（随、剛の来りて柔に下り、動いてよろこぶは随なり。大いにとおりてただし、とがめなし。しかして天下は時に随う。時に随うの義は大なるかな）（圏点は龔）

屯が困難の意味であり、比がしたしむの意味であり、謙がへりくだる意味である点では、左伝も象も矛盾はない。ただ一見してわかるように、象の方が遥かに高度の解釈である。象の剛柔の二元論、倫理的な教訓は左伝の方には全くない。小象の文は省くが、小象の重要要素である位の概念もない。前記の八卦を物にたとえての説明ばかりである。ただ一つ昭公十二年に次のような記事がある。南蒯《かい》が季子に冷遇されるのを恨んで、敵国斉に寝返ろうと思って占ったところ、坤䷁の比䷇に之くに遇った（坤六五）。その文句は「黄裳、元吉」である。彼は喜んで、子服恵伯に示していった、これで一旗あげたらどうだろう、と。恵伯は答えた。「私はこう聞いて居る。この卦の字面は大吉ながら、忠信《まごころ》の事ならよいが、そうでなかったら必らず失敗する、と。黄裳元吉の句の黄は中《なか》の色、裳は下《しも》の飾である。中《なか》が忠《まごころ》でなかったら黄にならないし、人の下《しも》として不遜であったら裳とはならない。事がらが善でなければよい結果はえられない。これらの徳を離れて、この卦の利益《りやく》はない。その上一体に易というものは悪事を占ってはいけないものだ。それに君は何を占おうとするのだ。君のやろうということに美しさがあるか。中《なか》の美しさが黄、上の美しさが元、下の美しさが裳。三つそろって始めて吉凶が問題になりうる。一つでも欠けていたら卦は吉の卦でも、まだ吉とはいえない」この恵伯の言葉の「黄は中の色」という説明が、坤六五小象の「文《あや》の中にあればなり」と全く同じであるかどうか。小象の通例から推すと、中は内卦外卦の真中、すなわち第二、第五の爻位を指す。文《あや》という観念は⚋の女性的性格から出て来る。そこで小象のこの句は、「⚋のやわらかな文徳が五の位にある故に大吉」と解せられる。しかるに左伝の「中の色」は、「忠信」の忠を「黄裳元吉」の語から引き出すための媒介に使われている。黄は五行説の土の色である。土は五行の真中である（木火土金水を方位でいえば東南中西北、なお五行は昭公三十一年にも見えている）。中は忠と音も意味も相通ずる。黄色——土の色——土は五行の中——忠、この連鎖論法は必ずしも小象の爻位の観念を必要としない。故にこれを理由に、小象の存在を左伝の記事以前に置くことは不可能である。

その他、繋辞伝、序卦伝の痕跡は左伝には全く見られない。雑卦伝はその素朴な言いまわしぶりが似ていないでもないが、さりとてただちに古いとすることは躊躇される（後述）。

総じて左伝の易の記事についていいうることは、それが divination のためのものとしてのみ扱われているということである。作者の問題は、占者がいかに未来を巧みにいいあてたかという興味にかかっている。その点では、他の占夢、占星の記事と択ぶところがない。つまりここでとりあげられている易は経典としてのそれではない。

前にかかげた南蒯と子服恵伯の問答は、さらに別の問題を含んでいる。呪術への懐疑ということである。悪事を占ってもむだだということは、神のしわざが人間の倫理に一歩をゆずることを意味する。晋の献公が伯姫を秦に嫁がせようとした時、史蘇はこれを占って不吉と断じたが、献公は肯《き》かずに伯姫をやった。ためにその子恵公が秦に囚われる悲運に遇う結果となる。恵公が「先君が史蘇のいうことに従っていたら、こんなことにはならなかったろうに」という。おつきの韓簡が答えた、「先君の敗徳はもともと数え切れないほどでございます。史蘇の占いの不吉を避けていたとしても、なんの足しにもなりますまい」（僖15）。ここでは、運命の吉凶がみずからの道徳性に根ざしていて、道徳を捨象して未来を神に問うことは無意味だ、とされている。書経の「天の作《な》せる孽《わざわい》はなお違《さ》くべきも、自ら作せる孽はのがるべからず」（太甲）というのと同義である。こうした、呪術の効果を制限して考える見方は、左伝全体の思想の中に流れている。呪術には二つの型が考えられる。一つは詛《のろい》、雩《あまごい》、祓禳《おはらい》、禱《おいのり》など、積極的な神助を借りる共感呪術的方法で、これは神の自由な意向のみで未来が変更されうることを前提としている。今一つは、一応未来を決定せるものとして、神の計画を予知し禍を避け福に就こうという、卜筮や占夢などの予知技術であって、神助は、神の計画を洩らしてもらうという消極面にとどまる。左伝では、前者の機能に相当の疑惑が向けられ、君主がいかに神に御馳走をし、美辞をつらねて機嫌をとっても、民に不徳であるならば、神はこれをきかぬ、とされる(昭20其他)。後者の方はまだ信を置かれているものの、神意の啓示に対してひたすら畏れかしこむ態度は失われつつある。戦を亀甲で卜して凶と出たのに対し、亀甲を投げて天を罵った楚の霊王(昭13)、敵の王に組み伏せられ脳を食われた夢を見て、占夢官が凶と断ずるのに対し、わしの方があおむけだから天の助けをえたと強弁して出陣した晋の献公(僖28)、国を遷すべきか否かを卜して凶と出たにもかかわらず、民の為に便利だからといって敢て遷した邾《ちゅ》の文公(文13)、占星官が君に祟《たた》りがあるから臣下に移したらというのを断わった楚の昭王(哀6)、裨竈《ひそう》が星のあやかしを見て火災を警告するのに対し「天道は遠し、人道はちかし」といって信じなかった鄭《てい》の子産(昭18)、彼らは神の力以外にも頼るべきものをもっていた。それは人間の意志であり、倫理であった。ただ左伝の世界においては、孔子ほどはっきり倫理に徹してはいない。瀕死の病床にあって祈禱を断わった孔子に対して、彼らはとにかく一応神意を伺っている。それに、かように神のいましめを無視したばあいの結果を見ると、半ばは戒告どおりに死に、半ばはその人の善意に応じて禍いの方が退いている。いわば神の掟と人の掟とが拱持《せりもち》になっている。これは神の性格の変化をも物語っている。古い神々はたいていある部族の成員だけの神であった。この神々はその所属する者にのみ、無制限に、善悪を問わず利益を与えた。神への饗応が満足でありさえすれば（僖28――河の神が楚の子玉に、おまえのもっている宝石をよこせ、そしたら戦に勝たせてやる、という）。しかし、そのような愚かな神々は死んで行く。新しい神は「仁に福《さいわい》し、淫に禍す」るものとして登場している。それはやがて人間の行動を監視するという人格性すらを喪失して、理法としての神に移りゆくのである。孔子や孟子の天はそのようなものに近づいている。

この古い神々の黄昏《たそがれ》のとき、占いはすべて苦境に立たねばならぬ。右の、古い神々を畏れぬ賢者たちの前に、占い者たちがなんと間抜けて見えることか。裨竈が子産に「あいつが何を知ろう」と罵られたのも当然である。殷のむかし、巫は宰相であった。ここでは占官はすべて宰相よりはるかに低い位しか与えられていない。筮者の多くは諸国をめぐり歩いて技術を売っている（荘22――周史の、周易を以て陳侯にまみゆるものあり）。書経金縢ではまだ卜筮が十分の信頼をもたれているのが、洪範では疑いを決する方法として、おのが心、卿士の意見、庶民の輿論が、卜筮と対等の重さをもってきている。こうした頽勢にあって、易のあり方も微妙な変化を余儀なくされる。先にあげた子服恵伯のことばによれば、易は悪事を占いえない。それはいわば「人事を尽してのち天命を占う」ような易である。これは確かに倫理との妥協の一つの道である。しかしこのような方向にむかうことは、本来の使命、divinationの具としては自殺の道ではないか。かかる妥協の方向だけで、易が、経典中の経典、最も敬われ最も愛せられる書となりえたであろうか。その問題にはやがて答を試みるであろう。

第五節　彖と象

〔梗概〕十翼のうちで次に古い部分が彖伝と、象伝の大部分（小象全部、大象の後半部分）である。小象は爻のありかたによってよしあしの説明をつける。六爻のうち二と五の位が「中」で一番よい。陽爻⚊は奇数位、陰爻⚋は偶数位にあるべきで、これを「正」というなど。それに陰陽思想とよく似た剛柔二元論をもっている。大象と彖は卦全体の意味を説くが、その説明のしかたは多分に儒家的であり、本文だけでは素朴な、無内容なものを、一躍儒家的な教訓、家庭道徳、政治道徳などを含む哲学的なものに変貌させた。ここに見える理論は、いろいろの他の学派の理論を摂取した儒家理論である。原始儒家の立場は大体古いのようなものを受けいれにくいもののはずであったが、世間の好みが宇宙論のようなものに向ってきたので、陣容を強化する必要から、易をとりあげようとするのである。

左伝との比較によって、大象の前半と説卦の後半とが、最も古い要素を含むことがわかった。しからば次の段階をなすものは何か。思索の高さ、本文解釈上の必要性の度から見て、小象、彖、及び大象後半がこれに当るであろう（彖伝をわけて大象小象とする。小象は爻辞のみの解説、大象は卦全体の意義をのべるが、卦辞の解説ではない。彖は卦全体の意義をのべるとともに卦辞の解説をする）。

この一群の相互の先後はいま問題としない。ただ明らかなことはこれらが互いに異なる作者の手に成るということ。例えば、需の彖には「須《ま》つなり、険の前に在ればなり」とあるのに、同じ卦の大象は「飲食宴楽」の卦であるという。萃の卦については、彖は「聚る」と解し、大象では「戎器《えもの》を（掃）除し、虞《はか》らざることを戒む」とする。大体彖と大象は解法の根本原則がちがう。大象と小象とが同一の伝の一部でありながら相異する。そして彖と小象とは解法に共通要素を多く有するのであるが、その間にすら意志の疏通を欠くばあいがある。噬嗑は、彖・大象とも刑罰の卦と解している。故に上九「何校滅耳」の句は耳を切られることでなければならない。しかるに小象では「聡不明也」といい、耳を抽象的に解している。革の卦は、彖では革命の義に解する。九四の爻辞に「改命」の語がある。しかるに小象はどうやら革命の意味にはとっていない。恐らくこれらの伝はそれぞれ別途の出発点をもち、その完成への途上において甲が乙を見、乙が甲を見て矛盾を修正しようとしつつ、し切れぬままになったものと思われる。

小象は最も粗略な文字である。爻辞の解説ではあるが、難解な語句の字義については何も語らない（これは十翼全般の傾向であるが）。爻辞の字句と卦の形との間の連繫を説くにとどまり、それも彖伝の叮嚀さに比べて甚しい差がある。時としては爻辞そのままを同語反復的にくり返すだけである。同人六二「同人于宗、吝」（宗に同人す、吝）に対して「同人于宗、吝道也」(宗に同人するは吝の道なり)、明夷六四「入于左腹、獲明夷之心、于出門庭」(左腹に入る、明夷の心をえたり、ゆきて門庭に出《い》ず)に対して「入于左腹、獲心意也」(左腹に入るとは、心意をうるなり)というふうに。しかし、小象には左伝においては見られなかった新しい解釈法が明瞭に看取される。豫䷏の爻辞と小象を例にかかげる。

初六、鳴豫、凶(鳴りよろこぶ、凶)

象曰、初六鳴豫、志窮、凶也(初六の鳴豫は志きわまりて凶なり)

六二、介于石、不終日。貞吉(石にかかずらうも日を終《お》えず、ただしくして吉)

象曰、不終日貞吉、以中正也(日を終えず貞吉なるは中正を以てなり)

六三、盱豫悔。遅有悔(よろこびよろこぶも悔あらん、遅ければ悔あり)

象曰、盱豫有悔、位不当也(盱豫悔あるは、位の当らざればなり)

九四、由豫、大有得。勿疑、朋盍簪(よりてよろこぶ、大いに得るあり、疑うなかれ、ともどちあわせすす〈疾〉まん)

象曰、由豫、大有得、志大行也(由豫大いに得るありとは志大いに行わるるなり)

六五、貞疾、恒不死(まさにやむも、恒あり死せず)

象曰、六五貞疾、乗剛也。恒不死、中未亡也(六五貞疾とは剛に乗ればなり、恒不死とは、中、いまだ亡びざればなり)

上六、冥豫、成有渝。无咎(くらくよろこぶ、成るもかわることあり、とがめなし)

象曰、冥豫在上、何可長也(冥豫にして上にあり、何ぞ長かるべきや)

六二の貞吉である理由を説明して、中正だからという。中とは第二と第五の位、内卦外卦の真中だから中というが、これは三や上の位よりも良い理想的な地位である。比例からいえば、この概念による解釈が小象中最も多い。正というのは、奇数の位すなわち初・三・五に陽爻⚊が、偶数位つまり二・四・上に陰爻⚋が来ること。当ともいう。その反対、すなわち⚊が二・四・上に、⚋が初・三・五にある時は不正とか不当とかいう。中正とは中と正と両条件揃ったばあい、つまり、第二の位に⚋があり、第五の位に⚊がある場合でますます良い。この豫の六二がそれであるから貞吉だというのである。六三の爻辞に「悔あり」という。何故悔があるか。小象は、位が当らない不正であるから、と説明する。奇数位に⚋があるからである。九四は逆に偶数位に⚊があって不可であるにもかかわらず爻辞は吉である。小象はこの理由を説明してはいないが、こういう例外はきわめて多い。六五貞疾なるは剛に乗ればなり。五の位の⚋が下の⚊の上に乗っているからいけない、だから病気になる、というのである。これは陰⚋は陽⚊にへりくだるべきものという観念からであろう。屯䷂六二の象「六二の難は剛に乗ればなり」、噬嗑䷔六二の象「膚を噬《か》み鼻を滅ぼすは、剛に乗ればなり」などの例がある。恒あり死せず、これは良い意味である。その説明として中未亡也。おそらく、剛に乗るの禁忌を犯してはいるものの、この爻は中をえているという強味はまだ残っているから、病気でも死にはせぬ、というのであろう。逆の場合、つまり剛⚊が柔⚋に乗るばあいについてははっきりした説明はない。ただ乗られるほうについては次ぎのがその例である。損䷨六五は元吉である。象に「上より祐《たす》くればなり」、すなわち六五は位が不正である。にもかかわらず元吉である理由は上の位にある陽爻の剛さにたすけられて、おのれは柔弱ながら奇数の位を保ちうるというのである。で柔が剛に乗ることの不可に反し、剛が柔に乗るばあいは悪くないのである。

小象の作者は必ずしも儒家の徒とは限らない。極端まで昇りつめることを畏れ、中を重んずるという考え方は、中庸の書のみならず、道家の考え方にも似たものはある。これは中庸や道家が共通にもつ基盤、つまり中国人の性格から滲み出た考えというべきであろう。ことに、ここでいう中は内卦外卦の真中という術語であり、正、当ということばもさほど倫理的な意識をもって使われていないからである。

注意すべきは、正、乗という観念が、六爻全体を通して見る見方の上に成り立っているということである。この見方からゆくと、八卦のもつ雷とか水とかいう具象性は消去され、八卦は一つ一つの単子、⚊と⚋とに分解されうる。⚊と⚋とは、もはや現実のものの象《すがた》たりえない代り、かえって剛と柔、陰と陽というふうな、より広い属性——無限の表象可能性をもつ属性を獲得する。ただし小象と象では、⚊と⚋に陰陽の字を用いることは稀れで、主として剛柔の字を用いている。剛柔を対比させた用例としては、老子に「弱の彊に勝ち、柔の剛に勝つは天下知らざるなし」（78章）など三個所に見えているのが目に着《つ》く。他に荘子（天運）の「其の声よく短によく長に、よく柔によく剛に」、書経（洪範）の「柔克」「剛克」などの使い方があるが、よほど遠い。最も近似しているのはやはり老子の用法である。しかし老子にしても、その理想とする消極的な濡弱な生き方を説き出すための譬喩的な対語として用いているので、易のような二元論的な意味にまではなっていない。それに、老子は剛を斥け柔を貴ぶ点で易とはあい容れない。で、彖小象の剛柔観念のもとを老子におくことも不可能である。とにかくこの剛柔二元論はきわめて特異で、他にその例を見ない。ただ、この考え方は文字こそ変れ陰陽説と全く同じ内容であるから、陰陽家と無縁ではないこと、そして剛柔の文字は陰陽と比べて、より感覚的より具体的であるが故に、発生的には陰陽二元論にやや先んずるであろうこと、だけは確かである（ややのちの資料になると剛柔はつねに陰陽と併せ説かれる。淮《え》南子《なんじ》・精神訓に、〈神あり混生し、天を経し地を営し、……別れて陰陽となり、離れて八極となり、剛柔相成り、万物すなわちあらわる〉とあるのは一例である）。

大象は、前節に述べたごとく、先ず内卦外卦をそれぞれものにあてはめ、両者連関の表象から引伸して卦全体の性格を説明するものである。例えば噬嗑䷔の大象に「雷電、噬嗑。先王以明罰勅法」雷と電とで噬嗑の卦になる、先王はこれで以て罰を明らかにし法を勅《ただ》した、という。第一節にかかげたこの卦の経文に刑罰のことが見えている。䷔という形から刑罰の意味を導き出さねばならぬ。内卦☳には雷、外卦☲には電の意味がある。雷電は畏るべき天の怒りで、人間界に投影すれば人主の怒り、刑罰にあたる。そこで後半の「先王以……」が出て来る（ちなみに彖伝の解釈を見ると、内卦外卦を分けずに六爻全部を通して見た形䷔からして〈頤の中に物あるを噬嗑という〉と説明している。頤は䷚の卦である。その中に物があるので噬むという卦になったというのである。前述のごとく、爻辞の素材はもと卦の形と無関係であった。一組みのおみくじの文句を六爻のなす形にあてはめる段階において、䷚が口の形に似ているところから頤字をふくむ一群をこれにあて、䷔は口中に⚊がはさまれているので噬字をふくむ一群の文をこれにあてたものであろう。その点で、この卦については象の方が原義に近いといえる）。

また困䷮の象「沢☱に水☵なきは困なり。君子以て命を致し志を遂《と》ぐ」、鼎䷱の象「木☴の上に火☲あるは鼎なり。君子以て位を正し命（令）を凝《ただ》す」これらは大体意味が通るものであるが、ずいぶん理解困難なものも少くない。家人䷤の象「風☴の火☲より出ずるは家人なり。君子以て言に物あり、行に恒あり」風が火から生れるように、父母から子が生れるのが家というもの、その家の道徳でもって言行に筋目が通るよう心掛けよ、というのであろうが、よほど想像を逞しくせねば解釈はつかない（同じ卦を、彖伝では六二が内なる女、九五が外なる男と解することで、家の観念に導いている）。大象の作者は前節の表で見られるとおり、きわめてわずかな八卦の象《たとえ》しかもっていないからである。それに、内卦外卦を分って解釈する大象の見方は、卦の成立そのものと矛盾するときがある。䷖剝と䷗復、䷚頤と䷔噬嗑、䷼中孚、䷽小過と䷛大過などは、六爻全体を通して見て、始めて形と名との連関が理解されるもので、これを内卦外卦に割っては意味をなさないからである（彖は六爻全体を通して見る解法をとるだけに、こういうばあいには納得のゆく解釈を下しうる。無論必ずしもすべてが納得がゆくのではないが）。

ただこのような八卦の象《たとえ》とのこじつけの結果として、一つの基調が明瞭に大象の中に出て来ている。それは、いろいろの天象、気候と人事との平行ということである。

などの例を見るがよい。復䷗の象「雷☳の地☷中にあるは復なり。先生は以て至日（夏至冬至）に関を閉ざす。商旅は行かず、后《きみ》は方《こと》を省《み》ず」。解䷧の象「雷☳雨☵おこるは解なり。君子は以て過ちを赦し、罪を宥《ゆる》す」。これはすべての卦について組織立ってそうなっているわけでもなく、作者が明確に意識してそうしたかどうかも不明である。大象のもつ八卦の象《たとえ》が多く自然現象であり、事柄は人間にかかわることであるから、必然的にそうならざるをえない。これについて聯想されるのは、管子（春秋時代の管仲の作というがもっとあとの作）幼官篇、呂氏春秋（秦の呂不韋の作というが疑わしい部分もある）十二紀、さらに礼記《らいき》の月令《がつりょう》の考え方である。これは一年の季節に対してそれにふさわしい官職や政策がわりあてられ、君主の心掛け行動すらが、季節季節に適合すべきであるとする考えで、例えば春は万物生育の時であるから刑罰をやめ、秋は草木が霜に殺される時であるから刑罰を行なうというふうである。こういう自然との融即の感じは中国人に特有のもので、古くから存在したものであろう。実際において、漢以後、死刑囚は、元日までに刑の執行が行われずに春を迎えると、執行は次ぎの秋まで延期されたものである。

先にあげた大象の例を顧みて見よう。噬嗑の象の後半は「先王以て罰を明かにし法を勅《ただ》す」、家人の象の後半は「君子以て言に物あり、行に恒あり」であった。卦辞爻辞には道徳を鼓吹する意識がなかったこと、すでに述べた通りである。しかるにここでは刑罰の公正という政治道徳、言行の一致という実践倫理が説かれている。そして「以」の字は「この卦にかたどって」の意味であろうから、この卦がもろもろの道徳の源泉ということになる。ここで説かれている道徳の内容は、明らかに儒家のそれである。この文の作者は明瞭に儒者でなければならない。作者の知識は儒家的教説にはきわめて深いが、占筮の方面にはさまで深くなかったようである。大象前半の素材をなす八卦の象《たとえ》は大体左伝の記事と重なり、最も原始的なもののみで、その数はごく少い。しかし、この八卦の象《たとえ》は、左伝の占筮記事でもわかるように、実際の占いにあたって、物事にこじつけるのにぜひ必要であり、多ければ多いほど便利である。しかも、これは簡単な聯想で無限に累加しうる性質のものである。事実、説卦伝を見ると、時とともに累加されたであろう形跡が十分うかがわれる。で、大象後半の、この高度な倫理説の作者の時代になれば、前半に見える、左伝のとほぼ重なる、貧弱な数の象《たとえ》よりも少し殖えていてしかるべきであろうと思われる。作者にもしその方面の知識があれば、前半にもう少し多種の象《たとえ》を用いることによって、後半との聯想関係はもっと楽になったであろう。その意味で、私は、大象後半の文の作者すなわち大象完成者は、占筮の実用面とは離れた儒者であろうというのである。小象が暗誦に便利なように韻をふみ、かつ一句の字数も大体同じであるのに対し、大象のみが韻をふまず、文の長短不揃いであるのも、作者の意図がちがうからである。

彖伝は、大象の八卦の象《たとえ》による解法と、小象の新しいテクニックを併せ有する。前節に引いた比の卦を再び例にとる。

〔経〕䷇比吉、原筮元永貞、无咎、不寧方来、後夫凶、

彖曰、比、吉也。比、輔也。下順従也。原筮元永貞无咎、以剛中也。不寧方来、上下応

也。後夫凶、其道窮也。

まず比（pi）という卦名を双声（子音が同じ）の輔（pu）の字で説明した。輔はたすけるである。その理由は「下が順従」だから。下は内卦☷を指す。☷坤は順の意味をもつ。この解法は大象と同じである。䷃蒙の象に「山☶の下に険☵あり」というのも大象の解法とそのままであるし、晋や明夷の象は大象と文句まで同一である。次ぎに原筮元永貞の説明として、剛⚊が第五の位、「中」の位にあることを述べている。これは小象にもある概念である。ただ不寧方来の説明法が、小象にない新しい方法である。「上下応ずればなり」応とは、初と四、二と五、三と上、つまり内卦と外卦のそれぞれの第一、第二、第三の爻の関係についての術語、初が⚊で四が⚋、初が⚋で四が⚊というふうに、陰爻と陽爻と相対する関係にあるばあいを応という。この比卦でいえば、卦に陽爻⚊は五しかない。これに対応する二の位を見るとまさに陰⚋である。されば上下応といわれる。つまり応は、さきの中、正などを補って、卦爻辞の内容と卦の形との聯関を説明する手段なのである。未済䷿はすべての位が不正であって、正不正の観念からすると最悪の卦でなければならないが、卦辞には「亨《とおる》」とある。彖伝はこれを解して、剛柔が皆「応」ずるからであるという（初⚋と四⚊、二⚊と五⚋、三⚋と上⚊）。師䷆は、二・五とも不正であるが、卦辞は「貞《ただ》し。丈人は吉。咎《とがめ》なし」であり、良い意味である。彖は「剛中して応ず」と解する。この卦は陽爻が一つしかない。これが当然この卦の主役である。主役が不正ながら中を得ているからまずよろしい、その上に、六五が応の関係にあるからますます良いことになる。小象では不正の中を認めていないが、ここでは許容されている。

漢代の易学で重要視される概念に「消息」というものがある。宇宙の陰陽の二気は互いに消長するものだという観点に立って、ある種の卦がその消長の関係を具現していると見る。すなわち、䷀（乾）の卦は陽ばかりでできているが、陰が下からだんだん浸蝕して来て䷫（姤）になり、䷠（遯）になり、䷋（否）、䷓（観）、䷖（剝）になり、ついには䷁（坤）になる。すると今度は陽が下に萌え出して䷗（復）、䷒（臨）、䷊（泰）、䷡（大壮）、䷪（夬）となり、再び䷀（乾）にもどる。この十二卦は消息卦とよばれ、二気の無限循環的消長、つまり季節の無限循環を表象するものとされる。卦爻辞にはこういう観念は、明瞭には認められない。しかるに彖伝を見ると、復䷗の彖に「剛⚊反《かえ》り動《うご》く……剛の長ずるなり」、臨䷒の彖に「剛ようやくにして長ず」、剝䷖の彖に「小人⚋長ずるなり」などといい、陰陽の消息を認めているようである。もっとも、彖伝の性格として、十二卦すべてにこの原理が貫かれているわけではない。姤䷫の彖は、男☰が女☷に姤《あ》うという説明にとどまり、陰が陽を消するとはいわない。消息の概念からゆけば乾䷀坤䷁も無限循環の鎖の一環で䷖剝や䷪夬と等価値のはずであるが、彖はこれを易の中で最も貴い卦と謳いあげるのみで、陰陽の極尽の状態とはいわない。故に彖は、これを説明の一法としてつごうのよい時に用いるにとどまり、漢易のように易の系列すべてに消息を想定するという意識はない。しかし、ともかく陰陽の消長の考え方は明らかに芽ばえている。こういう考え方は、自然の、特に天候の、動きに対する、中国民族の身についた感覚から来ている。呂氏春秋、礼記・月令に、春のようやく暖く、秋のようやく寒くなる現象を、天（陽）の気、地（陰）の気の上昇と下降とで説明してある。興味深いのは、冬至は陽気の極尽、夏至は陰気の極尽の時でありながら、その時すでに、陽気と陰気がそれぞれ生れているということ、陰気陽気は単独で成立するものでなく、常にあざなえる縄のように絡みあって流れているということである。象伝の、右の考え方も同じである。これは何というか、いかにも中国的な、無限の味わいを感じさせるものである。

消息とは、陰が陽に、陽が陰に変りうる可能性を前提とする。しからば、六爻中の任意の一爻が陰陽の性を転ずること――漢易のいわゆる動爻、そして内卦の一爻が外卦の一爻と入れ換るいわゆる升降の観念が象にあるか、というに、その点は明らかでない。䷕賁《ひ》の象に「柔来りて剛を文《かざ》る」賁は飾るの意味であるから文ると言う。「来る」とは何であろうか。䷊の上爻⚋が下って来て二の⚊と入れかわってこの卦になったという意味にも取れる。同様に、䷐随の象「剛来りて柔に下る」も䷋の上と初とが入れかわったと取れないでもない。しかし象伝の「来」の用語は、泰䷊否䷋の卦辞に見える「小往き大来る」「大往き小来る」から出ているにちがいない。この卦辞のばあい、小は☷、大は☰、往は外にあること、来は内にあること、と解するのが最も自然である（津田氏）。とすると、先の賁の象は、柔☲が剛☶の内側にあることを意味し、随の象は剛☳が柔☱の下にあることを来、下といった、とも取れるので、必ずしも動爻升降の観念が象伝にあるとは断言できない。そもそも泰・否の卦辞は、津田氏も疑われる通り、あるいは象伝成立後の増入であるかも知れないのである。

ともかく復や臨、剝などの象に見られた通り、今の卦の形が、なんらか別の形をもつものから変化してこうなった、という意識はある。繋辞伝に縷々《るる》として説かれる「易は変易するもの」という定義は、こういうところから導き出されるものであり、後の漢易の消息、動爻、升降などの複雑な解釈法もここに一つの根拠をすえている。左伝に「筮は数なり」とある（僖15）。これはまだ、筮法が筮竹の計算によることを意味するにとどまるであろう。ところで小象、象の応（1と4、2と5、3と6）、正（奇数爻は奇数位、偶数爻は偶数位）などの解法は、作者に自覚ありや否やはともかく、いかにも数理的でメカニカルである。繋辞伝は数の働きを誇称するが、それは筮竹の操作のことだけでなく、こうした全体の雰囲気から説き出されたものである。かようなメカニズムは、古代の人々をして、未来の事象と易占との一致が神の保証を前提とせねばならぬ、ということを忘れしめ、あたかも科学的反応のごとく、なんらの神秘をふくまぬものであるかのように錯覚せしめかねない。繋辞の論法はたしかにそういうところを狙っている。

象と大象とは、八卦をものにあてはめて解釈する方法を共にするのみでなく、儒家的な色彩の添加に汲々としている点で、より多く一致している。大象と象によって、本来きわめて素朴無思想な卦爻辞が、なんらかのモラルを象徴するものとなって来る。

頤䷚の卦は、爻辞の「朶頤」「払頤」、卦辞の「自求口実」（自ら口実を求む）などを見ても、あご、口の意味を出ないのだが、象は「山☶の下に雷☳あるは頤なり。君子以て言語を慎み、飲食を節す」といい、「口」から進んで飲食言語に関する教誡としているし、彖では頤を「養う」と解し、「天地は万物を養い、聖人は賢を養い、以て万民に及ぼす。頤の時は大なるかな」という。家人䷤の卦にしても、爻辞では「富家、大吉」（家を富ます、大吉）とか「王仮有家、勿恤、吉」（王おおいに家をたもたん、うれうるなかれ、吉）のように、家の栄えるや否やの運勢を語るのみで、道徳の意味はない。それを彖は「家人とは、女は内に位を正し、男は外に位を正すなり。男女正しきは天地の大義なり。家人に厳君ありとは父母をいうなり。父は父たり、子は子たり、兄は兄たり、弟は弟たり、夫は夫たり、婦《つま》は婦たり、而して家道正し。家を正しくすれば天下定まらん」といい、天下を治める根本原則すなわち家庭道徳を表象する卦であるという。「父は父たり」以下は、明らかに孔子が政治の要諦を説いたことば、「父は父たり、子は子たり。君は君たり、臣は臣たり」（論語・顔淵）から布衍したものである。革の卦は爻辞に「黄牛之革」「君子豹変」「大人虎変」とあり、皮革の意味が原義らしいが、彖伝では「湯武（殷の湯王と周の武王）の革命は、天に順《したが》い人に応ず」といい、革命の意味に解している。湯武の放伐を讃美し、その行為の妥当性を天意にもとづけ、そして天意の所在を民意の中に求めるのは孟子の見解であった。彖の「天に順い人に応ず」も孟子の考えを要約したものにほかならない。

履の卦は足でふむ意味でしかない。大象には「君子以て上下を弁じ民志を定む」とある。これはどうしても履（li）を礼（li）と解釈したとしか考えられない。履はふむことであるが、転じて履行の意味になり、礼とつながる。現に礼記の祭義、仲尼燕居には礼を履と解している。ところで、ここに礼の定義として、上下の階級を明らかにする、といっているのは、ただちに荀子の説を思い出させる。荀子は人間をあくなき欲望の塊りとし、放置すれば、社会は争奪やまぬ修羅場となるが故に、その欲望を遁限するために聖人が階級を作った、それが礼だ、という。「民志を定む」という句も、荀子のこの考えを適用することによって、始めて「上下を弁じ」の句となだらかに続きうる。ちなみに「先王以て云々」とあるのは、この卦にかたどって云々の物事を先王が創作したという意味にもとれる。繋辞伝では、包犠や神農が、いろいろの文化を創造したという。聖人の偉大さを文化の創造者たる点に求めるのは、ひろくいえば中国人の考え方すべてに共通に横たわっている。中国の神話には戦闘的な征服者がきわめて稀れでいろいろの文化を掌る平和な職能神が主であるから。しかし、先秦の諸子百家の学説の中で、文化創造者として聖人を価値づける考え方は、儒家、それも荀子あたりが、とくに顕著なものである。

小過にしても、過の原義は、爻辞の「飛鳥」「弗過遇之」「弗遇過之」を見ると、通過の意味である。それを象では「山上雷あるは小過なり、君子以て行は恭に過ぎ、喪は哀に過ぎ、用は倹に過ぐ」と、過多の意に転ぜしめ、道徳の意味を賦与している。この後半の文は論語に「礼は奢らんよりはむしろ倹なれ、喪は厚からんよりはむしろ戚《いた》め」（八佾）とあるのによっている。益はただ利得の意味しかないのを、大象は「風雷は益なり。君子以て善を見ては即ち遷り、過あらば則ち改む」これは道徳的利益を意味しており、論語の「益者三友」（季氏）と近いし、最後の句は「過って改むるに憚かるなかれ」（子罕）によっている。象伝はややちがって、損を「下を損し上を益す」、益を「下を益し上を損す」と解釈する。民からきびしく取り立てて（下を損し）、支配者の庫を充す（上を益す）ことを損といい、その逆を益とするのである。これはさながら孟子の経済道徳である。

損の大象に「山下沢あるは損なり。君子以て忿《いかり》を懲《こ》らしめ欲を塞《ふさ》ぐ」とある。これは益者三友に対する損者三友の意味ではない。欲望を自らへらすことを「損」とするのである。これは老子の損字の用法「之を損し又損す」（48）とまさに一致する。また、「山上沢あるは咸なり。君子以て虚しく人を受く」咸の原義は感動《うごく》であるが、大象はこれを感受《うける》の意味に転じ、己れを虚しくして人を受け容れる道を説くものとする。これまた老子の主張する処世態度に近い。私は大象の作者を儒者と断じた。この判断は、右のような道家的要素の混在によって揺らぐものではない。大体今までの、先秦学派の定義というものが、あまりに厳密に考えられすぎている。諸子百家は互いに競争するうちに、いろいろと自分のもたぬ要素を敵から盗んで、自分の武器としてゆくものである。ことに儒家はその点で妙をえている（荀子の解蔽を見ると〈虚壱にして静なる、これを大清明という〉とある。これなど明らかに道家を摂取している）。つまり大象の作者の思想は、儒家――それもすでに道家思想を受容した儒家の思想である。

象伝に儒家的色彩があるといったのも、実は右のような意味の儒家的である。謙の象に「天道は盈《み》ちたるを虧《か》いて謙なるに益し、地道は盈ちたるを変じて謙なるに流れ、鬼神は盈ちたるを害《そこな》って謙なるに福《さいわい》し、人道は盈ちたるを悪《にく》みて謙なるを好む。謙は尊くして光る。卑《ひ》けれども踰《こ》ゆべからず。君子の終りなり」盈満をにくみ謙遜をたっとぶこの考えが老子から来たとは必ずしも言わない。より問題になるのは、この叙述のしかたである。謙遜の徳は、当為として人間にのみ関わる問題であるのに、盈ちた月は必ずおのずからかけ、満ちた水は必ずおのずから低きに流れるという現象から、天にも地にも謙遜の徳があるとし、さらに鬼神が驕る者に害を、へりくだる者に福を下すという信仰を加えて、謙遜の徳が、人間のみならず天地鬼神すらがふみ行なう徳だというのである。このように道徳の説明に天地鬼神を借りて来ることは、孔子が意識して避けたところである。しかして道家・墨家が好んでなしたところである。で、ここに見られる儒家思想とは、道家・墨家を摂取したあとの儒家のそれである。

「天地感じて万物化生す。聖人人心を感ぜしめて天下和平す。その感ずる所を観て天地万物の情は見る可きなり」（咸の彖）ここに見える聖人の像は中庸のそれを思わせるし、事ごとに天地鬼神を引くところも中庸にきわめて接近している。ただ仔細に内容を比較すると、中庸の思想と彖の思想とでは、その高さに微妙な差があることを見いだす。中庸の道とは、それを完成するとき、天地はためにその位に就き、万物が生育するほどのものであった。象伝では、おのおのの徳目が、天地の整然たる働きにかたどっていることを、朗々と謳いあげる（例えば豫〈天地は順を以て動く、故に月日過たずして四時たがわず、聖人順を以て動けば刑罰清くして民服せん、豫の時義は大なるかな〉。それに前掲の頤の象を見よ）にとどまって、天地をして、しかあらしめる原理にまでは説き到っていない。この伝の受けもつ使命に制約があるとはいえ、おのおのの卦の現わす徳（象伝では〈豫の時〉〈頤の時〉というように、それぞれの時間として表わされることが多い）に体現しているそのもとの本体は、何であるか、が明らかにされていない。これは大象においてもなおさら然りである。ここになお説き加えらるべき問題が残っている。

象・象のできた時期は、思想史的に見ても、荀子以後中庸までの間にあたるであろう。その中で小象は最も古いようであり、象と大象はいずれが先ともいえぬ。小象と象とにわずかながら陰陽の字が見える。易を陰陽説で解説することは、汲冢《きゅうちょう》書、荀子のころにすでにあったもようである（それが儒家であるとは限らない）。荀子（王制）に「陰陽をみ、祲兆を占い、亀を鑽《き》り、卦を陳《の》べ、攘択《おはらい》五卜を主《つかさど》り、其の吉凶妖祥を知るは傴巫《せむしのみこ》・跛覡《びっこのみこ》のことなり」とあり、杜預《どよ》の左伝後序、晋書の束晳《そくせき》伝には汲冢書の中に易があって、その易には十翼が無く、陰陽説がついていた、という。汲冢書の作はその冢《つか》の主である魏の安僖王のころ（B.C.276-243）と考えられ荀子とほぼ時を等しうする。もっとも汲冢書の話自体どれほど信をおくべきか、王制篇がどれほど信ずべき部分であるか、陰陽をみるの真義が何か、これは軽々には断じえないかも知れぬ。ただ思想の高さの比較において、大体右の推測は中らずとも遠くはあるまい。

胡適氏によれば、儒家の前身は、巫祝《かんぬし》とひとしく、葬式屋であったという（説儒）。かれらが礼儀を強調し、三年の喪を力説するのも、その出自の名残りであると。しかし、儒家が巫祝から出たとしても、儒家が巫祝と自己を区別したゆえんのものは、道徳律の所在を神から人間に移したことである。なすべきか、なすべからざるかの判断は、神に問うべきでなく、自分の良心に問わねばならない、とする（祭はなお儒家に重んぜられるが、死者の霊魂のためではない。その存在を信じているかどうかさえ疑わしい。生者の孝を助長するためにのみ重んぜられている。ここにも神から人間への廻心が見られる）。その点で、易が孔子以前に存在したとしても、儒者の手からは離れねばならない。この合理主義的傾向は、孔子孟子以後強まりこそすれ、弱まりはしない。他の学派にしても、こういう合理性はもっていて、易があったとしても、これを受け容れる可能性はまずなさそうである。墨家は明鬼（霊魂の存在を明かにす）を説き、天志（天が人格的意志をもっていて人間を監視する）を説く点で多分に宗教的であるが、反面運命を排撃し、自然科学的な思考を好む（墨子の中の経・経説）点ではあい容れないであろう。道家はその本体論において全く反迷信的である。このままの大勢でゆくならば、易が、儒家といわず学者の手にとりあげられることはなかったかも知れない。しかるに儒家においては、自説の強化のために、どうしても新しい武器を備えねばならなかった。戦国から秦の統一にかけての諸子百家の紛然たる闘争は、古い氏族制が崩壊し、新しい地縁的大統一国家の成立へ向う社会の苦悶をそのままに反映して、なんらかの新しいイデオロギーを見いだそうとするあがきである。詩書礼楽だけでは足りない。秦代および漢初を見ても解るとおり、儒家は決して思想界で絶対優位を保っていたわけではない。時代の好尚は刻々に移りゆく。かつては倫理と政治が、次いでは人間性の掘り下げが、そして宇宙論が欲求されてくる。それ自体学派らしい組織をもたぬ陰陽家の思想が、あらゆる部門に滲透していったのを見るがよい。儒家としても、こうした動きに遅れてはいられない。荀子のイデオロギーが甚しく統制的国家主義的であるのは、秦の中央集権制の出現に敏感に反応してのことであるし、老子の一元論は無意識的かも知れぬが、抬頭しつつある絶対主義の影を宿している。このように時代の興味が、宇宙論、自然哲学へと向けられていったればこそ、原初においてはあい容れなかったものも、その矛盾個所に気附かずに取りこまれる可能性が生じて来るのである。彖・象は時代の流行を追って、素朴な形の陰陽説をとりいれ、月令的なものをとりいれて競争場裡に身を投じた。しかし前に触れたように、やはり一貫したイデオロギーが不足している。これのみでは、易を万人の認める権威性をもつ聖書として押し出すには不十分である。易が目的の彼岸に漕ぎよせるためには、時代思潮の盛りあがる波にうまく乗ることだけでなく、もう一つの確かな櫂が必要であった。その波というのは天人相関思想であり、も一つの櫂とは繫辞伝である。

第六節　陰　陽

〔梗概〕十翼には陰陽の理論が現われて来ている。この理論を加えることで、易は新味を増し、時代の流行に乗ることができるようになる。陰陽はもと、ひかげひなた、寒暑の気というようなものだったが、戦国時代に斉の国に起った陰陽家などによって、万物を形成する二元というような大きなものになる。それはいかに素朴でも当時にあっては新しい自然科学的理論だった。

「易は以て陰陽をいう」とは荘子天下篇の定義である。さきの彖・象においては多く剛柔の語が用いられていた。剛柔の観念は、内容こそ陰陽に近いものの、語感にまつわる具体性の故に、概念としての外延において、一段と制約のあることは認めざるをえない。繫辞伝になると、明瞭に陰陽が易の根幹をなす重要概念として強調されて来る。そしてこの概念によってこそ、易は哲学書としてその評価を高めえたといってよい。朱子は「易とはただ陰陽の二字である」とさえいっている（朱子語類65）。そこで今、陰陽の観念の沿革を簡単にたどって見ることにする。

　陰陽の語の発生は明らかではない。論語や孟子には全く見えていないので、あまり古いものではなかろうと考えられる。大体太古の人々のものの考え方にはこのような抽象的な観念はない。ことに古代中国にあってはそうである。それは中国の文字を見ればわかること。中国の文字にいろいろの要素の組合せから成るものもあるが、広い意味ではすべて目に見えるものの象形である。であるから陰陽といった哲学的な観念も、初めはもっと素朴な具象的なものであったはずである。

　陰・陽の文字は、阝すなわち阜を扁とし、侌・昜を旁《つくり》としてできている。阜は山である。侌・昜は生殖器の象形と解する説が有力であるが、文字の学に暗い私としてはその是非を論ずることができない。ともかく阜の扁を附せられた陰陽の字においては、山の日の当らない側と日の当る側、ひかげとひなたを指すと見てよいであろう。先秦の文献でなるべく古いものの中にその用例を求めると、左伝に、「冬には衍《あま》れる陽なく、夏には伏《かく》れたる陰なし」（昭4）の語がある。この陽と陰とは、ひなたとひかげと解釈して通じないことはない。ただ「伏れたる」の修飾語から推して、もう少し不可視的なもののようにも感ぜられる。「陰陽風雨晦明」を「天の六気」として数える例（昭1）では、晦明と別になっているから、もはやひかげひなたでは通りにくい。前の例と見合せて解釈すると、陽は暑さの、陰は寒さのもとをなす一種の気体であろう。国語（周語）で季節のことについて述べた中の「陰陽分布」「陰陽序次」の語もこれで意味が通る。この気体は、日食や旱魃、大雨などの天然現象に関わりがある。左伝に、梓慎《ししん》の言葉として「夏至、冬至、春分、秋分のときに日食が起るのはかまわない。しかしそれ以外の月に日食があると、必ず災害が起る。陽が負けているので、水が出るのである」といい（昭21）、また昭子の天文観測の判断として「今、春分を過ぎているのに、陽が陰に勝てずにいる。これでは勝ったばあいは一時に激しく陽が飛び出すから旱になるであろう」という（同上）。古来日食に際して、社において太鼓をたたく儀礼がある。もとの意味は、天候を調節する義務を怠っている社神（部族の守護神）を呼び覚まし責め立てることであるが（小島氏）、それを公羊伝では、「太陽を食らいつつある群陰を攻撃して太陽を救うのである」と説明する。ここに現われた限りでは、陰陽のかかわるところは天候に限られている。それは、天の気の六分の一にすぎない。万物を作る二元とか万物を相対の二に分つ範疇とかいうような意味はここにはない。

この素朴な狭い内容しかもたぬ陰陽は、やがて「気の大なる者」（荘子・則陽）とよばれるようになり、遂には「天地の襲精」（淮南子・天文訓）というように、気そのものとなるのである。ところで気は呼吸《いき》であり、呼吸《いき》は古代人にあって生命源と信ぜられた（死人は呼吸をしないことから）。故に気は、やがては、「天地を通じて一気のみ」（荘子・大宗師）とせられ、人間のみならず万物を造るmonadとなる。して見ると、気の二つの種類である陰と陽とは、生命源の二面、つまり男女雌雄の生殖作用を営む原質であり、ひいては宇宙間の万物を生み出す元素であらねばならぬ。そしてそれは同時に万物を雌雄両面に分つ二範疇ともなる。こういう意味の陰陽は、荘子、淮南子などの本体論に、明瞭に現われている。

少知の曰く、四方の内、六合の裏《うち》、万物の生ずる所はいずこに起るや。大公調の曰く、陰陽は相い照し、相い蓋《おお》い、相い治む。四時は相い代り、相い生じ、相い殺す（荘子・則陽）

至陰は粛々たり。至陽は赫《かく》々たり。粛々たるは天より出で、赫々たるは地より発す。両者は交通し、和を成して、物生ず（荘子・田子方）

夫れ雌と雄と相い接し、陰と陽と相い薄《せま》る。羽ある者は雛となり、毛ある者は駒となる（淮南子・氾論訓）

これらの文に見える陰陽は、このような意味の陰陽である。男女雌雄の生殖行為から聯想したのであろうが、この陰陽は「ひとり陰のみにては生ぜず、ひとり陽のみにては生ぜず」（穀梁伝・荘3）で、片一方だけでは物を生み出すことはできない。必ず助け合い絡み合って始めて物を生み出す。それは対立し相い争う概念ではない。陰の方にしても否定せられるべき原理ではない。陽が君や男に擬せられ、陰が臣や女にたとえられて、陽の方が貴いとされるにしても、存在価値においてはあい等しいのである。さらに、前の例では明瞭でないが、淮南子の「陽は陰より生じ、陰は陽より生ず。陰と陽と相まじり、四維（四方）はじめて通ず」（天文訓）で見ると、陽と陰とは互いにいれかわることすら可能なわけである。陰陽は、故に静的 static な二元ではない。流動し変化する原理である。この考え方は繫辞伝の本体論にそのままもちこまれている。

こういう陰陽の概念の昇華は、主として陰陽家の力によるものである（史記、漢書に見える陰陽家の定義は、漢代の陰陽家を見て下されているので、必ずしももとの姿を忠実に映しているとはいえない。後述）。陰陽家の始祖は騶衍《すうえん》である。史記・孟子荀卿列伝によれば、騶衍は斉の人で、孟子にやや後《おく》れ、梁の恵王、趙《ちょう》の平原君、燕の昭王に尊敬された。彼は、時の支配者がいずれも荒淫で、徳をたっとぶことを知らないのを憂え、自分の身を整えることからひいて万民に幸福を与うべき道を求め、深く陰陽のうごきを見て、怪迂《かいう》の変、終始大聖の篇、主運などの十余万字の文を作った。その主要な説は、五徳の転移と九州説である。五徳とは、各王朝が木火土金水の五行のいずれかの徳を先天的にそなえているということで、統治の方針はその徳にそってなされねばならない。そして王朝の交代も、各王朝のもつ五行の徳によって運命づけられている。九州説とは世界の構造を述べたもの。儒者がいう中国は世界の八十一分の一に過ぎない。中国と同じくらいの国がほかに八つあって、中国はそのうちの赤県神州に当る。この九州の周囲を裨海《ひ》がとりまいている。この構造のものがまた他に八つある。これが大九州で、そのまわりは大瀛海《えい》である。このように、彼の話があまりに荒唐無稽なので、「談天衍《ほらふきのえん》」とあだなされ、当時の一般の人々には信ぜられなかったらしい。しかし、彼の理論はただの夢物語ではなく、なんらかの政治方策、社会改造案に結びつくものであったようである。史記に「その帰を要するに、必らず仁義節倹君臣上下六親の施に止まる」という。漢書・厳安伝に引かれた鄒子（騶衍をさすといわれる）のことばは、事実まじめな政治理論である。この点はさもあるべきことである。当時の諸学派は、多かれ少かれ天下国家につながりうるものでなければならなかったから。

ただ陰陽五行九州といった要素は孟子の時代まではなかったもので、確かに人の意表に出るものであったろう。衍が当時の人にほら吹きとよばれ、その後も組織立った学派らしいものが見えないのも無理はない。彼は時代より一歩先に出過ぎていたのである。それで、やや後れて本体論宇宙論が時代に要求されるようになると、道家も儒家も競って陰陽説や五行説をとりこむことになる。九州説は、いかにも無稽のようであるが、秦の始皇帝は、本当にこれを信じて大軍を南に北に派遣したものである（塩鉄論・論鄒）。大体昔の人は中国だけが世界であると思っていた。それが秦から漢にかけて、外国との交渉が広まって来て、中国の外《そと》にも別の世界があることに目が開けると、かつては不経《でたらめ》としていた九州の説も嘘ではなくなるわけである。漢の初めに書かれた淮南子の中にある八殥《えん》・八紘《こう》・八極（世界の八方のはての世界。墬形訓）の説などもこの開眼からさらに発展したものである。五行の考えも漢代にはいってことに盛んになる。とくに、五行の徳を王朝に割りあて、木徳の王朝のあとは火徳の王朝、そのあとは土徳の王朝と暦のように交代するという理論（木は火を生み、火は灰＝土を生む）などは、漢の儒者が始めて実地に応用して成功したものである。これは現在の支配者の受命の必然性を証明するのに、実につごうが良いからである。道徳性によって天命を受けた、という古い説明のしかたでは、必ずしも万人を納得せしめうるばあいばかりとは限らないのである。

史記、漢書では陰陽家を次のように定義する。

> 陰陽の術ははなはだ祥《かみがかり》にして忌諱多し。人をして拘《かか》わりて畏るる所多からしむ。然れどもその四時の大順を序《の》ぶるは失すべからざるところなり（自序）
>
> 陰陽家者流は、けだし羲和《ぎか》の官より出ず。敬《つつ》しんで昊《こう》天に順《したが》い、月日星辰を歴《つぎつぎ》象《かたど》り、敬《つつし》んで民の時を授く。これは其の長ずる所なり。拘《とら》われたる者これをなすに及んでは、禁忌に牽かれ、小数に泥《なず》み、人事を舍《お》いて鬼に任す（芸文志）

これには前漢の陰陽家理論のイメージが多くはいりこんでいる。先秦における陰陽家の理論がこうした天文家的な迷信的なものばかりであったかどうかは疑問である。無論、騶衍自身にしてからが、迷信的要素を全くもたなかったとは信ぜられないし、俗信仰が次ぎ次ぎに陰陽家の中に流れこむことはあったであろう。しかし、少くとも、かの理性的な儒家や道家が受容している限りでの陰陽や五行の理論は、当時において自然科学であった。それは、自然を物として数理的に分解する考え方である。ここには宗教的色彩はむしろ稀薄である。それが漢代にかくも迷信的なものになりおおせたのは、陰陽家の発祥地である斉に多く存在した方士（錬金術や不老不死法を行う魔術師）の考えと知らず識らずの中に混淆したためである。漢代を風靡する天人相関思想は斉学ともよばれるが、斉のこういう国ぶりの伝統の上に成り立ったものである。しからば斉という国になぜこういう考え方が出て来たか。従来の説明では、斉は海に面していて、そこに蜃気楼がよく見られる、それから海のかなたに仙人の国があるというような説も出て来るのだ、と。これは斉の思想の一面の説明にしかならない。陰陽家理論のより新しい意義、数理性技術性はこれでは説き切れない。私はそれを斉の国の商業にもとづけたい。斉が商業経済の高度に発達した国であることは、史記・貨殖伝にも見える。商業は計算能力を養う、計算は数学的頭脳を養う、そこから自然科学的な考え方が起って来る。このジムメルの論法は中国にあてはめても大過はないであろう。陰陽家理論は当時においては科学だったから。

第七節　繫　辞

〔梗概〕繫辞伝は易を経典にまで高めるのに、十翼のうちでも最も力があった。繫辞では易の位ということを階級にひっかけて、階級制を謳歌したり、富貴を大胆に肯定したりするが、これは秦漢のような大帝国勃興期の空気からであろう。繫辞は、宇宙を不断に変化するものと見、しかも変るなかに変らないものがある、と考える。それは言語ではとらえられず、象徴と数でのみとらえうる。易は象徴と数とで成り立っているものだから、宇宙の変化とそのなかの不変の法則は易によってたやすくとらえられる。人間界のできごとも宇宙の動きと平行したものだから、変化の中に法則があるから、易で未来のこともわかる、という。これはひどく楽天的な哲学である。原始儒家では運命を人間のどうにもできぬものとしていたが、ここでは、簡単に予知しうる法則的なものとしてしまった。原始儒家の倫理は大体が易のようなものと矛盾する性質をもっていたのだが、儒家もだんだん変ってきて、中庸に説かれるような哲学ができる。繋辞の哲学はこの儒家の変貌に乗じて倫理と未来予知呪術との矛盾を言いくるめる役割りをしている。

　繋辞伝は、彖や象と異なり、易全体の意味を明らかにすることをもって本務とするものである。欧陽脩が「繁衍叢脞《ごたごたくどい》」と評したように、その論旨は支離滅裂の感を免れないが、とにかく誇張と詠歎と大声疾呼とで、易の偉大さを讃え、謳いあげている。繋辞こそ易を経典の座に就かしめる重要な契機となるものである。

　繋辞の冒頭にいう「天は尊く地は卑しく、乾坤定まれり。卑高すでに陳《つら》なり。貴賤位《くらい》す」。乾☰坤☷は易の六十四卦中最も重要なものである。「乾坤毀るれば、以て易を見るものなからん」それは易の門戸である。乾☰は純陽（陽爻ばかりだからこういう）であるが故に天の、坤☷は純陰なるが故に地の象徴である。それが儼然と尊卑の秩序を示すところから、他の万物の位もまた自ら高下が定まって来る。位は「聖人の大宝」であり、「貴賤を列す」るものである。ここでいう位とは、もとより六爻の位にかけていっているのであるが、同時に、国家の構成要素、身分階級を指すものである。階級を既定のものとしてほめたたえる、繋辞の、この態度は、明らかに絶対主義国家のための御用哲学である。それも文章から受ける感じでは、単に頭の中で造られた理想というのでなく、すでに目の前にあるもののための頌歌である（荘子・天道篇の〈天尊地卑神明之位也……〉の文は、繋辞によく似た内容である。これは荘子の中でも新らしい部分であるが、繋辞よりはやや先であろう）。

この天地万物の位は永遠に不易なるものである。しかしこの位を充《みた》すものは、流動し、変化する。陰となり、陽となり、剛柔相いおし、相いこすれて、昼となり、夜となり、寒となり、暑となり、窮まるところを知らない。

> 易の書たるや、遠しとすべからず。道たるやしばしば変ず。六虚（天地四方）に周《あまね》く流れ、典要《しめくくり》をなすべからず。ただ変のゆく所のままなり。生々を易という。

右の宇宙生成理論には明らかに、進歩した陰陽思想が見られる。ここには無限の発展の気分が感ぜられる。大体中国人の世界観は、法家の系統を除いて、下降的である。古えを良しとし、今を品《しな》下れるものとする。孔子は周公の時代を黄金時代とたたえ、老荘は、太古の無智蒙昧の時代こそ理想の世で、文明の発達につれて悪くなったという。繋辞伝にはその気分が無い。むしろ、春秋公羊《くよう》学に見られる、楽天的な進取の息吹《いぶ》きが見える。繋辞は、こういう点でも、vigorousな、貪婪な、膨脹しつつある社会の背景を予想させるものである。

陰陽の観念は、先秦におけるほとんど唯一の自然哲学であり、さればこそ各学派にただちに摂取された。しかしそれは二元論 dualism の形をとっている。宇宙の構造や生成の説明には二元論でもよい。しかしそれは、しかし原理というものは、やはりもとが一つであることを欲する。繫辞は、そこで、陰陽の上に立つ統体を考える。

易に太極あり。是れ両儀を生ず。両儀は四象を生ず。四象は八卦を生ず。……是の故に法象は天地より大なるは莫《な》く、県象《そらのすがた》の著明なるは日月より大なるは莫し。

これは八卦の生成を述べたものであるが、同時に宇宙生成論でもある。この文は、呂氏春秋・大楽篇及び礼記の礼運に見える次の文と、全く同じ思想の上に立脚している。

〔大楽〕太一は両儀を生ず、両儀は陰陽を生ず。一上一下して、合して章《かたち》を成す。……万物の出ずる所は、太一に造られ、陰陽に化す。

〔礼運〕夫《そ》れ礼は必ず大一に本づき、分れて天地となり、転じて陰陽となる。変じて四時となり、列して鬼神となる。

繫辞では太極、両儀、四象、八卦の順。大楽では太一、両儀、陰陽、万物の順。礼運では大一（太一）、天地、陰陽、四時の順。そして大楽の後の文では太一、陰陽、万物と、両儀が省かれており、両儀（大楽のこの文では天地を指すのであろう）はそのまま陰陽に置き換えうることを示している。そこで、繫辞の両儀は陰陽を指すにちがいない。で、太極とは、その陰陽の前にあるものとなる。大楽や礼運の太一も、字が異なるのみで全く同じ意味のものであるはずである。太一（太乙とも書く）の原義は北極星の神である（鄭玄の乾鑿度の注。韓非子・飾邪、淮南子・天文訓に見える太一もその意味）。漢の武帝は謬忌《びゅうき》の言によって、「天神の貴なる者」泰一と、その佐者の五帝を祀った（漢書・郊祀志）が、これも北極星の神と五帝星座であるかも知れない。それを大楽や礼運では、より抽象的な唯一者、天地以前の実在の意味に用いているのである。太極の語は荘子（大宗師）に「神鬼神帝は、天に先だち地に先だち、太極の先にあって高しとなさず、六極の下にあって深しとなさず」とあるのが、古い用例である。淮南子（覧冥訓）には、太陽から火を取る凸面鏡を説明して「掌握《てのひら》の中なるものを以て、類を太極の上より引く」という。これも北極星、もしくは清《しん》の荘存与の言うように（繋辞伝論）天と解するほかはない。が、繋辞伝の太極は、それでは意味が通らない。大楽や礼運の太一と同じく陰陽を統一した唯一者でなければならない。大楽は荀子の楽論から出ており、荀子はすでに道家思想を経過している。礼記の礼運は儒家の作であるけれども、それは道家思想を摂取した上での儒家である。老子が「一」を本体の形容に用いていることなどを考え合わせると、太一の語の、この転用のしかたは、道家のしわざらしくもある（征服部族が被征服部族のトテムより以上の強力なトテムを欲することは自然である。古代に星のトテムが多く存したことは分野説からも知れる。天がこれらのトテムの上に立つものとして創造されたものであることは既に述べた。北極星の神もまた同様の意味をもつものである。北極星はもろもろの星の中心にあって動かざる統一者たる星であるから。で、太一が北極星の神から、唯一者の意味に用いられるのもむしろ自然な推移である。古代中国に抽象的な概念が乏しいことから来る。古代中国の哲学的な語彙が多く原始宗教的なものに発しているのは、レヴィブリュルの議論を考え合せても、不思議ではない）。したがって、大楽や礼運より後れるか、少くも同じこころに成る繋辞の中に道家的色彩の存することは怪しむに足りない。そして、こうした一元論 monism 的なものを発生せしめる社会的な背景としては、ただ一人の君主のもとにあらゆる人が民としてまつろうような体制の統一国家が最もふさわしいであろう。

「道たるや屢々変ず」——変幻し、やむことなきものをとらえるのに、言語や文字はその武器ではない。「書は言を尽さず、言は意を尽さ」ないからである。しかし、変化といっても、その動静には「常」があり、天地のうごき、昼夜の交代にも以た合法則性がある。「天地の道は観を貞《ただ》す者なり。日月の道は明を貞す者なり。天下の動きはかの一を貞す者なり」この合法則性の故に、変幻する道は、象と数とによって解かれうるであろう。象は像《かたどる》である。悠然たる天地の変化にかたどるものである。象徴は言語に勝る。八卦とはこうした象をもって人に告げるものであり、聖人の功業のすべてもこれから生れた。卦辞爻辞はさらに細かい事情を人に告げるためのもの、小さな譬喩で、無限に大きい物事をさとす。「其の旨は遠く、其の辞は文《あや》あり。其の言は曲《つぶさ》にして中《あた》り、其の事は肆《ほしいまま》にして隠る」一方の数とは、天地万物の秘密を解く鍵である。数は其自体神秘でありかつ象徴的である。「天一地二天三地四天五地六天七地八天九地十」で、「天の数五あり、地の数五あり」。中国で一から十までの数はすべて、なんらかの意味の神秘数である。これら天地の数の総和五十五は「変化を成して鬼神を行《や》る所以」なのである。占いに際して五十本の筮竹を用いる。五十は「大衍の数」である。その一本をはじめから取り除いて用いないのは、無為自然な実在の太極にかたどってのことである。四十九本を左右両手に分けるのは、陰陽の両儀に象《かた》どる。四本ずつ数えてゆくのは四時（四季）に象どる。四本ずつ捨てた残余は閏《うるう》月に象どり、左右両手で二つの残余ができるのは、五年に閏月が二度あるのに象どる。さらに乾の策二百十六、坤の策百四十四の合計三百六十策は一年の日数に象どり、易全体の策一万一千五百二十は万物の数に象どるのである。易の数は、しかも、錯綜してあらゆるものを象徴しうる。「参伍以て変じ、其の数を錯綜す。其の変を通ずれば、遂には天地の文を成す。数を極むれば、遂には天下の象を定む。天下の至変にあらざれば、其れいずくんぞ能く此にあずからん」占とはこの「数を極めて（未）来を知る」ことなのである。

右の象や数の観念は、繋辞以前に易の中にあるにはあった。象伝や象伝は、八卦の象徴する天や地や雷や風で卦の成り立ちを、さらに卦の徳を説明しているし、奇数偶数の爻と位の観念も右の象徴的な数理に近い。しかし、象伝象伝の任務の限界からして、その説くところはその場その場の説明で、その底を支える一貫した理論というものは必ずしも明確でなく、象と数についてはっきりした自覚があってのことであるかは、なお断定に躊躇せざるをえない。しかし、繋辞のこの理論によって、象伝象伝の所説も新しい意味をもってくる。最もプリミチブな八卦のたとえにしても、繋辞の説明——言語の表現能力を超えた宇宙構造をとらえるための象徴——によって深遠な感じを獲得し、説卦後半に見られる八卦のたとえの気紛れさも弁護されうるであろう。陰陽の爻の九六の数にしても、それまで、より多く筮竹の操作の上の数の意識であったのが、繋辞によって、天地人を貫いてものを説明し尽す原理となった。繋辞の考え方は象数的宇宙観と名づけうるであろう。かように森羅万象を、共通の特定の数で因数分解的に解こうとする試みは、戦国末から漢初、とくに漢初の諸学派の中に見られる。たとえば人間の構造について、五臓は五行に象《かた》どり、喜怒の感情は天の風雨寒暑に象どる。十箇月胎内にあるのは日の数の十に象どり、人体の三百六十の関節は一年の日数に象どるという。右は大《だ》戴礼《たいれい》（本命篇）、淮南子（墜形訓・精神訓）、春秋繁露（官制象天・為人者天・王道通三）に見えるものの集録である。こういう数理的な考え方は、溯れば陰陽家から発展し、各学派がひとしく摂取したものであろう。そしてそれは、漢代においてさらにいろいろの術数家——天文、歴数、兵法、医家、各種の占い者——の理論として展開してゆくのである。

象と数は一つの技術である。こういう技術をもちながら、易はその技術性を露わに出しはしない。きわめて簡易に宇宙の構造を知りうるという。これは技術を超えた自然の技術であるらしい。「易は、無思なり。無為なり。寂然として動かず、感じて遂に天下の故《こと》に通ず。天下の至神なり」それは乾坤のはたらきが、無限の変化の可能性を含みながら、きわめて簡易であることに、照応するものである。繋辞の思想は、その数の観念にしても神秘数だし、占いの原理の説明の中にも「鬼神に幽賛す」というなど、神秘的な要素を色濃く含んでいるが、反面において、より強く一種の合目的性 Zweckmässigkeit、機械性を、宇宙の構造および生成の動きの中に認めるのであるから、未来というものも、こういうメカニズムを内蔵する易によって、当然予測されるべきものとなる。「その命を受くるや響のごとし。遠近幽深あるなく、遂に来物を知る」未来を知るというのは単に自然現象についてだけでない。個人の運命すらが予見される。「始めを原《たず》ね、終りにかえる、故に死生の説を知る」

ここから「天下の事、何をか思い何をか慮《おもんばか》らん。帰を同じうして塗《みち》を殊にするのみ。致を一にして慮を百にするのみ。天下の事何をか思い何をか慮らん」といい、「楽天知命」（天を楽しみ命を知る）という optimistic な人生観が生れて来るのである。ここでいう知命と孔子のいう知命とでは微妙な差異がある。さきに孔子の倫理が大体において動機主義であること、故に論理的には未来は人間の目から隠されておるべきはずであること、その点で divination とは一線を劃すべき事を述べた。その際、孔子の中に、それとやや矛盾する考え方のあることを指摘しておいたつもりである。人間の、良心の命令にしたがっての道徳的努力の果てに、いかんともすべからざる天命の存在することを認め、かつそれが知りうるものであるとする考えがそれである。しかしながら孔子は五十にして始めて天命を知ったのであり（論語・為政）、天命は「君子」にして始めて知りうるものであった（命を知らざれば君子となすことなし〈論語・堯曰〉）。問題は徳と福との一致不一致にかかっている。カントは、徳と福との不一致を救う手段として、来世の存在、霊魂の不滅を前提し、無限の未来における両者の一致を要請した。ここには明らかにキリスト教の信仰が底流をなしている。しかし、来世や霊魂といった観念をもたない孔子としては、問題を死後の世界に延引することはできない。道義的努力を尽したあとの不遇、それは人智人力を超えた石の壁である。それはあらゆる悲歎と悔恨を冷たく跳ね返す。孔子は、それを「天命」とよんで、笑って諦めることとしたのである。知命とはただ知るというのでなく、知りつつ泰然と諦める境地をいう（伊藤仁斎・語孟字義・天命）。孔子の知命は悲観的ではないまでも悲劇的である。墨子は儒家が命の存在を信ずることを非難して「命を有りとすれば、あらゆる失敗怠慢は命に託《かず》けられるから、人間を怠惰にする」と批判するが、少くも孔子の命に関する限り、あたらぬ批評である。孟子は命を「致すなくして至るもの」と定義しつつも（万章上）、「其の道を尽して死ぬは正しき命なり。（悪事を働いて）桎梏《かせ》に死ぬは命にあらず」（尽心上）という。人智をこえた石の壁ではあるが、さりとて道義的な努力を免除してくれるものとはしないのである。左伝の易を述べたなかに子服恵伯のことばを挙げた。それは、人事を尽したあとにはじめて占うことが許される、という方向での、倫理と呪術との調停であったが、まさに孔子の天命の扱い方と同じ傾向にあるといえよう。

　しかるに繋辞で楽天知命という時、やや天命の内容がちがって来ている。それは天地をも人をも然《しか》あらしめる法則性なのである。天地人を貫いて違《たが》うことのない法則性は、易において簡易に悟られるが故に、これに沿い、これに身を委《ゆだ》ねて行動することが楽天知命である。ここに孔子の命の悲劇性はない。孔子から繋辞への、こういう考え方の変化は、直接には中庸、溯れば荘子の考え方が影響している。中庸は天命を性と呼んだ。「天命之謂性」（天命これを性という。この命は動詞に読むべきで天命と名詞にすべきでないという説もある。例えば東条一堂の五弁など。しかしこれは問題とするに足りない。中国人がそういう反省をしていない。宋人は理命といいかえ、明らかに名詞に扱っている。同じ中庸の中に維天之命、於穆不已という詩の句を引くが、この天之命は名詞にしか取れまい。中庸作者はこの詩を引くにあたり、天命之謂性の引き合いのつもりで引いている。で天命之謂性の天命も名詞であって差支えない）この天命はすでに孔子のそれと異質的である。孔子では、人力を超絶した、いわば人間の外にあった天命が、中庸では、人間の中にはいって来て、生の根柢といったものになっている。天命、すなわち性は、人間の中にも、鳶が空に飛び、魚が淵に躍るなどの森羅万象の中にも、共通に存在する絶対善である。この性は孟子が人の性は善であると主張するその性とは次元がちがう。ここで人間のありかたは、孔子の悲劇的なそれと様相を変えるのである（中庸のこういう考え方は荘子など道家のそれを経て生れたものであるが、その点は今は省略する）。繫辞伝の考え方は、明らかにこの中庸のコペルニカス的展開を経過したものでなければならない。

ところでここに今一つ問題が提起される。このように予定調和的な法則性の支配下に人間があるとすれば、人間の自発的な当為 Sollen はどこにあるか、である。中庸では、誠と規定され、それ自体が絶対の善であった。その性を発掘する努力、天地の調和的生成に参加する自発性 Spontaneität において、当為を生かそうとしている。繫辞伝の「一陰一陽を道と謂う。之を継ぐものは善なり。之を成すものは性なり。仁者は之を見て、之を仁と謂い、知者は之を見て、之を知と謂う」の論理はここだけ見れば、いかにも右と同じのようであるが、他の部分との聯関において考えるとき、決して同じではない。性といい誠というものは、日常性の中にあり、おのれの内にありながら、知り得ない。これを知ることが、中庸の倫理的実践である。かつ万物のうち、人のみがこれから欠落する自由（小人は中庸に反す）と、それに復帰する自由（君子は中庸す）を残されている。しかるに繫辞の道は一陰一陽であり（中庸にない要素）、より自然科学的、物質的、決定論的である。しかもそれは、易を通して容易に知りうるものであった。同じく道を知るにしても、ここでは倫理的努力は不要である。故にその道の一面である仁というもの、知というものも、当為Sollenからただの存在Seinに転落して来るのである。「神を窮め化を知るは、徳の盛なり」とか、「用を利し身を安んじ以て徳を崇《たか》む」とかいうことは、こうして天地人の法則としての道を易で知って、それで身の安泰を図るのが徳だ、ということであり、この徳の意味はきわめて卑しい。けれどもとにかくdivinationという低級な技術と倫理との矛盾は、繫辞において一応回避された。人は将来の吉凶——それは「幾」としてかすかな動きとなって現われる——を易に照らし見て、適当に進退をはかればよい、というきわめて狡猾な人生観がここに出て来る。勿論、ここには、荘子から中庸までに展開して来た論理の筋の上に乗ってのごまかしがある。人事のすべてが、このような天地の予定調和と一致するものであれば、易は、未来を占うという性格を抹殺してよいはずであるが、繫辞はそれをしない。つまり、具体的な、個々人の運勢については、その気まぐれで予測しがたいことを容認しながら、この個々の運勢を背負った人を、抽象的な意味での人——天地とならべられたばあいの人の観念とすりかえているのである。このトリックを看破する能力が当時の人々になかったのであろうか。否、問題は能力いかんではなかった。時代思潮の澎湃たる流れ、宇宙論へ、天人を貫く理論へ、の流れに乗って、繫辞がなしたこの粗雑ながらの一応の理窟に対して、人々は無反省に拍手を送ったのである。流行の装いの新奇さに目を見張って、布地の穴に気づく余裕がなかったのである。

繫辞の論理は右の点で、根本的に卑しい。さらに目につくのはいろいろの徳目についての定義である。「富有をこれ大業という」「崇高は富貴より大なるは莫《な》し」「聖人の大宝を位という。何を以て位を守らん、曰く仁。何を以て人を聚《あつ》めん、曰く財」これらは昔から、原始儒家の富についての潔癖と比較して、卑しいと批難されるところである。しかし、これにも、時代というものを考え合わさねばならぬ。ここで述べられていることは、その国の隆々たる富を誇り、天下の最富貴者としての矜持に満ちた、稚気満々の創業の君主に向っての頌歌であるにちがいない。秦の始皇帝は、自ら、三皇五帝の字を合わせて皇帝という呼称を発明し、漢の高祖は、蕭何が建ててくれた宮殿の贅沢さをはじめは怒ったもののすぐ悦に入り、はじめ馬鹿にしていた儒者が綺羅びやかな謁見の儀式を定めたのによって「われ今日始めて天子の貴きを知る」といった（史記・叔孫通伝）ではないか。儒者の理論は時好に投じて変化することに長《た》けていた。この繫辞を秦から漢初の儒者の作とすれば、こうした卑しさも、別に取り立てて責めるべきすじのものでもない。なおさきの「何を以て位を守らん、曰く仁」この仁は、孔子が「人を愛すること」といい、孟子が人の先天的道徳性として挙げる仁とちがって、支配者がおのれの位を守るための武器なのである。これは多分に現実的である。これまた秦・漢初の儒家の所説と比べれば、決して珍らしいものではない。

ともかく繫辞伝は、易を九天の高さに持ち上げた。繫辞の内容の半分は、易の広さ、偉大さをたたえることに費やされているといってよい。「それ易は広し。大なり。以て遠きを言えば禦《ふせ》がれず。以て邇《ちか》きを言えば静かにして正し。以て天地の間を言えば備われり」それも易が、宇宙のあらゆる構造、すべての時間空間を包括して説明しうる理論を提供するものである、ということをくり返し説く。しかもその際、絶対君主の尊厳をたたえることも忘れてはいない。こういう理論は、秦漢大帝国の要請にそって、すべての学者がきそって作製に努めたものである。秦には呂氏春秋、漢初では淮南子がそれである。こういう際には、理論の少々の不整頓はかまうことではない。繫辞は易に対して、右のような理論をもたせようとし、少くも易がもっていると人に信じさせた。そして、易を経の列におしあげるのに成功した。その所論がいかに雑駁で卑しくとも、それは問題にならなかったのである。

第八節　十翼の完成

〔梗概〕説卦伝の前半は繫辞伝と同じように易全体の哲学的議論。文言伝は乾坤の二卦だけの詳しい説明であるが、そのなかには相い異なる性質の要素が入り混っている。以上二つは繫辞と同じころの作であろう。序卦伝は易経の六十四卦の配列順序に理由をつけようとするもの。雑卦伝は二つずつのペアの卦に対して簡単な解説をする部分で、あるいは占い者の速修書のようなものか。この二者もわりに新しくできたものらしい。これで十翼の説明を終り、そのあと、今までの叙述を簡単に要約する。

説卦伝の後半、八卦の象《たとえ》を説明する部分が、十翼の中でも最も古い要素であることは、前に述べた。しかし説卦伝の前半の部分は、十翼中新しいものに属する。この部分とは、易のきわめて要領のいい概論である。

昔者《むかし》聖人の易を作るや、神明《かみ》に幽《ひそ》かに賛《はか》りて蓍《めどぎ》を生じ、天に参じ地に両《なら》びて数に倚《よ》り、変を陰陽に見て卦を立て、剛柔に発揮して爻を生じ、道徳に和順して義を理《おさ》め、理を窮《きわ》め、性を尽して、以て命に至る。

ここの「理を窮め性を尽す」ということは、朱子の言によれば（語類77）、易の上について述べたものである。つまり、易の上に現われる自然の理法を窮め、易に象徴される万物の性を知り尽せば、命（この命は繋辞の命に同じ）に到りうるということである。しかるに宋の学者はすべて、これを人間の中についてのこととして説いている（語類77）。自己の中の理、自己の性を窮め尽すことで、おのれに天の与えた命を知りうるというふうに。なるほど理も性も、天地人に共通するものといえるから（繋辞）、宋の学者の解釈も同じことのようではあるが、易では自己の自発的な実践への意欲というものは意識されてはいない。であるから宋の学者の、この語の解釈は、原意とややそれて、倫理的には高きに過ぎることを注意しておかねばならない（宋学全体の方法がそうであるが）。説卦伝は続いてかくいう、「聖人は易を作るにあたって、万物を成り立たせるところの性命の理に順《したが》おうとした。そこで、天の道を立ててこれを陰・陽といい、地の道を立ててこれを柔・剛といい、人の道を立ててこれを仁・義といった。三才（天地人）を兼ねていて、その一つ一つに二つの概念を含ませたから、易は六画でもって一卦をなすのである」。これは明らかに繋辞伝の「易の書たるや広大にして悉く備わる。天道あり、人道あり、地道あり、三才をかねて之を両《ふた》つにす、故に六」という文から出ているのであるが、繋辞よりさらに要領よくまとめてある。繋辞がいろいろの要素を雑然と取りこんで未整理のままの感があるのに対して、説卦では図式のように、一目瞭然と整理してある。易の広大さをたたえる点では一つであるが、繋辞の気負った詠歎的な呼号的な口調が、ここでは淡々たる冷静な口調になっている。こういう点で、説卦伝は明らかに繋辞を見て作られている。その時期は漢より前ではないが、漢の武帝より後ではない。史記の孔子世家に文言とならんで記載されているからである。

文言伝は、乾䷀と坤䷁の二つの卦だけに対する解釈である。乾卦の文言伝の冒頭「元は善の長なり云々」は、前述左伝の文を借りたもの、それに続いて幾通りかの解釈を並べている。その最初の一聯は、

　初九に曰く、潜竜用いる勿れ、とは、何の謂《い》いぞや。子《し》の曰く竜徳にして隠るる者なり。世に易《かわ》らず。名を成さず。世を遯《のが》れて悶ゆるなし。是《ただ》しとせられざるも悶ゆるなし。楽しめば之を行い、憂うれば之を違《さ》る。確乎としてそれ抜くべからざるものは潜竜なり。

というふうに、初九より上九までの爻辞を挙げては「何の謂いぞや」と問い、「子の曰く」と前置きしてこれに答える体裁をとっている。その解釈のしかたは全く擬人法（竜を人

に）により人間の倫理にかけて説いている。この体裁といい、解法、思想といい、繫辞伝の中にあるいくつかの経文解釈の例と全く同じである。例えば繫辞に、

易に曰く、石に困《くる》しみ蒺蔾《いばら》に拠《よ》る。其の室に入るに、其の妻を見ず、凶（困六三）。子の曰く、困しむ所にあらずして困しめば、名は必ず辱めらる。拠る所にあらずして拠れば、身は必ず危し。既に辱しめられ且つ危し。死期まさに至らんとす。妻はそれ見るを得べからざるか。

とあるが、右にあげた文言伝とどこがちがうか。坤の文言伝は、初六のほか「易に曰く」を冠せず、「子の曰く」を附していない点が、乾のそれと異なるだけで、これまた説きかたは繫辞と酷似している。繫辞は乾坤二卦について、とくにくりかえしその徳をたたえている。して見ると、繫辞伝にはもと、前掲の困卦の解釈の例に似た形の乾坤二卦の解釈部分があったかも知れない。文言伝の右の一聯は、その部分をひき抜いて作ったものではあるまいか。それとも当時の易学者の各卦の解釈を、繫辞の作者、文言の作者ともに借りて来て用いたものであろうか。この部分の両者の酷似は、そう解せねば説明がつかない。

乾の文言は、右の繫辞に似た一聯の解釈を述べたあと、

潜竜用いるなかれ（初九）とは、下ればなり。見竜田に在り（九二）とは時に舎《お》くなり。終日乾々（九三）とは事を行うなり。……乾元用九は天下治まるなり。

と各爻に対する一組の解説を与え、すぐ続けて、

潜竜用いるなかれとは陽気潜蔵するなり。見竜田に在りとは天下文明なり。終日乾々とは

時とともに行くなり。……乾元用九にして乃ち天則を見る。

と、また別の一組の解釈を下す。この二組の解釈は、前の一聯のと比べて、きわめて素朴で内容も貧弱であり、しかもこの二組の間にすら立場の相異が見られる。これらはまた別の、おそらく前の一聯より古い経説の抜き書きである。さらに、前の一聯の中でも、

九二に曰く、見竜田に在り、大人を見るに利あり。とは何の謂いぞや。子の曰く、竜徳にして正しく中る者なり。庸《つね》の言を信じ、庸《つね》の行を謹しみ、邪を閑《ふせ》ぎその誠を存し、世に善しとせられて伐《ほこ》らず。徳博くして化す。易に曰く、見竜田に在り、大人を見るに利あり、とは君の徳なり。

この「易に曰く」がいかにもおかしい。易の乾卦の解釈をしつつあること自明であるから、易に曰くと断わる必要はないし、「君の徳なり」の解釈も上の内容と続きがなだらかでない。「易に曰く云々」は全く別の資料から引抜いて来てくっつけた感じがする。以上の諸点からして、文言伝が一貫した創作でなく、いくつかの要素の編纂ものであることは明らかである（津田氏、武内氏）。その用語にしても、「世を遯れて悶ゆるなし」は遯卦の象伝に見え、「水は湿に就き、火は燥に就く」は荀子（勧学）、呂氏春秋（名類）に、「辞を脩《おさ》め誠を立つ」は中庸に、その典拠を求めうる（武内氏）。思想の高さから言っても、繋辞とほぼ同時におくことができる。そこで十翼のうち、象象に次ぐ第三の群として、繋辞・文言・説卦の三者を一括してよいであろう。

文言の考え方は繋辞、中庸から一歩も出ないので説明を省略するが、ただ一つ言及してお

きたいのは坤の文言に見える「積善の家には必ず余慶あり。積不善の家には必ず余殃《おう》あり」の句である。これは初六「霜を履んで堅冰（氷）至る」の解釈であり、そのあと「臣の其の君を弑し、子の其の父を弑するは、一朝一夕の故にあらず、その由って来る所の者漸なり」と続くのを見れば、言わんとする所は、大きな事件が起るのは長い間の因子が積み重ってそうなる、ということであって、後世、仏教の因果応報、道教の陰騭《いんしつ》（陰徳陽報）の説の論拠にしばしば引用されるが、さほどに深い意味はないであろう。ただ、字義は徳と福との問題にかかわっている。そして、孔子の悲壮な諦観や、司馬遷の「天道是か非か」（史記・伯夷列伝）の疑問とは反対に、これは徳福の一致をいとも単純に楽観的に信じている。この気分はさきに述べた繫辞のそれと同じ線上につらなるものである。

残るは序卦と雑卦である。史記・孔子世家にこれのみが記載されていないことから、史記の書かれた時にまだなかったのではないかとも考えられる。一歩を譲って、あるにはあったが、記載されなかったとすれば、その理由は、価値の低さの故に、孔子の作とは認められなかったから、としか考えられない。

雑卦は、

乾剛坤柔、比楽師憂、臨観之義、或与或求、（乾䷀は剛に坤䷁は柔なり、比䷇は楽しみ師䷆は憂う、臨䷒観䷓の義は、或は与え或は求む。圏点は韻）

という風に、現在の易経で組み合せになっている pair の卦について、その pair であることを意識しつつ、卦の性格をごく短かい文句で説明している。そして全文が韻をふむ。この短くて反対概念で要約する説明のしぶりは、左伝の「屯は固く比は入る」といった説きかたに似ていて、一見古いように見えるが、「姤は遇なり。柔の剛に遇うなり」「夬は決なり。剛の柔を決するなり」は彖伝の文そのままであるし、「革は故《ふる》きを去り、鼎は新しきを取る」「頤は正を養うなり」の説明も、象や大象を見ての要約であろうと思われるので、（革は卦爻辞だけでは革命の意味は出てこない。頤は彖伝で始めて正を養うという道義性が出てくる。鼎も原意はかなえに止まり、象で耳目聡明、象で位を正し命を凝すと解される）たとえ史記に記載を欠くことが、この伝を新しいものとする理由にならないとしても、少くもこの作を彖象以前に置くことはできない。雑卦の、各々の pair を列べてゆく順序は今の易経の順序とちがう。それに、

大過顚也、姤遇也、柔遇剛也、漸女帰待男行也、頤養正也、既済定也、帰妹女之終也、未済男之窮也、夬決也、剛決柔也、君子道長、小人道憂也、

大過䷛は顚なり。姤䷫は遇なり。柔の剛に遇うなり。漸䷴は女のとつぐに男を待ちて行くことなり。頤䷚は正を養うなり。既済䷾は定なり。帰妹䷵は女の終りなり。未済䷿は男の窮りなり。夬䷪は決なり。剛の柔を決するなり。君子の道長じ、小人の道憂うるなり。

においては、二卦の組み合せが今の経のと全くちがっており、雑卦自身が例を破っていることでもある（正しくは大過と頤、姤と夬、漸と帰妹、既済と未済）。これについて朱子は「或は錯簡（古い書物は竹の札に書かれた、その札のいれちがい）かとも思うが、韻はこの

順で合っているので、錯簡と断定も出来ない」といっている（易本義）。いま試しに組み合せを経の通りにして見ると、韻が合わぬばかりでなく、説明句が対《つい》概念にならない部分が出て来る。すなわち「既済は定なり。未済は男の窮りなり」これでは対になりにくい。やはり原形「帰妹は女の終りなり、未済は男の窮りなり」の組み合せのほうがぴったりした一対である。で、今ここで言いうることは、この作者の第一に念頭においたことは、韻と、対《つい》のことばによる説明であって、本来の卦の序列は第二義的であるということ。さらにうがって考えれば、この伝は、いかにすれば六十四卦の大体の性格を最も簡単に記憶しうるか、という工夫にほかならない。その点で、これはおそらく経学者のためのものでなく、無教養な売卜者のための速修書のようなものであったろう。

　易経の六十四卦の序列は、第一節に示したように、乾䷀、坤䷁、屯䷂、蒙䷃……となっている。乾と坤は、旁通《ぼうつう》すなわち陰陽をひっくりかえした関係、屯と蒙は、上下ひっくりかえした反対卦の関係にある。すなわち乾の次ぎに坤が、屯の次ぎに蒙が来ることには法則性がある。しかし、乾坤の組みの次に屯蒙の組みが来ることにはなんら規準がない。序卦は、この一見気紛れな六十四卦の順序が、その実深い意味をもち、因果関係をもってならべられている、ということを証明しようとするものである。

　有天地、然後万物生焉。盈天地之間者唯万物。故受之以屯。屯者盈也。屯者物之始生也。
　物生必蒙。故受之以蒙……

「天地あり」これは乾坤両卦の説明である。乾坤は天地であるから、最初に置かれることは自明と見なされている。天地は万物を生み、天地の間に盈《み》ち盈ちる。だから乾坤の次ぎに屯が来る。屯は盈ちる意味だから。また屯は物の始めて生ずることである。生れたばかりのものは無智蒙昧であるから、蒙があとを受ける……このように、卦名の意味の上から卦の順序に理由をつける。その際卦の形は問題としていない。そして卦名の解釈は、明らかに象象を見ての上の解釈である。「需は飲食の道なり」は大象の「君子以て飲食宴楽す」により、履を礼、賁を飾としているのは、それぞれ大象、象にもとづく。

咸卦の説明を見ると、「天地あり、然る後、万物あり。万物あって、然る後男女あり。男女あって、然る後夫婦あり。夫婦あって、然る後父子あり。父子あって、然る後君臣あり。君臣あって、然る後上下あり。上下あって、然る後礼義おく所あり」といい、他の卦の説明の簡単なのに比べて、はなはだ叮嚀である。そして前の乾坤の卦の説明と照応するようになっている。易経は今、上下に分たれており、咸卦は下経の始まりにあたる。経を上下に区分することが、いつ始まったかは不明であるが、序卦伝は、すでに分たれた経を見て説明している。その証拠に、上経の最後の離卦と、この咸卦とのつながりには全く触れていないのである。

淮南子・繆称訓に「易に曰く、之を剝するも遂に尽すべからず。故に之を受くるに復を以てす」とある。これは序卦の剝䷖復䷗を説明した部分と全く同じ文章である。故に序卦が淮南子のころ（武帝の初年 B.C.140 完成）に、なんらかの形で存在したことは確かである。ただそれが十翼というような経典の列にはいっていたかというと、それは疑問である。

前漢の書物で「易に曰く」として引くばあい、必ずしも経文ばかりではない。当時の易学者の解説ですら「易に曰く」として引かれることがある。説苑《ぜいえん》（敬慎）に謙卦の解説を、塩鉄論（遵道）に明夷上六の爻辞の解釈を、「易に曰く」として載せているのはその例である。序卦のようなものは、学者それぞれに自由な立説が可能であり、今の序卦伝が十翼の一に選ばれる前、各種の序卦伝が存在したであろうことは、想像に難くない。唐の僧一行の易纂《えきさん》に、孟喜序卦という書が引かれていたという（困学紀聞・易）。その文は「陰陽の万物を養うに、必ず訟《あらそ》いて之をなす」。これは需の卦と訟の卦の序列を説明した文章であろう。需は飲食から養うの意味になり、訟は訴訟である。一方序卦の文は「飲食には必ず訟《あらそい》あり。故に之を受くるに訟を以てす」。食いものの恨みということで明らかに前者と異なる。孟喜は宣帝の頃の易学者。右の文は彼一流の序卦伝の一節である。面白いことに、この一文の中に、孟喜らしい特徴が見える。孟喜は、易を天文暦数に結びつける卦気《かき》説の作者である。需を単なる飲食の意味でなく、陰陽が万物を養う意味に解し、訟を陰気と陽気のあらそいとする点、卦気説の作者にふさわしい解釈である。

したがって序卦伝は、漢初の学者たちが六十四卦の序列に対し、いろいろの説明を試みた、その中の一つ、あるいはそのいろいろの説明の混淆整理されたもの、であろう。そして雑卦とともに、前漢末、後漢初期までに彖象繋辞説卦文言とならぶ地位に上ったのである（易の伝を十篇とするのは漢書の芸文志に始めて見えること前に述べた。漢書全体の作者は後漢初の班固であるが、芸文志は前漢末劉歆の七略によっている。しかも七略そのままを採ったのでなく班固が手を入れている可能性もある。で、十篇の数の決定は前漢末とも後漢初とも定めがたい）。

序卦が新しいといっても、経の六十四卦の順序そのものが新らしいということにはならない。反対卦の組み合せの意識は、泰、否の卦辞「小往大来」「大往小来」に、すでにうかがわれる。もっともこの卦辞は、前述のごとく、ずっと後になっての作と疑われるので、これを除いて考えても、彖伝においては明瞭に組み合せの意識があった。䷢晋の彖に「明、地上に出《い》ず」といい、同じ組みの䷣明夷に対しては「明、地中に入る」という。損、益の一組みの卦に対して彖伝は「損下益上」「損上益下」の対《つい》のことばでもって説明を与えている。さらに、乾坤の次ぎに屯が来るという順序も、彖伝の作られる時にはもう定っていたらしい。䷂屯の彖に「剛柔始めて交わって難生ず」という。難は☵から出て来る意味であるが、「剛柔始めて交わる」ということばは、この卦の形そのものからは、必ずしも出て来ない。ことに「始めて」という理由が、この卦自体では解けない。おそらく剛のみの卦䷀乾、柔のみの卦䷁坤の次ぎにこの卦が置かれていることから、「剛柔始めて交わる」の語が下された、と見なければなるまい。もっともかほど明瞭なのはここだけであり、六十四卦全部の序列が彖伝の前にきまっていたといい切ることはできないが。

序卦の説くところは、古来、浅薄と評せられ、雑卦とともに、「聖人の作」でないことを最も端的に露呈している部分に数えられる（欧陽脩、朱子ら）。しかし一方、晋の阮籍《げんせき》は易論を書いているが、その眼目は序卦の布衍であり、晋の楊乂《ようがい》は周易卦序論を書いている（隋書・経籍志)。これは亡んだけれど、序卦の布衍かあるいはより大胆な新しい序卦伝であるかも知れない。事実、考え方によって、六十四卦の序列というものは、いかにもシニカルである。六十四卦の最後の組みは既済䷾と未済䷿である。既済は、卦の形は陽爻すべて奇数位を、陰爻すべて偶数位を占め、正、中、応かねそなえた理想の形であり、卦名も「既に済《な》す」(原義はすでに渡る)で完成の意味がある。未済は反対に、すべて不正、不中、かろうじて応をえているだけで、卦名も「未だ済《な》らず」である。未済、既済の順にならべて既済を易経のしめくくりにしてもよさそうなものである。しかるに易は既済を前におき、未済で終りを飾っている。序卦は「物は窮まるべからず、故に之を受くるに未済を以てす。ここに終る」という。あまりの完成は行き止りであるから、未完成なるもの終らざるものを終りに置いた。つまり易経は六十四卦の最後に到って、なお展開の余地を残していることにもなる。この順序など無限の味があるではないか。

以上、易の経と十翼とについて、成立過程と内容の概略とを述べた。

くり返していうならば、まず易は divination の具として発生した。六十四の卦の形は必ずしも卦爻辞より先にあったものではない。卦爻辞の素材は、古いおみくじの文句、卜辞の残片あるいは諺など。その内容は、したがって、なんら倫理道徳を説く意識はない。ただ結果的に庶民的な処世智といったものは見られる。経の部分の成立時期は、漠然としているが、東周期とだけいっておこう。左伝と比べてわかることは十翼の中で最古の因子は、説卦の後半、および大象の前半の部分にある。つまり八卦をものにあてて解釈する部分である。

これを第一群とする。第一群まででは、易は儒家と没交渉である。儒家は、その祝史《かんぬし》めいた前身や、運命論といった思想から見て、他の学派よりも易と結びつく可能性がありそうでいて、反面に儒家の進歩的な特徴である動機主義的倫理、合理主義的精神のためにそれを阻まれていた。しかし時代の関心の焦点が、人倫から宇宙へ移ると、宇宙論などに欠ける儒家としては、新しい経典を附加して陣営を強化する必要を感ずる。そこで儒家が目をつけたのが易である。ここで、象象が作られた。この第二の群は、易に始めて儒家の教義を結びつけたばかりでなく、新しい自然哲学或は科学である陰陽説をもいちはやく取りこんでいる。やがて大帝国設立とともに、天地人を一貫しての encyclopedia 的理論、新しい政治規範たるべき実用理論が要請される。そこで儒家は、前者のために易を、後者のために春秋をもってこたえようとした。その際、易のために繫辞が作られた。繫辞は易を経典とするのにあずかって最も力あるものであった。説卦、文言の完成もほぼ同じころである。繫辞、説卦、文言、この第三の群の製作時期は、秦漢より溯ることはできない。序卦と雑卦はおそらく漢初の経学者、占筮者の手に成るものであろう。

かくて易経は完成した。経だけでは全く何のことか解らない。十翼を附して見れば、経だけのばあいとちがって、なんらかの映像が浮んで来る。しかしその映像のかたちは、なお混沌茫漠としている。それもそのはずである。経文の難解さは十翼全部を見てもなお読みがくだるところまでゆかない。卦爻辞のもつ、気まぐれな、時としてユーモラスなあるいはシニカルな性格に対して、十翼はなんらかの法則性と倫理を与えようとする、それが初めから無理である。それに十翼のおのおのが、時代を異にし、思想を異にする。それがすべて一つの経の上に積みあげられる。一つの卦が、ある伝の説明では雷や山やの象徴で構成されておるし、またある伝によれば、剛柔（陰陽）の二元の織りなす文《あや》でもある、こととなる。しかし、こうした矛盾を含んだまま、奇妙に何か paradoxical な統一のムードを醸し出していることは確かである。そして運命が、気まぐれで paradoxical なものであるからには、その運命を占う書である易には、このような混沌たる矛盾的な paradoxical なムードがふさわしいともいえよう。

しかして、当時の人々にとって、運命は、天地の動きと同様に、一つの法則性でもある。易が経典となった時代に要求されたことは、むしろこの法則性の探求のほうである。易はその法則性を明快に示すと称して、時好に投じた。礼記の経解に「絜静精微なるは易の教なり」と定義されるのは、この面にそっての褒辞である。

第二章　易学の展開

第一節　前漢の易

〔梗概〕前漢の武帝が何故に儒家を国教に採用したのかが、まず問題にされねばならない。事実において漢初に流行したのは、むしろ道家の思想である。これはおそらく、まだ国家草創の不安定な時期で、なんら積極的な策がとれない。無為無策でゆかねばならない、そこから「無為」を主張するところの道家思想が、口実に利用されたのであろう。それが国家が安定し、事業をやろうということになると、無為ばかりではいけない。何か積極的な理論が必要である。儒家の特長は、礼儀音楽で支配者の権威を飾りたてること、家族道徳を民に強調することで人心を従順にさせ、またあるていど自治にまかせて監督の手間をはぶきうること、民間知識人を官吏にとりたてることで支配層の若がえりと階級的不満の緩和が図れること、などであるが、武帝に採用される直接の動機の一つには、天子を天の寵児と規定することで、支配者に神秘的な権威を附け加える考え方がある。人、ことに天子の行動が天象に反映して、人間側に誤りがあると天災になる、この天人相関思想、あるいは災異説は、それ以後大流行する。

孟喜、京房の易はこの考え方に即していて、六十四卦を一年の暦にわりあて、どの季節はどの卦が支配する、その卦の通りにならないのは政治が狂っているのだ、というように、実際の予言にも用いられた。いわば天文学と易とを結びつけたようなものである。前漢の末に流行する緯書は、災異説を極端にして、孔子を予言者に仕立てて奇怪な説を立てるものであるが、易に関する緯書は、大体が孟、京の易学の線にそうものである。

易を模して作った太玄という書は、やはり天文学的知識を利用して、易より一層規則的な構成を目ざしている。

漢初の思想界　前漢（B.C.207-A.D.7）王朝の創立者、高祖は泗水《しすい》の亭長（宿場役人、同時に侠客）であった。秦から漢への革命は、賈誼《かぎ》の過秦論にもいう通り、全く輿論の向背によって決着したものである。それは、秦の法術主義への一般の恐怖、失職知識人の反感、重農抑商政策に対する商人の怨嗟、長城建設による人民の痛苦、こういうものの一斉の爆発であった。さればこそ土豪たると庶民たるとを問わず、皆が鋤の柄を揮うことによって、秦兵の利器に打ち克ったのである。けれどもこの動乱期に蜂起した英雄豪傑のなかで、高祖が最後の勝利者になりえたというのは、高祖の政治力もさることながら、ほとんど好運の賜物と言わねばならない。高祖が皇帝の位に就いたとはいえ、各国に封じた功臣の幾人かが聯合すれば、優に漢帝室をくつがえすだけの潜在能力をもっている。高祖の死に遇った呂后が涙も出ないぐらい緊張せねばならなかったこと、それから呉楚七国の乱まで、功臣の抹殺に帝室の畢生の努力が払われねばならなかったこと、すべてこの漢帝室の権力の相対的な弱さにかかっている。こうした絶対的ならぬ権力をもって、秦の「統制」に根強い反感をもち、かつ戦乱の傷痍なお癒えぬ天下の臣民にむかって、なんらかの積極的な規制を加えるということは、事実上不可能であった。「秦の苛法を除き、民と休息する」と称したのは、その実、漢室の無能無策を蔽う言い訳であると同時に、結果的には唯一の賢明な政治方針であった。

かようなやむをえぬことから出た無為政策に、哲学的根拠を与えるものとして、道家説が行われたことは、当然の成り行きであった。老子のいう「無為」をば、全く手の出しようのないことから来た漢の放任的施政方針に対する飾りとしたわけである。竇太后《とうたいこう》、曹参《そうしん》、汲《きゅう》黯《あん》、田蚡《でんふん》ら、いずれも道家言を好んだ人々である。しかし、実際にあたって、老子のいうところの法律も道徳も無しの無為で、すませられる道理がない。漢の無為政策にはやはり裏がある。宰相蕭何は、長安陥落の時、他の将軍が財宝を捜し求めている間、秦の戸籍や地図を拾集したというが（史記、漢書・本伝）、具体的な行政の面では、秦の四十年の実績をそのままうけ継いでいるのが真相である。無論、秦の苛酷な法律、思想統制や連坐制などは意識して除いたし、経済面でも放任して蓄積の実を挙げている。しかし中央集権、絶対主義、官僚主義、法術主義、への指向は依然として底を流れている。であるから道家思想といっても、当時のは多分に法家的色彩の強いものであったことは想像に難くない。事実道家言の流行とならんで、刑名の学が盛んであったし、すでに韓非子などの思想の中に老子の考え方がとり入れられているように、法家思想と道家思想がもともと親近性を有していたからである。司馬談の六家要指（史記・自序）に、道家をたたえて「陰陽の大順により、儒墨の善をとり、明法の要をとり、時と遷移し、物に応じて変化し、俗を立て事を施すに、宜しからざる所なし」といっているが、この道家の定義に至っては、法家的性格のみならず、儒家も陰陽家もすべて取りこんで綜合した理論となっている。これではまるで雑家である。雑家とは、雑駁の意味でなく諸家を折衷する学派のことである（漢書・芸文志）。漢初の学派というものは、草創期の国家のあらゆる諮問に答えうる多面性を要求されるが故に、道家といっても、かような雑家的な性格を帯びざるをえない。普通雑家に数えられる淮南子《えなんじ》の書は、まさに、司馬談の定義した道家の像を、そのままに現わしている。

淮南子は単に雑駁な百科全書とのみ見られるべきものではない。文帝・景帝時代の道家系イデオロギーの総決算である（呂氏春秋が秦における綜合的イデオロギーであったと同じく）。仁義、法制すべての規範に一応の価値を認めつつ、これを「無為」の一本にまとめ、君主自らは神のごとく凝然として動かずにいて、官吏を手足のように使い、整々とした政治を行うならば天象もおのずから整い、天下の財は自然と豊かになり、あらゆる外国は通訳を重ねて朝貢して来る――こういう淮南子の理想は、文帝景帝、そして武帝へと権力の集中、富の蓄積を無限に追求しつつある時代の空気を奇妙なまでによく反映している（淮南子の右の考え方は、易の繋辞伝とあい通ずる点が多々ある）。ただし、これでは、道家本来の特質が、大きく歪められることは否めない。老子の無為は、仁義法制をいささかたりとも許容するものではなかったはずである。無為の政治を為るという意識があっては、無為はすでに有為に堕する。漢王朝として創業の無為無策時代はともかく、国の基が固まり、内治外交ともに大いに為すあらんとする時代になっては、道家に本質的な無為無欲の教義が足手まといになることを免れない。淮南子があくまで文・景時代のイデオロギーにとどまって、武帝の時代のそれでありえなかったということは、道家一般の政治的効用の限界を物語るものである。

儒教が二千年の間、官許の哲学として君臨しえたのは、いかなる理由によるのか。最も本質的な点は、その教義が、農業協同体を基幹とする中国社会の構造と適合していたことである。儒教の教義の根本は孝悌にある。親子の愛情は、人間に自然に具わるものであるが、とくに農耕型社会においては根強いものである。孝悌とは、この自然の情意を、規範にまで昇華せしめたものである。それは家父長の支配のもと、家、宗族、ひいては郷党の自律自治のための規範である。国家として、家族道徳による最小行政単位（数では最多）の自治を認めることで、法一元の統制にしたばあい膨大な数にのぼるはずの警察官を省略しうる。そして孔子が「その人と為《な》りや、孝弟にして、上を犯すを好む者はすくなし」（論語・学而）といったように、孝悌の徳は民心を従順ならしめ、権威への服従の姿勢を養う。法律の威嚇脅迫がなくとも、民の服従が期待されうる。法の統制は、効果の現われは早くとも、民心を満足せしめないこと、秦の治世で実験ずみである。原始儒家の、孝だけで天下を治めうるとの主張は、この意味で、全くの誇張ではない。さらに、儒教理論でゆくと、支配層は有徳者によって占められねばならぬ。したがって民間の名望ある教養人は、官吏に登用せられるべきである。この主張は中国歴代の官吏登用法の中にある程度実現された。これは世襲制のもたらす官界の沈滞を防ぐに有効なばかりでなく、革命の心理的動機たる下位者の上位者へのひがみを緩和するに足るであろう。

しかし、およそある思想が受け容れられるばあい、必ずしもその最も本質的な点を理解して受け容れられるとは限らない。漢王朝と儒教の場合にしてもそうである。高祖は無学なだけに儒者が嫌いで、儒者が謁見に来るとその冠をひったくって中に小便をするというふうであった（史記・酈食其伝）。それが多少とも儒者を重んずるようになったのは、群臣の無作法に困りぬいて、叔孫通に命じて荘重な謁見の儀式を作らせた時からである。一部の弟子の反対にも見られる通り、この儀礼がどれだけ儒家の伝統にかなうものであったか甚だ怪しい（史記・叔孫通伝）。理論の面でも、漢初の儒家は「吏治を縁飾す」るもの、政治権力に媚び、政治を修飾するものとしての性格が強い。漢初の道家言がそうであったように、儒家も法家的な色彩を多分に帯びている。賈誼《かぎ》や董仲舒《とうちゅうじょ》のことばの中にもそれは明瞭に見られるし、老子を好んだ竇太后が、儒家のことを司空城旦（司空は法官、城旦は刑罰の一）と罵ったのも、その法家的性格についてである（史記・儒林伝）。これは漢初の儒家理論が大体荀子の系統であることにもよるが、直接には、漢初の政策の裏にある、秦からうけ継いだ法術主義との適応という必要からである。

漢王朝受命の必然性の証明ということも、漢帝室にとり入る必要条件の一つである。賈誼、公孫臣らの儒者は、漢を土徳と定めて正朔《こよみ》を改め、服色は黄（土の色）を最高とし、数は五（土の数）をたっとぶことを提案した（史記・張蒼伝・賈誼伝）。秦が水徳であったと前提して、漢は水に勝つもの、すなわち土でなければならぬというわけである（秦の時に自らを水とする事実があったかどうか疑問である。漢になってから逆に秦に水を、周に火をあてたのかも知れぬ）。これはいうまでもなく陰陽家の五徳終始説の応用である。新王朝の受命を説明するのにこれほど便利な方法はない。孟子はかつて、民心を得ない旧天子を、輿論の支持する新天子が打倒することの妥当性を説いた。孟子の理論は、常に適用可能であると限らない。現支配者の有徳なることの説明が困難なばあいもあろうし、支配者の子が明らかに不肖なばあい、政権は子に相続されずに民間有徳者に譲られるべしとの理窟になる。事実孟子はそう説いている。その点実は不安な理論でもある。黄生と轅固生との論争を見るがよい（黄生は湯王武王の革命は天命を受けたのでない、臣でありながらその君を弑したものだという。轅固生は民心が集ったためやむをえず兵をあげたので天命にそうものだという。激論のすえ、轅固生は、しからば漢の高祖の革命もわるいか、とつめよった。聞いていた景帝は、馬の肉のうまいところは肝にあるとはいえ、肝を食わねば馬肉の味を知らぬとはいえまい、学者も湯武革命をいわねばならぬこともなかろう、といって仲裁した〈史記・儒林伝〉）。それに対して五徳の説明法では、水徳の天子のあと、土徳の天子の出現することは、天然現象のごとく宿命的なことになる。道徳の有無、政治の功罪を論ずる必要もなくなる。この王朝交代理論は儒家のもっぱら利用するところであって、道家の方はこれを説かなかったもようである。淮南子は陰陽五行説を多分に取り入れながら、歴史に五行説をあてはめることはせず、黄金の太古からだんだん世が末になるという下降的史観を述べるにとどまっている。これは儒家の有力な武器となったであろう。しかしここで儒家は孔子孟子の進歩的な特徴を失うのである。

儒家が、より優勢であった道家を圧倒しえた武器の最有力なものは、董仲舒に始まる、天子神秘性の復活である。中国の天子はもと呪術師であった。部族のために、神意を知り、天象を調節し、不幸を避けしめる役割りであった。それがだんだんと、呪術性の代りに徳性をもつことを要請されて、その神秘性を剝奪された。この合理化に与って力のあったのは儒家であるが、その原初的観念が再び儒家の手によって復活される。天は天子を愛するが故に、失政のある時は、天譴を下して反省を促がす（漢書に載せる董仲舒の対策）という。ここに天子は再び呪術師的性格を取りもどす。天子の容貌が不正ならば大雨、言語が不正ならばいつまでも暑い（尚書大伝・洪範五行伝）というように、天子の一挙手一投足の正否が、天象の順逆に現われる。ただここで注意すべきは、昔の素朴な神人未分の考え方とややちがっているということである。董仲舒では、まだ天は多分に意志ある人格神のように見えるばあいもあるが、大体において漢代の天はもう少し機械的な存在になっている。天は天子の正不正に敏感に感応する受信機であるが、その反応の原則は、陰陽とか五行とかで、いとも合理的機械的に説明される。こうした媒介をもつ点で、これは彼等にとって一種の科学的新思潮であった（道徳も五行や陰陽のメカニズムで天象と聯関するものとなるが故に、原始儒家の説いた良心の自律性といった要素は稀薄にならざるをえない)。この思潮が武帝の時に採用されたということは意味が深い。これは一面において、君主の放恣を矯《た》め、君権を制限しうる考えではありながら、天子を再び超人的なものとし、天と人との中間に立つ medium としての性格を賦与することにおいて、君権の絶対性を飾る意味をもって来るからである。歴史的に見て、漢王朝の絶対権力の確立は、まさに武帝の時にあるのである。

こうして儒教は遂に国教となった。儒教の聖書は詩・書・易・礼・春秋の五経であるが、前漢において最も多く活きた力をもっていたのは、五経の中では新出の易と春秋とである。春秋は決獄(裁判)の書としての実用性を帯びている。春秋の筆法というのが、簡単な歴史叙述の中の一字の使い方で褒貶の意味を含むもので、さながら法律の判例のような性質をもつことによる。昭帝の時、戻太子の事件を雋不疑《しゅんふぎ》が春秋の義例で解決したことは、顕著な実例である(戻太子とは武帝の長男である。若くして父の怒りに触れて亡命してしまったので、昭帝があとつぎになった。するとわれこそ戻太子なりと名乗り出る者があった。真偽がわからず、大臣みな処置に窮した。が、知事の不疑は真偽不明のままこれを捕えた。その理由は春秋の例によってである。衛の霊公の太子が父に罪を得て晋に出奔し、霊公の孫輒が即位した。その後太子は晋の助けで衛に入ろうとしたが輒はこれを罪人として拒んだ。春秋はこれを褒めている。で不疑はたとえこの男が真の太子であっても罪人扱いにしてよいと決断したのである〈漢書・雋不疑伝〉)。かように憲法ないし刑法の役割をなしうるということは、実際の漢の政策の中にひそむ法術性に貢献するものである。春秋公羊《くよう》学では、春秋の十二公二百四十二年の歴史を三部分に分け、衰乱の世、升平の世、太平の世とよび、それぞれ魯を内にして諸夏（中国内の諸国）を外にする時代、諸夏を内にして夷狄を外にする時代、夷狄進んで爵に至る時代と規定する（公羊伝・隠公元年疏）。だんだん世の中が太平に向い、世界国家へとひろがるという史観である。そして最後の太平の世はもちろん漢に当てられるわけである。この主張は明らかに漢王朝への阿諛であるが、遠くローマにまで使者を馳《は》せたこの時代の空気にふさわしい哲学ではある。さきの董仲舒の災異説は、以後、両漢にわたっての流行思想となったが、董仲舒は元来春秋学者である。春秋学にはこの要素が甚だ強い。翼奉の言葉に「易に陰陽あり、詩に五際あり、春秋に災異あり」とある（漢書・本伝）。以上のような点で、春秋は経書中でも花形となったのである。

一方、易はいかなる点でもてはやされたか。やはり董仲舒が天子に再び呪術師的性格を賦与した、その線にそって、自らの地位を高めたのである。孟喜・京房の易学がそれである。孟喜・京房以前の易学については、その詳細を知ることができない。清《しん》の皮錫瑞《ひしゃくずい》は、列女伝や説苑《ぜいえん》などに引かれた易の解説を挙げて、漢初の易学はみな義理を説く、という（易経通論）。しかし、何といってもこのころの学者はまだ粗雑であって、「訓詁して大義を挙ぐるのみ」（漢書・儒林伝）といわれる通り、大体の字句の意味をたどるのに精一杯である。しかも易は晩出の経である上、難解なこと此の上ない。義理を説くといっても、王弼や程伊川らが自覚的になしたような意味での「義理を説く」段階にはとうてい到ってはいなかったはずである。ただ一つ興味深いのは、漢書・蓋寛饒伝に引かれた韓氏易伝（景帝ごろの詩学者韓嬰の作）の一節である。「五帝は天下を官にし、三王は天下を家とす。家とすとは、以て子に伝うるなり。官にすとは、以て賢に伝うるなり。四時の運《めぐ》るがごとく、功の成る者は去る。其の人を得ざれば、その位に居らしめず」これは易のどの部分の注釈であるか不明であるが、その議論は、礼記・礼運の「大道の行わるるや、天下をば公となす。賢きを選び能あるに与え、信《まこと》を講じ睦《むつみ》を脩《おさ》む。……今大道すでに隠れ、天下をば家となす。各々其の親を親とし、各々其の子を子とし、貨力は己れの為めにし、大人は世及（世襲）して以て礼となす」の論法にも似て、甚だラディカルである。

孟喜・京房　漢書・儒林伝によって見ると、この両者の学問は、系図の上でも、やや正統から外れているようである。孟喜は、その師、田王孫が死ぬ時、自分の膝に枕して、秘伝の易家候陰陽災変書を、自分だけに伝えてくれたと主張し、同門の弟子梁丘賀はこれを虚言であるという。京房の学にしても、梁王に庇護された占いの名人焦延寿に受けたもので、焦延寿はまたこれを隠者から受けたという。陰陽災変書が果して田王孫に出たかどうか、右のように疑わしく、孟喜の自作かも知れないし、焦延寿の学も隠者から受けたというから、従来の学者の方法とは異質のものであることは確かである。その隠者或は焦自身、他の術数の概念を取りこんで創造したものであろう。

孟喜は宣帝ごろの人。その方法は「先ず気を言い、而る後に人事を以て之を明らかにす」るものであった（唐書・律暦志に見える僧一行の言）。僧一行の引く孟氏章句（唐書・律暦志）によれば坎䷜、離䷝、震䷲、兌䷹四卦の二十四爻を二十四気にあてはめている。す

なわち

坎☵ 初六——冬至（十一月中）　九二——小寒（十二月節）
　　六三——大寒（十二月中）　六四——立春（正月節）
　　九五——雨水（正月中）　上六——驚蟄《ちつ》（二月節）
震☳ 初九——春分（二月中）　六二——清明（三月節）
　　六三——穀雨（三月中）　九四——立夏（四月節）
　　六五——小満（四月中）　上六——芒《ぼう》種（五月節）
離☲ 初九——夏至（五月中）　六二——小暑（六月節）
　　九三——大暑（六月中）　九四——立秋（七月節）
　　六五——処暑（七月中）　上九——白露（八月節）
兌☱ 初九——秋分（八月中）　九二——寒露（九月節）
　　六三——霜降（九月中）　九四——立冬（十月節）
　　九五——小雪（十月中）　上六——大雪（十一月節）

となる。これがいわゆる卦気《かき》の最も簡単な形である。ここでは二十四気だけで、七十二候（二十四気のも一つ詳しい節季）は挙げていないし、分卦直日法（卦を分けて日にあてる）も見えない。して見ると、分卦直日法こそ、焦延寿京房の独創であろう。漢書・儒林伝に、京房のみ異党である、というが、天候と易とを結合する点では両者一つであり、また当時存した書物の名（漢書・芸文志に見ゆ）に、孟氏京房十一篇、災異孟氏京房六十六篇とあって、両者を一聯のものとして扱っているところから見て、学説としては本質的に同系のものと見てよかろう。しからば儒林伝に京房を異党とするのは何故であろう。孟喜は、易と宇宙の動きとの一致を、暦を借りて観省的に説いただけで、実践には移さなかったのではないか。京房は単に学問としてでなく、実地に適用している。そうした面の相異をいったのではなかろうか。

なお、孟喜の党に蜀の趙賓《ちょうひん》という人があった。「箕子之明夷」（明夷六五）の箕子を解釈して、荄茲と読みかえ、万物の芽ばえることとした。並みいる学者は啞然として、「師法に非ず」とつぶやくだけであった（儒林伝）。この解釈は既述のように、易の卦爻辞を文王作とする時に発生する矛盾（箕子は文王よりあと）を回避しようという動機から出ているが、それにしても、回避しようとする方向が問題である。万物の芽ばえというような意味を爻辞にもたせるということは易が一年の気象となんらかの聯関において考えられていることを示す。これは明らかに孟喜の卦気説に連なるものである。

京房（B.C.78-37）は元帝に仕えた。その師焦延寿は、災異を占うことに長《た》けていて、何でも予見できるところから、地方官になった時も、盗賊が出なかったといわれる。京房はこの人の学術をことごとく学び取ったが、焦は「わが道を得て以て身を亡ぼす者は必ず京生なり」といった。分卦直日法、すなわち六日七分とは、震䷲、離䷝、兌䷹、坎䷜の四卦を、方伯監司の官（四方の目付け役）として、夏至冬至春分秋分にあて、残り六十卦を三百六十五日四分の一に当てると、一卦は六日八十分の七に当る。これが六日七分の名の起りである（漢書・京房伝の注、論衡・寒温篇）。一卦が約六日であるから、一卦の含む六本の爻を、この六日に配当すると各卦の一爻一爻が、一年の某月某日にあてはまる。で、一年のすべての日は、某卦某爻と照応し、その卦その爻のもつ傾向性格に合致せねばならぬ。卦爻に陰と陽とがあるのに応じて、それに対する日に寒と温とがあり、卦爻の性質に応じて、その日の風や雨も性質がきまって来る。風が問題になる以上、律も当然問題となるべきはずである。中国の音律は、各季節の風の音と合せて作られたという伝説があるからである（礼記・月令、漢書・律暦志其他）。事実京房は音律に詳しく、自分の名も、自分で笛を吹いて見て、その音からつけたという。かように、各々の日が各卦各爻の性質にそうべきもの、という原則が立てられると、その日その日の政治、人事もまた、その卦爻の指示するような方向になされねばならぬ。逆にその日の寒温風雨（ひいてはその風の音律も）が、もし然るべき性質から外れたとするならば、それは政治面に、当の卦爻の徳から外れたひずみが存することを物語る。そしてそれは端的に易の上に現われる。

ここで易は、本来の占いの技術をもって政治に貢献する道を得た。しかもそれは、神意を問うというような意識でなく、天象と人事の機械的相即を前提して、あたかも天と人との間に反射する電波を捕える、レーダーのようなメカニズムとして、考えられている。ここに、先に述べた董仲舒以来、武帝以来、漢帝に附加された呪術師的性格が生きて来る。「王」とは、天・地・人の三画を縦の棒でつないだ字である（董仲舒・春秋繁露・王道通三）。王者は天地と人間界との理想的な調和をもたらすべきパイロットである。易はこのパイロットの武器である。易はここで、王者の武器として、divination の性格を復活させ、そうすることによって、より密接に権力の座に仕えることを得た。

京房は時の佞臣、中書令の石顕、尚書令の五鹿充宗《ごろくじゅうそう》に対して、根強い反感を抱いていた。五鹿充宗が異派の易学者であり、よく論争をしたから、反感をつのらせたであろう。京房は孝廉から郎官（官吏試補）となって、災異の有るたびに、上疏して帝の注意を引いた。彼はいう「昔の帝王は、功績で賢人を登用したから、教化は行きとどき、瑞祥が現われた。末世では評判だけで人を採るから、功績は挙らず、災異ばかり起る。官吏の功績を試験する方法を立てて政治の効果を上げるならば、災異は止むであろう」と。のみならず彼は実際に、詳細な官吏の功績審査法を立案している。石顕と五鹿充宗は彼を憎み、魏郡太守にして、帝の側から遠ざけた。郎官から太守へのコースは順調な出世であるが、彼はこれを喜ばず、歳末ごとの会計報告の際、上奏文を奉ることを願って許された。建昭二年（B.C.37）二月朔《ついたち》の上奏文「辛酉《かのととり》以来、蒙気衰え去り、太陽は精明となる。臣独り欣然として、陛下定まるところ有りとおもいぬ。然るに少陰は力を倍にして消息に乗ず。臣疑うらくは、陛下この道を行うと雖も、なお意の如くなるを得ざるならん。臣ひそかに悼懼す」。蒙《くもり》気は邪悪な臣の権力、太陽は君権に当る。少陰少陽とは雑卦（十二消息卦以外の卦）のこと。十二消息卦は重要な卦で君を、雑卦は臣を指す。雑卦が消息に乗ずるとは、石顕らの権力が君権を犯していることの現われである。陝から奉った上奏文の「すなわち丙戌《ひのえいぬ》小雨あり。丁亥《ひのとい》に蒙気去りぬ。然れども少陰は力を并《あわ》せて消息に乗じ、戊子《つちのえね》にはますます甚し。五十分に到り、蒙気また起る。此は陛下消息を正さんと欲するも、雑卦の党は力を幷せて争い、消息の気勝たざるなり。彊弱安危の機、察せざるべからず」も同じ意味を述べたものである。六日七分においては、六十四卦平等に各季節に配当された。ここでは、それと事かわり、十二消息卦がずっと一年中を支配するという考え方が出ている。そして同時に、より低い雑卦も存在しているのであるから、すべての季節に、君たる消息卦と臣たる雑卦との組み合せが、照応することになる。これは六日七分をさらに発展させたもので前者とはより端的に、より敏感に、権力構造に適合したメカニズムである。

消息卦の概念は、前述のごとく、彖伝にその萌芽は見えながら、なお明確でなかった。ここでは明瞭に六十四卦中の支配者となる。消息は、その卦の形――陰が陽を下から浸蝕して行き、最後になると、また陽が下から発生して来るというその卦の形だけが問題で、卦辞爻辞の内容は問題にされていない。天象の上での陰気と陽気の交代、寒暑の交代を最も明らかに形に現わしているという理由で、この消息卦が尊ばれているのである。したがって、この考え方は経文自体の要素ではもとよりなく、経文解釈の要素でもない。別の意図のために創造され易に押しつけられた要素なのである。

新豊から奉った上奏文にいう、「臣さきに六月中を以て遯卦効《かな》わずと言えり。法に曰く、道人始めて去り、寒し、涌《よう》水災をなす、と。其の七月に至り、涌水（まことに）出でたり……房の災異を言う、未だかつて中らざることあらず。今涌水已に出でたれば、道人（京房自身をさす）まさに逐われ死ぬべし。尚また何をか言わんや」。これで見ると遯䷠は六月を支配する卦であり、したがって十二消息卦はそれぞれ十二の月を支配することとなる（復䷗十一月、臨䷒十二月、泰䷊一月、大壮䷡二月、夬䷪三月、乾䷀四月、姤䷫五月、遯䷠六月、否䷋七月、観䷓八月、剥䷖九月、坤䷁十月）。そして遯卦の不調が如何なる現象を予見しているか。それが「法に曰く」以下である。「法」というのは、京房の定めた占験であり、おそらく書物になっていたものであろう。くり返していう。政治のゆがみは宇宙の運行の上に反映して、異常が起る。すなわち災異であり、妖である。当時の学者は競って災異を説いた。尚書学者の夏侯始昌（武帝ごろ）は柏梁台の火災を予見した。夏侯勝（武帝〜昭帝）は洪範五行伝を習ったが、陰気の盛んなのを見て昌邑王の失脚を予言し、眭孟《すいもう》という春秋学者は災異を公言して刑死した（漢書・各本伝）。あらゆる経書に対して災異の説が附会されている。詩経における五際六情の説（漢書・翼奉伝）、礼における明堂月令の説（同・魏相伝）皆それである。易に至っては、繋辞伝に謳われる通り、本質的にそなわっている。易は宇宙の法則をそのままに体現するもの。されば災異は、易の上に、雑卦と消息卦との争いなどに、最も簡単明瞭に現われる。君主はこれによって、おのが行動を反省し、災異を未然に防ぎうるであろう。京房はこれを政治の場に、実地に応用したのである。彼の不幸は、自分の地位がそのことばを支えるに足るほど強固でなかったことである。ために、弟子の姚平《ようへい》が「あなたのように、聞かれもせぬ諫言でもって、身を危くし、敵をして逆に態勢を強化させるのでは、小忠であっても大忠ではない」と評した通り、遂には刑死するに至った。しかし、漢初から漢末までの間に、易の地位が特に高くなって行った

（武帝までの作と考えられる礼記・経解では易は詩の次に数えられるが、漢末の七略では五経の筆頭）については、災異思想の流行という社会的条件はさることながら、それに敏感に即応し、易の実用面をそこに活用した京房という人の功績を軽視することが出来ない。

京房の著書は、芸文志に、孟氏京房十一篇、災異孟氏京房六十六篇、京氏段嘉十二篇の三種が見え、隋書・経籍志には、京氏章句十巻のほか、暦数の部に、周易錯卦、周易委化など十二種の書名が挙げられている。

現存の京房易伝三巻は、書名から見ると京氏章句（孟氏京房か京氏段嘉か）にあたるが、その真偽きわめがたい。漢書・五行志に「京房易伝に曰く」として、六十箇条余り引かれているのと比較すると、全然一致しないのである。現存の京房易伝の内容は、主として積算法という卦の生成を説く理論である（消息の概念を用いて、六十四卦を䷀、䷁、䷲、䷳、䷜、䷸、䷝、䷹の八純卦から生成したと説明する。例えば䷁から生成するものは、第一爻を陽に変じた䷗に始まり、第二変䷒、第三䷊、第四䷡、第五変䷪、さらに第四爻をも一度変じた遊魂の卦䷄、遊魂の内卦を変じた帰魂の卦䷇である）。京房に果してそのような説があったかどうかも不明であるし、あったとしても、彼の思想の最重要の部分ではあるまい。そこで宋の晁公武《ちょうこうぶ》（郡斎読書志）は、現存京房易伝をば、隋書・経籍志に見える周易錯卦にあてているが、周易錯卦という書物自体、漢書に見えず、隋書に始めて出て来るので、漢以後の偽作でないとは保証し難い。私は今、現存の京房易伝を疑問のまま考慮外に置き、五行志の京房易伝のみを取りあげる。時代からいっても内容からいっても信憑性の度は、こちらが遥かに高いからである。ただ五行志の京房易伝はもっぱら災異を説いていて、あるいは芸文志の災異孟氏京房にあたるかとも思われる（またこの京房易伝の中に妖辞日として引用した部分がある。この妖辞を、漢書注釈者李奇は、妖変伝の文句だという。妖変伝の書名は隋書にも見えないので、これまた何ともいえないが、京房の学風からして、そうした作があっても不思議ではない）。

五行志に引かれた京房易伝は、もとより断片的なもので、何の卦のことか解らないばあいも多い。次ぎに、その中で比較的わかりやすい例を挙げる。

京房易伝に曰く、復、崩来、無咎。上より下ることを崩となす。その応は、泰山の石顚《くつが》えって下り、聖人は命を受け、人君は虜《とりこ》となる。

これは復卦の卦辞の一句である。ただし他のすべてのテキストでは、「朋来无咎」と書かれている。朋友がやって来るが咎なしの意味である。しかるにここでは「崩れ来る」となっている。五行志の作者がこれを引いたのは、元鳳三年（B.C.79）、泰山の南に、誰とも知れぬ数千人の声が聞え、四十八抱えもある大石が自然に直立する、という災異に対する解釈としてである。この災異は有名なもので、京房もこれに基づいてこの「応」を書いたと思われる。この災異の時、春秋学者眭孟は、これを解して「石は陰であり民である。泰山は革命を天に告げる場所である。ここに石が立ち上るというのは、民であって王者たるべき者がおるという天の知らせであるから、天子はまさに位を退くべきである」と上言して、不敬罪に問われ、死刑になった。京房易伝の「聖人は命を受け、人君は虜となる」というのは、眭孟の

意見によっていると見られる。また、

父の蠱《こと》に幹たり。子ありて考《ちち》は咎なし（蠱初六）。子の、三年父の道を改めざるは、思慕していとまあらず、また先人の非をあらわすをはばかればなり。しかせずば私（気まま）となす。その妖は、人死してまた生く。一に曰く、至陰、陽となり、下人、上となる。

これは一番まともなほうである。蠱の卦辞を解釈して、父の死後三年間は、たとえ父の習慣が過まったものでも、これを改めない、という孝子の心構え（論語学而篇に見ゆ）を説いたものとする。ここまではきわめて儒家的である。しかしその次ぎが変っている。この道徳に違反した時の妖《あやかし》として、死んだ父が怒ってよみがえる、もしくは、下人が君主をしのぐようになる。最も陰なる死者が、安らうことをえずに陽に転ずる、ということは、反応として、最も陰なる下人が、陽なる上に転ずる、という現象を惹起する可能性がある、というのである。五行志の作者は、この文を、建平四年（B.C.3）及び元始三年（A.D.3）にそれぞれ起った、「早過ぎた埋葬」事件の解説のために引用しているが、この事件はいずれも京房死後のことで、京房易伝のここの文は、前者のようなよりどころをもつものではない。

このように奇怪な易解釈が、当時易学の最先端を切って、もてはやされたというのも、時代の空気を考えれば不思議ではない。「経術の士」が登用されるのは、災異に明らかであるが故である（夏侯勝伝）。丞相の丙吉が、微行して街を視察した際、街上の私闘を咎めずに、牛の喘ぐのを見咎めた。丙吉の言い分はこうである。私闘は一司法官の管轄であり、丞相の関知するに及ばぬことである。暑くもないのに牛が喘ぐのは陰陽の気が狂っていることを示す。これこそ「陰陽を燮理《しょうり》する」丞相の責任である（丙吉伝）。天と人との相関は、まじめに信ぜられた。当時の学者はこれに命をも賭けた（眭孟）。こういう風潮は前漢でも末になるほど、ますます強くなる。漢書・成帝本紀に次のような記述がある。「建始三年（B.C.30）十月に、九歳の少女陳持弓が皇宮の中に入りこんで、大膳職のところまで入って、やっと捉まった。それまで門番は気がつかなかった」そして五行志には「少女であって宮殿に入りこむというのは、下人が后の引きでお側近く出世するという前知らせである。少女の名が持弓というのは周を亡ぼした美人褒姒《ほうじ》が弓売りに拾われて育ったのと同様の悪い前兆である。易にも、弧矢《ゆみや》の利、以て天下を威《おど》す、とある。丁度、王太后の弟王鳳が、天下を威《おど》す勢を示している時で、陳持弓の事件はその前兆である」という。子供が御所にはいりこんだというのは、門番の怠慢から起りうることであるが、それが何かの妖《あやかし》と信ぜられ、記録されるところに時代の空気が感ぜられる。天人思想がこれほど流行するに到ったについては、経学だけでなしに、拍車をかけるものがあったのである。讖緯《しんい》がこれである。

讖緯　緯書は、後漢の張衡のことばによれば、漢の哀帝平帝のころ（B.C.6-A.D.5）に流行したという（後漢書・本伝）。緯の原義は横糸である。経という字が、もと縦糸の意味であるところから、経書をたすけてその内容を布衍するものとして、名付けられたものである。讖は予言である。で、讖と緯とは、字義からいって別物のはずであるが、現在残っている緯書の断片を見ると、たいてい予言的要素を含み、事実上両者を分けることはできない。

緯書は、題名からして奇怪で、荒唐無稽な理論を述べているが、よく見ると、必ずしもすべてが新奇な要素ばかりではない。春秋緯元命包の星座の説明は、左伝の分野説に陰陽五行説をかみあわせたものであるし、人体の寸法を天文に結びつける説も、もとは韓詩外伝（巻1）、大戴礼《だたいれい》（易本命）、淮南子（天文訓）などに見える考え方の複雑化である。楽緯の五音の説明は、五行説からそのまま発展したものであり、詩緯汎歴枢《はんれきすう》の四始五際は、翼奉の説の発展であろう。ただ、緯書の緯書たるゆえんは、予言宗教的な色彩である。孔子は黒帝の精が人間の胎を借りて生れた、神秘的な超人、予言者である。魯の哀公の十四年、西に狩して麟《きりん》を獲《え》た（春秋に見ゆ）。それも樵人《きこり》に獲られた。孔子はこれでもって、漢の劉氏が興ることを遥かに予見し、それに至る間の人民の苦しみを思うて涙を流した。麟は木の精である。周は五行で木徳の国であるから、麟が獲られたことは、周の亡ぶ前兆。しかもこれを獲たのが薪を取る樵人《きこり》である。薪は火を作るもの、火徳の命をになった庶人が、周にとって代るのである。東から西に狩したのであるが、東は方角で言えば卯、西は五行で言って金にあたる。麟を獲得したその武器は刀。その卯、金、刀の三字を合わせると劉という字になる。つまり火徳の王者劉氏が周にとって代ることになる。なお麟を獲たあと、魯の端門に、血で書いた書きものが天降って来た。「すみやかに法を作れ。孔聖は没《みまか》り、周姫（周王朝の姓は姫）は亡びん。彗《ほうきぼし》は東に出で、秦の政（始皇帝の名）起らん。胡（二世皇帝の名は胡亥）は術を破り、書紀は散るべし。されど孔（孔子）は絶えざらん」弟子の子夏が翌日見に行くと、書きものは赤い烏となり、さらに白い書き物に変った。それは演孔図と題せられ、中に神秘的な図があった。孔子はこれを見て春秋を作ったのである（公羊伝・哀14・何休の

注）。赤い鳥とはやはり火徳の漢の象徴であるから、この鳥が春秋の基になったということは、孔子の春秋が漢王朝出現を予想して書かれたことになる。「孔子は春秋を以て新王に当てたり」（公羊宣16何休注）というのも同じことである。

孔子がだんだん持ちあげられて超人的なものになってゆく傾向は前からあった（韓詩外伝など）。漢の受命を、五行説によって必然的な現象と説くことも以前からある（既述）。しかし孔子を予言者とし、漢の出現を三百年前に予言したとするほど大胆な試みは緯書にしか見られない（公羊の何休の注は緯書を多分に取入れての説である）。緯書のようなものが何故に起ったのであるか。

大体、経学には今文《きんぶん》学と古文学とがある。これより先に秦の思想統制で、経書を所持したり読んだりすることを禁じたが、その弾圧下でも、あるいは書物を壁に塗りこめ、あるいは秘かに口伝えたりして、経書の命脈は保たれて来た。漢に入って、これら文化遺産を蒐集しようとするとき、自然二通りの方法が生ずる。口伝えのものを筆写するか、壁の中から古書を掘り出すかである。前の方法をとれば、筆記者は当然、今の書体（隷書）で記録する。これが今文《きんぶん》のテキストであり、これでもって経学を研究するのが今文学である。後者は当然古い書体（篆《てん》書）で書かれている。これが古文のテキストであり、このテキストで研究しようというのが古文学である。今文も古文も、書体が異るだけで、内容は一致すべきはずであるが、実は学問の内容にまで差異を生じて来る。何といっても今文のテキストは読解が容易であるだけに、自由な立説を附け加える余裕があって、政治面に働きかけることも可能である。古文学は、テキストが読み難いから、訓詁考証に腐心して、それ以外に出ることがむつかしい。で、前漢を通じて、学界の表面に立って活躍して来たのは今文学である。しかるに前漢末期になると、より学問的なだけに、古文学の評価が上って来て、今文学の地盤を浸蝕し始める。

それに、それよりも一層身近かな脅威として、斉の方士の隆盛ということがある。方士の宗教は、道家を卑俗化した理論に、民間の山の信仰、養生家の術数などを混合して作り上げたものである。すでに武帝のころ、仙人を求め、不老不死の仙薬を作る、と自称した方士たちが現われている。道家の理論は、肉体の永遠を願うものではなく、反対にそうした執着からの解脱《げだつ》を説くものであるが、方士たちは、荘子が譬喩として述べた藐姑射《はこや》の山の仙人（逍遥遊）を、皮相にも現実にあるものとし、今の肉体そのままの持続の道を研究する。そのため、荘子がむしろ軽く見た養生法（刻意）も、大切なものとなる。しかし、方士の理論が、いかに卑俗で無意味であっても、死の怖れを前にした人間の弱みに対しては、強い美酒である。ことに絶対の富貴と絢爛の功名を誇る帝王が、おのが無限の権力をもってしても、ただ一ついかんともしがたい老と死とに面して、ことのほか焦躁を感ずるのは自然である。ここに方士たちは帝王の寵を独占するようになる（しばしば化けの皮を剝がれて殺されはするものの）。

かくのごとく新宗教と古文学に挟撃された今文学は、この敵にどう対抗すればよいか。学問性は古文学に劣る。宗教性は由来儒教に欠けている。そこで、やむをえず、陰陽、五行、星占、天人相関説を、いやが上にも盛りあげ、階級制国家を謳歌し、漢帝室の受命必然性を喧伝し――つまりそれでもって今まで政治的に成功して来た諸要素をさらに強化し、その上に、孔子を予言者に仕立てて宗教的色彩を附加することによって、対抗しようと図った。それが緯書となって結実した。儒教の歴史がいつもそうであるが、ここでも今文学は、敵の武器をひそかに借りて来て自分の武器としようとしたのである。無論、方士の不老不死の術が端的に裸かの人間の悩みに触れているのに対して、緯書の孔子の偶像は、全く個人に関わりのないもの、せいぜい漢王朝への神の恩寵を証明するのに役立つだけであるが、儒教の本質的な性格から、この程度の宗教性しか造り出すことができなかったのである。其の他、部分的には、方士のもつ要素をそのまま借りて来たようなところも見られる。詩緯含神霧に、仙人の明星玉女、仙薬の白玉膏を説き、竜魚河図に病気を避ける方法、子を作る方法を説く。河図絳象や河図玉版に説く空想的な地理も、あるいは方士の説であったろう。

それに、個人に関わりのない宗教性、国家にのみ繫《か》けられた宗教性であっても、これはこれなりに受け容れられる可能性はあったのである。武帝以後漢末へかけて、財政の逼迫、社会の矛盾が露わになって来て、誰もが衰世の自覚を持つようになって来ている。そうなると五行説などは、国家興隆期においてこそ、おのれの受命の必然性の証明の道具としてのみ意識されて、その逆は考えられなかったのが、そろそろ逆の方向、おのれの王朝の滅亡の必然性を説くものとしての面が念頭に昇って来る。天と人との相関関係を機械的必然論的に説いて来たその考え方が、ここで暗い終末観となって顔を見せる。後漢においてもそうである。

おのが勝利の必然性を説くものとして登場した讖緯が、末期にはおのが滅亡の必然性を示すものとなって来る（後漢書・張衡伝・李雲伝）。これは必然論のもつ避けがたい困難である。このような暗い宿命観におののいている時代の支配者に対して、緯書はもう一度自分がいかにして天下に君臨するようになったかという方向の必然論を執拗にくり返すことによって、前の影に向けられた目を、すでに後ろに退いた光の方向に振り向けさせようとするのである。緯書の宗教性とは、いわば瀕死の支配者への、気休めの麻薬の効果を狙うものであった。

成帝の時、斉の甘忠可が偽造した天官暦包元太平経十二巻がある。これは、「漢は、天地の大いなる終りにあって、再び天から命を受けるはずである。それで天帝が赤精子を下して教えさせた」その道を説くものであった（漢書・李尋伝）。天地の大いなる終りというところ、いかにも前漢の衰亡の予感を前提にしているが、再び命を受けると誇大広告で支配者を喜ばせようというものである。この書は禁止されたが、夏賀良、李尋らに受けつがれる（赤精子は火の精霊の意で、火徳の漢の守護者であろう。孝経緯援神契に、哀14の麟をえたきこりの名が見える、姓は赤誦、名は子喬である。赤精子、赤誦、これは仙人の赤松子と同音で同一のものであろう。子喬は仙人王子喬からとったものであろう。ここにも方士と讖緯の関係を見うる）。夏賀良らはこの書を信じ、哀帝に向って、「漢の歴は中ごろにして衰えたり。まさにあらためて命を受くべし」と説いた。病める哀帝はこれを聞き入れて「天のおおいなる命を受け、必ず天下と自ら新にせん」ものと、太初元将と改元し、陳聖劉太平皇帝と自称したが、病気も治らず、漢はますます衰亡に向ったのである（李尋伝）。しかし讖緯のこのような性格は、王莽の簒奪においても、受命の証明に利用され、後漢に流れこんだのである。

以上は緯書の一般的な特徴である。易経に対する易緯においては、孔子に漢の出現を予言させるような理論はほとんど見当らない。易経自体が未来を予見するものであり、無理に予言宗教を附会する必要を認めなかった故であろうか、むしろ経を助けるという字義にかなった、穏当な理論が比較的多い。乾鑿度に、

太易あり。太初あり、太始あり、太素あり。太易とは未見の気なり。太初とは気の始めなり。太始とは形の始めなり。太素とは質の始めなり。気・形・質そなわって未だ相い離れず。故に渾淪《こんろん》という。渾淪とは、万物相い渾成して未だ相い離れざるをいう。之を視れども見えず。之を聴けども聞えず。之に循えども得ず。故に易という。

これは繫辞の太極から布衍して、天地陰陽以前の本体を説明しようとする文で、明らかに道家の言葉を借りている。老子は、見えず、聞えざる本体を「夷」と呼んだ。古い音では「易」と「夷」とは同じである。そこで本来なら「故に夷という」とあるべきところを易に置き換えて、易経の徳をたたえる文としたものであろう（なお列子は魏晋時代の偽作であるが、この文を取り入れている）。易の名が変易、不易、簡易の三概念を含む、という鄭玄《じょうげん》の解釈も、基づくところは乾鑿度にある。繫辞伝は、卦の位を階級にかけて、これを礼讃した。乾鑿度はさらに六爻の各々の位に階級を割りつけている。初が元士、二が大夫、三が三

四 巽☴	九 離☲	二 坤☷
三 震☳	五 中	七 兌☱
八 艮☶	一 坎☵	六 乾☰

公、四が諸侯、五が天子、六が宗廟である。さらに乾鑿度には、太乙九宮の法というものがある。九つの宮のうち、周囲の八つは八卦の宮である。北極星の神、太乙が、順次にこの九宮をめぐって宿るというのである。この起りは、礼記・月令に見える。天子は季節の移り変りに応じて、春は青陽、夏は明堂と、居処を変えるべきだとの考え方にある。そして九宮の数は魔方陣になっていて、縦横とも合計十五になる。これは数の神秘性をこじつけたもので、のち宋の易学では、これを先天図として尊び、さらに俗信の九星（五黄とか六白とか）もこれを利用したものである。奇妙なことに、後漢の張衡は、讖緯をば口をきわめて排撃するのであるが、「九宮のみは讖緯ではない。正統の易説である」と主張する。清《しん》の胡渭《こい》は、宋の先天図を解剖して、その偽作であることを証明した人であるが（易図明弁）、その際、張衡の讖緯排撃論を大いに利用している。そこでどうしても張衡の言を正当化せねばならぬ。そこで胡渭は「張衡のいう九宮は乾鑿度の太乙九宮法ではない。明堂のことである。天子が季節に応じて明堂の九つの室を移り住まうことである」という。しかし古く明堂を九宮とよんだ例はない上に、天子が明堂九室をめぐるという考え方が、逆に太乙九宮を経過してできたとも考えられる。で、胡渭のこの主張は、公平な議論とは受け取れない。もし張衡の言を信ずるとすれば、胡渭のいう方向にではなく、次ぎのように考えるべきである。「太乙九宮法は乾鑿度の中に記載されてはいるものの、それは讖緯流行以前の理論、孟・京の易学の中にあった理論である」と。

右の九宮法がすでに天文と易とが結合してできたものであるが、易緯はすべてこの要素、いわゆる卦気を説く。しかもそれが易緯の理論の最大部分といってよい。卦気は孟喜・京房の主要理論であった。易緯通卦験などを、断片的に残っている孟・京の説と比べて見ると、全く一致する。無論緯書のほうが詳細にはなっているものの、本質的には孟・京の易学の延長である。京房が好んで説いた災異も、緯書の中にそのまま見られる。後漢書・方術伝などで見ると京房の六日七分は、あたかも讖緯と同類のもののように扱われている。

緯書の用いる暦は、太初暦もしくはそれ以後の暦である。後漢書・律暦志に「太初の改元改暦（B.C.104）にあたって乾鑿度の八十分の四十三をもって日法となした」とあるが、事実は逆である（乾鑿度の製作年代はもっとあと）。乾鑿度が太初暦によっているのである。また暦によって二十四気の順序がちがう。月令、夏小正を始め、漢初の暦では、啓蟄《けいちつ》が正月中、雨水が二月節である。しかるに太初暦以後、雨水が正月中、啓蟄が二月節と変更され、唐代に至っている（困学紀聞・暦数）。易緯通卦験では、まさに雨水が先で啓蟄があとになっている。さらに三統暦までは穀雨が先で、清明があとであったのが、三統暦以後、清明、穀雨の順になった。通卦験ではまさに清明、穀雨の順である。これで見ると、易緯の卦気説は、常にその当時の暦に基づいて説を立てている。これは易に限らず、すべての緯書がそうであるらしい。春秋緯命歴序には、孔子が春秋を修めるのに殷の暦を用いたといい、その暦法を示しているが、唐の僧一行によれば、その内容は殷の暦どころか漢の四分暦と同じである（新唐書・律暦志）。つまり殷の暦と称しながら、当時通行の暦法を用いているのである。

卦気は、易と天文学との結合によってできたものである。天象がそのまま政治と平行すると信ぜられ、易がその両者の因果関係を投影するものと自認するからは、易学と天文学とは、当然手を握らねばならなかった。この天文暦数との結合は、他の経書についても見られる現象であるが、とりわけ本来数理的な易においては、最も自然になされた。要するに天人の相関関係を解析するものとして、孟・京の易と易緯、そして天文学、これらは不可分の関係にあるのである。春秋緯説題辞に見える易の定義「易は気の節、五精を合せ、律歴を宣《の》ぶ。上経は天に象《かたど》り、下経は歴を計る」を見るがよい。

　易学が天文学から知識を借りたばかりではない。前漢末、易の地位が経書中でも最高にまで昇ると、逆に天文学自体が、易の数理を借りて自説を権威づける現象が見られる。劉歆《りゅうきん》の三統暦がそれである。由来、基準音階の黄鐘の律長（笛の長さで音の高さをきめる）は史記（律書）淮南子（天文訓）に見える通り、八寸一分であった。三統暦ではこれを九寸に改める。劉歆のいうところでは、九は十一月、乾䷀の初九に当る。九はいうまでもなく陽の数であるから、天統であり、万物の元である。黄鐘を九寸とすると林鐘は六寸で、六月、坤䷁の初六にあたる。六は陰の数で地統である。太簇《たいそう》は八寸で八卦に象《かた》どる。これが人統。天地人合わせて三統暦とよぶのである。元始年間に劉歆らが度量衡の書物を編纂したことがあるが、劉歆のいうところでは「之を古今に稽《かんが》え……之を経伝に考うるに、みなその実を得たり」と。「衡権《はかり》の単位十八は易の筮竹の操作十八変に象どり、一斤が三百八十四銖《しゅ》であるのは、易二篇の爻、陰陽変動の象によって作った」という（漢書・律暦志）。これは漢代だけではない。漢代の狂気のような天人思想の背景をもたぬ時代においてすら、この風がある。唐の僧一行の暦は大変すぐれたものであるというが（新唐書・律暦志）、それすら一々易の数を引いて自説に権威を附けようとしている。これは、繋辞がすでにそうだったが、さらに前漢易学における天文学との結託が甚だ密接であったため、易の数理がそのまま天文の数理である、というような観念ができ上ってしまったからである。そこで、全く科学的であるべき、しかも科学の貧困な中国では、最も進んだものである暦学においてすら、このような経書による権威づけをする必要がある、ということは、経というもののもつ、きわめて広範囲な、論理の源泉としての性格、証明を要せざる本有真理的な権威性を物語るものでもある。

費直　前漢の易学は今文学が大部分であるが、古文学のほうにも高相、費直の二家がある。古文学が今文学と学風がちがうといっても、方法論的に全くの別物ばかりではない。高相の易学は、今文の孟・京と同じく、災異を説くものである。これは、劉向《りゅうきょう》、劉歆《りゅうきん》父子が、古文学の頭領でありながら、やはり災異を信じている（漢書・本伝、五行志）ことを考え合せれば不思議でない。ただ費直の易学は特色のあるものであった。劉向は、費直の易テキストが、中古文（宮中図書館の古文テキスト）と全く一致して誤脱がなく、他のどのテキストよりも優れていると褒め、なおその学風として、注釈を作らず、十翼だけで経文を解釈するものであった、という（漢書・儒林伝）。中古文というものが果して実在したかどうかも疑問であって、費直のテキストに対する劉向の賞讃も、劉向が古文学の鼓吹者であることを考えれば、そのままには受け取れない。ただ費直の方法、十翼だけで経を解しようとするその方法は、たしかに一見識である。

太玄　前漢易学の最後に、擬経（経のイミテーション）の太玄《たいげん》について一言する必要がある。揚雄（B.C.53-A.D.18）は会稽の人。若い時不遇であったが、自信が強く、自分を孔子になぞらえ論語に代るものとして法言を、易に当るものとして太玄を作った。簒奪者王莽に媚びて世に出たのであるが、符命の事に連坐し、捕われようとして、塔から飛び降り、腰を抜かすなど、節操においては悪名を残したが、その才は、後漢の王充（論衡・定賢など）をはじめ、後世から高く評価される。

太玄は全く易になぞらえたものであるが、玄の字が示す通り、それに老子の気分を加えている。易の繋辞伝に相当する玄攡《げんり》は次ぎの文に始まる。

玄とは万類を幽《ひそか》に攡《の》べて形を見ざる者なり。虚無を資《と》り陶《つく》ねて規を生じ、神明に攔《つ》いて摹（模）を定む。古今を通同して以て類を開き、陰陽を攡措《のべお》いて気を発す。一たび判《わか》れ一たび合いて、天地備わる。天日迴り行きて、剛柔接《まじ》わる。其の所に還《かえ》復りて、終始定まる。一たび生き一たび死して、性命瑩《あきら》かなり。

最初の方言辞書「方言」の著者であり、すぐれた賦（韻文の一形式。絢爛たる字面を生命とする）の作家であるだけに、太玄の文も、ことさらに奇異な文字を用いている。右の一節を繋辞伝冒頭と比べると、構文までそっくりである。

玄は展開して、陰陽の変化、昼夜の変化となり、牝牡の道となり、君臣父子兄弟夫婦の道ともなる。玄は卓然として人に遠大の道を示しながら、それ自体は沈黙のまま、すべてを包んでいる。人が好みながら足らないものは善、人が悪《にく》みつつ余りあるものは悪である。玄自体は黙って動かないけれども、君子が、もし足らざる善を補い、余ある悪を捨てるならば、彼は玄に近づきうるであろう。玄は実践の徳目にも展開しうる。見てこれ（玄）を知ればそれは智、これ（玄）を愛すれば仁、これを決断すれば勇である。さらに天地が位を定め、神明の気がそこに通うとき、玄は一となり、二となり、三となって、九区（宇宙）の中をあまねく流れつつ、千変万化して、尽きることがない。しかもその間、天地の位に応じて貴賤の序列が定まり、四季の交代に則って父子の相続がなされ、律暦の規則のごとく君臣の関係が整い、不変と変化の交錯につれて万物が分れ出、吉凶が現われる故に善悪が明らかになる。かかる玄とは、決して人間に遠いものではない。一年のうちで冬至、一日のうちで夜半以後は、玄に近い相《すがた》であり、夏至と正午以後は玄に遠い。その証拠に、日が南に行けば万物は生じ、日が北に行けば万物は死ぬではないか。

右の玄攡の叙述において、玄の字を易の字に置き換えれば、繋辞伝の文そのままである。ただ注意しなければならないのは、太玄の玄が、老子の用語を借りてはいるものの、老子の玄とは内容が変って来ていることである。老子の玄はすなわち無である。太玄の玄は、仁や智、父子君臣の義理に展開するが、老子ではそうした道徳一切を排除するのが本領であるから（この点だけでいえば、太玄の玄は荘子天道、淮南子の立場に近い）。それに、冬至が玄に近く、夏至が玄に遠いということは、玄を無に近いもの、陰陽でいえば陰的なものとしているようだが、それであると、玄測（測は易の小象にあたる。玄測は玄の解釈）の「盛なるかな日や。炳《へい》として明らかに離《り》として章《あや》あり。五色の淳なる光あり」と矛盾する気味がある。玄を陰陽の奥にある「無」的存在として定義しながら、しかも、太玄全体の天文学的構成からして、玄は、四季の推移のうちにある物質的、気的なものでもあることになる。そこが矛盾のもとである。総じて太玄の、易に即《つ》きすぎた叙述が、かえって易よりさらに底の浅い感じを抱かせる。玄瑩《おう》（これも易の繋辞にあたる）に「天の経を立てて曰く、陰と陽と。地の緯を形づくって曰く、縦と横と。人の行を表して曰く、晦と明と」は、易説卦伝の「天の道を立てて曰く、陰と陽と。地の道を立てて曰く、剛と柔と。人の道を立てて曰く、仁と義と」を模し、「天地は順なるに福して逆なるにわざわいし、山川はひくきに福して高きにわざわいし、人道は正しきに福してよこしまなるにわざわいす……天地の貴ぶ所を福という。鬼神の祐《たす》くる所を福という。人道の喜《この》む所を福という」は、易の謙卦の彖「天道はみちたるを虧きて謙なるに益し、地道はみちたるを変じて謙なるに流れ……」に倣ったものであるが、文章は易より凝《こ》っていながら、内容的に浅薄の感を免れない。

太玄の卦爻の組み立ては、易とやや異なっている。易の卦は太玄では首、易の爻は太玄で重とよぶが、易の一卦が六爻から成るのに対して、太玄の一首は四重から成る。𝌆これは「中」と名づけられる首である。この四重は、上から方、州、部、家とよばれる。方州部いずれも行政区域のよび名であるから、この点易よりもやや現実的である。各々の重⚊は、分れて⚋となり、さらに分れて𝌀となる。三種類の重が四つ積まれるのであるから、一方一州一部一家の𝌆中から、三方三州三部三家の𝍖養まで、合計八十一とおりの首が出来るわけである。この一が二になり三になるのは、老子の「一は二を生じ、二は三を生じ、三は万物を生ず」(42)に基くものであろう。この四重に対して、易の爻辞に相当する賛が九つある。初一、次二、次三、次四、次五、次六、次七、次八、上九。易では爻に⚊⚋の二種があった。それは陰陽とか剛柔とかの属性を示した。太玄では重に⚊⚋𝌀の三種があるが、これは陰陽というようなものでなく、より具体的に、一つの家（又は部、州、方）が二つの家（部、州、方）に、又三つの家（部、州、方）に殖えてゆくことを示すだけである。しからば陰陽の観念がないのかというと、そうではない。各首の字句を見ると、すべて陰陽二元論でもって説かれている。例えば𝌶（三方三州三部一家）逃の首に「陰気は牽強し、陽気は潜退し、万物まさに亡びんとす」というふうに。であるから、⚊⚋𝌀の形と、陰陽の観念との間には直接の関係はない。本体の玄が陰陽となって現象面に展開した、その具体化の痕跡が、あるいは一家、二家、三家となる。重の形はその痕跡を定着したもの、首の文字は裏に流動する陰陽のもつれを説明したものなのである。で、九賛の各々は四重のどれにあたるということもないのである。

賛の文句にしても、易に模倣した部分が多い。𝌬（二方二州一部三家）居の次四「豕《ぶた》の堂に在るを見る。狗は之が迒《あと》に繋《つづ》く」というのは、易の睽《けい》上九「豕の塗《どろ》を負うを見る」を、もじったようであり、逃の次四「喬木をこれ縦《と》れば、飛鳥これを過ぐ」の後半は、易の小過上六「遇わず之を過ぐ、飛鳥これにかかる」から取ったものであろう。また老子に材料を求めたものもある。例えば𝌜（一方三州二部二家）夷の次二「柔かなればなり。嬰児ここに号《さけ》べど、三日嗄《か》れず」は首名からして老子の用語であり、文句も老子の「含徳の厚きこと赤子に比す……終日号べど唖《か》れず、和の至りなり」（55）を借りていること、一目瞭然である。かような点を見ると、太玄の文章の奇抜さ、華やかさ、いかにも作者の才気と苦心をうかがわせるが、内容的には、必ずしも全く独創的とはいいにくい。

　揚雄の最も得意とする点は、おそらく別の特徴にある。𝌆から𝍖に到る八十一首の展開の方式である。これは実に整然としていて、易の六十四卦の序列の気まぐれなのとはちがっている。さらに、八十一首の賛の数七百二十九は、二分すれば三百六十四と二分の一になる。太玄ではこれに踦《き》賛（二分の一）と嬴《えい》賛（四分の一）を加えて、三百六十五と四分の一。易の三百六十爻（繫辞伝で算出された一年の概日数）よりさらに正確に、一年の日数に象っているのである。しかも八十一首の前半は陰で、後半は陽、これは天地の消息に準じているという。揚雄としては、易の構成が天の動きに模しながら、なお不規則であるのにあきたらず、より整然と宇宙の構造に合致した、新しいメカニズムを作るのが目的であった。彼みずから、太玄は太初暦によっている、という。彼もまた、孟・京の易学以来伝統的な観念に憑《つ》かれているのである。

　ところで太玄のもつ規則性、すなわち方州部家の地上の世界の展開の規則正しさ、それと照応する天象との整々とした合致、さらには首、賛の性格の整頓していること、これらの規則性は、易の本来の面目とだいぶ趣を異にするものである。繫辞伝に易をたたえて「典要をなすべからず」という。朱子は、太玄を貶して、典要をなすべき書であるという（語類

76)。易は前章に述べた通り、成立条件からして、典要（法則）を立てがたい気まぐれな性質を具えている（吉卦必ずしも吉ばかりでない。位のよしあしも法則を立てにくい。卦の序列も無計画である)。その点が、かえって易の興味を支えているのである。その点、朱子の批判はまさに急所を突いている。しかし、一歩退いて考えるならば、揚雄の時代の易学者で、「典要をなすべからざる」易を説いた者が果してどれだけあったであろうか。孟喜、京房、易緯、前漢易学の主流をなすこの一聯は、すべて易を天と結びつけた。天の機械的運行に結びつけ、易を必然論的因果の書としてしまった。そういう伝統のあとを受けた揚雄の作が、こうした形になるというのも、逃れられぬ運命であった。

第二節　後漢の易学

〔梗概〕後漢は、中国の歴史の中で、儒教が最も熱心に、奨励され、実行に移させられた時代である。前漢で植えつけられた根がちょうど花を咲かせる時間的な位置にあること、都が儒教の本場に近いこと、建国当時の支配層が知識人だったこと等が原因である。で、この時代の人は、忠義で、孝行で、禁欲的で、およそ儒教の規定する道徳律から一歩もふみ外すまいと、小心翼々としている。ここでの儒教は無論、国家の絶対主義的な要請から、原始儒家よりも厳しい規範的なものである。

鄭玄《じょうげん》の学問は、それまでの儒教研究の総決算というべきもので、すべての経書について矛盾を生じないように、綿密な考慮を払って、一字一句に慎重な解釈を下したもの。訓詁学における、考えうべき最も完全な整理である。それは経書の世界を、それ自体で完成した矛盾なきものと考えることから出発しているもので、ちょうど、この時代の偽善的なまでに人倫のきちんと整った気分を反映している。だから鄭玄の易解釈も、経文の一字一句に対して、その卦の形が代表しうるあらゆる象徴をさがし出してあてはめる。こじつけであるが、こじつけかたも、古典に典拠を求めてであって、礼学者だけに、礼の引用が多い。

荀爽《じゅんそう》も、ある卦の文句に、甲なり乙なりの文字が出て来ると、その卦の形に、甲、乙のものがなければならぬとする立ち場であって、その卦の表象に甲、乙がないと、爻を入れかえてまで、甲、乙のものを卦から取り出そうとする。一種の理想主義であって、やはり時代の風気が影響していないか。

虞翻はそのようなこじつけの最も徹底したもので、爻を動かしたり、陰陽正反対の卦を借りて来たり、あらゆる方法を講ずる。三人いずれも、その卦の形と文句の一字一句に具象的な聯関があると前提するからである。

経学時代　後漢（A.D.25-195）は経学時代である。「公卿大夫より郡県の吏に至るまで、みな経に明らかに行の修れる人を選用し、虎賁《こふん》（近衛）の衛士も皆孝経を習い、匈奴の子弟もまた太学に遊ぶ。ここを以て教は上に立ち、俗は下に成る。……三代既に亡びてより、風化の美、いまだ東漢の盛んなるに若《し》く者あらず」という宋の司馬光のことば（資治通鑑《しじつがん》・巻68）は、よく時代の性格を描写している。儒教が国教として奨励されるのは、前漢以降各王朝共通の現象であるが、何故に後漢に盛んであったか。

　前漢の経学は、国家草創の指導理念として、現実面に働いた。ことに易や春秋は、その点で生きていた。しかし、それだけに、時代の流れを追うのに精一杯で、教科としての安定性をもつには至らなかった。人々すべての教養として滲透するまでにはなっていない。史書に載っている、前漢の士大夫たちの上奏文を見ても、板についた経書の素養は、せいぜい論語ぐらいで他の経書はそれほどこなされていないことがわかる。まちまちな経義の統一ということも、当然国家の手でなされるべきであったが、それが粗略ながらもまとまった成果となるのは、後漢の白虎通（A.D.79章帝が儒者を集めて作らせた、経学の重要諸問題の定義集）を待たねばならなかった。前漢一代では、まだ、一般に滲透するのに、時間が足りなかったのである。しかも後漢は王莽（前漢末の簒奪者、A.D.8-23位にあり、国号を新という）の性急な改革――豪族の手に落ちた租税源、農村協同体を一挙に取りもどすという――の失敗に乗じて立っただけに、支配層が、建国当初から、豪族、旧士大夫層出身である。教養人である。前漢初期の野人とはちがう。一般に前漢よりか士人層の厚みが殖えている。それでいて、六朝唐のような門閥の形成は、潜在的に進行はしていても、まだ社会の表面まで現われていない。儒教が、天子を頂点とする階級制度を、家族道徳を根幹とする郷党の自治を、さらに、郷党の中の学問徳行ある者すなわち士の登用を主張するものである以上、後漢の社会的条件は、まさに儒教支配のモデルケースであるにふさわしい。ことに都は洛陽である。「山東は相を出だし、山西は将を出だす」（漢書・辛慶忌伝）というが、教養人の多いこの地方に、国家の中心が移動したことは、儒教の普及に、より便利であった。

かくて儒教は、社会の末端にまで、実践面にまで、滲透していった。前漢を春秋と易の時代とすれば、これは孝経の時代である。郭林宗は、ある貧しい男が、客に菜を食わせ、母に雞を食わせているのを見て、これを抜擢した（後漢書・本伝）。許荊は、兄弟で遺産を譲りあって取らない者を推薦したが、一郡みな兄弟譲り合うという滑稽な事態さえ生じた（後漢書・本伝）。絶対主義的官僚国家において、かように孝悌を特に奨励する理由はどこにあるか。孝は、国家に対して、むしろエゴイスチックな倫理ではないか。この疑問に対しては「忠臣を求むるには、孝子の門に於てせよ」（孝経緯）の一句が雄弁に答えてくれるであろう。孝は人間性に自然な感情の倫理であるが、統治の手段として考えられた孝は、規範的な意味をもってくる。上への絶対服従の心術を養う役割りを荷なうのである。「父、父たらずば、子は子たらず」（漢書・武五子伝）が「父、父たらずと雖も、子は子たらざるべからず」となって来る。上から下への一方的道徳となる。この時代の孝行物語が悲劇的な異常性を帯びているのも、その点で不思議ではない。家庭内にまで絶対主義が影を落しているのである。故に夫婦すらが対等のものでなくなる。士大夫は「家人を遇すること厳君の如く」するのがよしとされ（後漢書・張湛伝）、小作人の夫婦でいて、妻が夫に膳を目八分に捧げもつものがある（逸民伝の梁鴻）。朋党のような横のつながりは、国家に対して遠慮せねばならぬ（されば党人の争いは、国家権力が地に落ちた末期に始めて起る）。このころの士大夫は、清廉で、名節をたっとぶこと、他の時代に超えるものがある。第五倫は人から、「あなたにも私情がありますか」と問われて「或る人が仕官の世話を頼んで、千里の名馬を贈ってよこしたことがある。受けはしなかったが、その馬が惜しくて、官吏銓衡のたび思い出した。また兄の子の看病をした時は、心配はしても眠れぬことはなかった。それが自分の子の病気だと眠れない。これは自分にも私情があった証拠で恥しい」と述懐している（本伝）。こうした厳しさは、まず儒教倫理の極致といってよい。しかしこうした君子人の社会は、りっぱではあるが、潤いのない窮屈なものである。彼らの趣味生活までが、雅歌投壺といった儒教の教義から一歩もはみ出さぬ貧しいものである（祭遵伝）。芸術面の収穫が、この時代、皆無に近いのも無理はない。

経学の理論にしても、社会の気風がそうであるように、完成はして来るが発明はない。思想の発達は、異質的なものとの接触によってこそ期待されるのであるが、この時代の人々の、異端への潔癖は甚しい。閉ざされた頭でしかものを考えなかったようである。第一代の光武帝自身、その受命を正当化するのに讖緯思想を利用して以後、この考え方は経学の中でも支配的な地位を占めた。これを修めない学者は世に出ることはできず（桓譚伝、鄭弘伝）、五経の異論を整理するための規準に用いられることさえあった（樊儵伝）。ただ讖緯を受容するにあたって、経学は、やはり限度を守って、みずからの純粋性を保った。前漢末にそれが創作された時はすべてきわものであったが、経とならぶに及んで、きわものの卑俗性は淘汰され、セレクトされ、ここではすでに古典である。その証拠に、このころ民間で私造された、于吉神書、太平清領書のたぐいのきわものは、経学によって忌避されている。もっとも淘汰の原因はそれのみではない。そもそも讖緯は、現支配者の手にある時は自己の存在価値を立証する武器であるが、民間において新受命者を予言する手段に用いられては不都合である。讖緯が用いられるにしても、その種類と場所が限定されねばならない。竇融が「子の十六なるものあり。教導するに経芸を以てし、天文讖記を見しむるを得ず」というのは（本伝）、その意味での遠慮である。で、この時代讖緯が流行したといっても、それは、天と人との秩序の平行を信じ、災異を政治への警告と観ずるていの古典的範疇を多く出るものではなかった。そしてその程度の考え方は、彼らにとって迷信どころか合理的なのである。河南の大旱魃に際し、大臣たちは祈禱をしようと言ったが、周挙はこれを斥け、「旱りは陰陽の気がふさがるため起る。今、天子の後宮には手附かずの妾が多く閉じこめられ、牢獄には無実の罪に泣く囚人が満ちている。これは人間界の陰陽のふさがりである。この妾や囚人を釈放すれば、天地のふさがり、すなわち旱りは止む。祈禱は無益だ」という（本伝）。周挙にとって、祈禱は迷信であるが、災異思想はそうでない。災異説は絶対君主の恣意を抑制する武器である。事実前漢では災異のたびに、臣下は天子を諫め、天子も己れを罪する詔を出すのが普通であった。それがこの時代になると、災異の責任を、とかく三公あたりに押しつける。災異説は盛んに説かれながら、命かけて信じているのではなさそうである。謝弼《しゃひつ》が「今の三公は禄盗人ばかりだから、災異によって免職にせよ」という（本伝）のは、語るに落ちたもので、災異がもはや政争の道具に成り下ったことを示す。大体、前漢の学問は、粗雑不完全ながら、創業の理論だけに、語る人も死を賭する信念があった。後漢のは理論的に進歩していても、むかしの情熱はない。守成の理論である。一定の型にまとまった社会の現状を維持するだけの理論である。今文、古文両系統の経学の統一が、国家自体の手によってでなく、民間の樸学者鄭玄の手によってなされたこと、しかもその本質が訓詁学であることは、経学が、すでに、時代の先に立つ指導的な役割——前漢今文学が武帝の政治理念を古文学が王莽の革命を、それぞれ支えたような役割——をなくしてしまったことを物語っている。

鄭玄　後漢の初め、易の博士として立てられたのは、他の経同様、今文学だけであった。すなわち孟・京などの易である。これは当時の讖緯の流行からして自然の成り行きである。しかし、やがて古文の費直易の系統がだんだん勢をえ、陳元《ちんげん》、鄭衆《ていしゅう》、馬融《ばゆう》、鄭玄、荀爽《じゅんそう》と、つぎつぎ名家を出すに及んで、遂に京氏易を圧倒するに到った。

鄭玄（A.D.127-200）は今文古文をごちゃまぜにしたと非難されるが、易学においても、費直易によりながら、今文易、易緯の天文学的要素をそのまま受けつぎ、取り入れている。ただ、かつては政治面に直接結びついていたこの要素は、ここではもはや信念でなくて、古典として訓詁に用いられるのである。京房の易は、天と人との中に立つ帝王の道具として、divination の性格を復活させていた。しかし学問としての反省が高まれば、帝王学としてでも、そのような技術の面は斥けられて、理論が第一にならずにはいない。大体前漢の易学は実践面に走って訓詁に大して力を入れていなかったように思われる。前漢人の書物や言葉の中に易を引用した例を見ても、滅裂で、どれほど理解しているのか疑わしいのが多いのは、その故であろう。鄭玄の易学は、空理空論に走らず、原文の訓詁に力を注いでおり、その窮極は占うべきものというより、読まるべき教えとなる点で、前漢のそれと様相をことにしている。

　鄭玄は経文解釈にあたっていろいろの方法を用いている。十二消息卦の概念。乾䷀坤䷁両卦の十二の爻を十二辰（子丑寅……）にあてはめる爻辰の法。さらにこの十二爻を、音階の十二律、天文の十二次二十八宿にあてはめる法。爻体といって、陽爻が初、四の位にあるものを震爻、二、五にあるものを坎《かん》爻、三、上にあるものを艮《ごん》爻とよび、陰爻が同様の位にあるものをそれぞれ巽《そん》爻、離爻、兌《だ》爻とよぶ方法。互体といって、六爻のうち二から四まで、三から五までを取って、八卦のいずれかにあてる、例えば䷐は☳震と☱兌から成る卦だが、それを二から四まで数えて☶艮、三から五まで数えて☴巽を含むものと見做す、そういう方法。これらすべてを駆使する。これらの方法は、一つとして彼みずから勝手に作ったものでない。みな拠りどころがある。互体は古く左伝の占筮記事（荘22）にそれらしいものが見える。消息卦は前述京房の理論の中にある。その他すべて、孟・京易、易緯の中に存在する観念である。次ぎに彼の解釈のしかたを例示する。

坎《かん》䷜六四、樽酒簋弐用缶（樽の酒と竹皿と、そうるにかめをもってす）

陰爻が四位にあるので、坤䷁の六四と同様のものと見て、十二辰の割り当てを見ると、坤の六四は丑である。丑の方角は北斗にあたる。斗はひしゃくで酒を汲むものだから「樽酒」。さらに北斗の上に建星があるが、この星の形は竹皿に似ている。だから「簋」。缶《かめ》を添えるというのは、建星の上に弁星がある。この星は缶に似た形をしているから「弐用缶」の句が出て来るという。

上六、係用徽纆、寘于叢棘。三歳不得。凶（つなぐになわをもってし、むぐらなすいばらにおかる。三とせ得ず。凶なり）

上六は爻辰で巳《み》にあたる。巳は蛇である。蛇は縄に似ているから「係用徽纆」といった。――鄭玄の解釈のしぶりは、経文の一字一字を、厳密にその卦の形から導き出そうというのであって、いわば象《かたち》による訓詁である。結果的にはひどいこじつけとなるが、彼としては、他の経書を解釈するばあいと同じ態度で臨んでいる。例えば詩経の一字を解釈するのに、彼はすべての経書から用例を捜して来て、その中から妥当なものを選んで解釈する。易の解釈のばあい、卦の形が象徴しうるあらゆるものを、過去の材料から捜し出して来て、経文の文字に適合するものを選ぶ。そこに本質的なちがいはない。しかも彼は自分では何一つ捏造しない。星が何々に似ているという条にしても、思い付きのようだが、原理は論衡（物勢）に十二肖として存在するのである。訓詁学者としての謹厳さを見るに足るであろう。

さらに、泰䷊六五「妹を帰《とつ》いで以て祉《さいわい》あらん。元《おお》いに吉なり」の解釈。六五は爻辰では卯《う》にあたる、卯月《うづき》は春のさなか、万物の生れる時である。生れるとは婚姻の最高目的である。だからこのような文句が出て来る。これは仲春の月に嫁娶するという古来の礼を説いた句である、とする。また同人䷌六二「同人于宗」を、彼は、「后、夫人といった身分の高い妻は、たとえ子供がなくても離縁できない、という礼法を説いたことばである」という。おそらく宗を宗廟と解し、宗廟で人と人とを結びつける、と読んだのであろう。大夫以上の身分の人は廟をもっていて、婚姻の儀式の最後の段階は廟見（先祖の霊に紹介すること）である。そこで右のような解釈も成り立つわけである。さらに、序卦伝に「器を主《つかさど》る者は長子に若《し》くは莫し」という句がある。これは鼎の卦の次ぎに震の卦がつづく理由を説明したもの。鼎は器の一種、震☳は長男である（説卦）。鄭玄は、これをば、父が隠居したあとは、長子が鼎俎を洗って先祖の祭りをするという礼制を述べたものとする。鄭玄はすべての経に兼ね通じて、経と経との間になんら矛盾を生じないよう、意味の疎通に努めた人である。で、易の解釈においても、極力、周礼、礼記の理論と合致するように説いている。勿論、たびたび述べたように易の経文自体にはそのような意味はないけれども。

　そもそも鄭玄の考え方では、経の世界は、それだけで、十全な完結した世界である。ある経と他の経との間に、一見矛盾した記述があるとしても、彼によればそれは、夏・殷《いん》・周三代の質・文・文質彬々《ひんぴん》と展開して来た文化類型の相異によって説明しうる事実であって、経はいかなるばあいでも、誤謬を犯す能わざるものであった。こうした考え方は、彼の易の註にも現われている。各々の卦爻は、暦や方角に整然と割りあてられ、経文の一字一句にぴったり照応する。しかも経文の述べるところは、他の経の倫理と背馳することがない。かような緻密で、矛盾のない論理、そして矛盾のない代り飛躍もない論理、十全ながら、そこから一歩もふみ出せぬ枠の中の論理、これは或る意味で、固定した、閉された後漢社会の構造式そのものの反映ではなかろうか。

　このような解釈法は、同時代の荀爽、さらに三国時代の呉の虞翻《ぐほん》に至って、一層精密煩瑣になる（虞翻は時代的には次節の王弼《おうひつ》と並ぶわけであるが、学問の方法論の上では王弼より古い。便宜上ここで一括する。それというのも、呉は文化的には後れた地方で、中原の人からいつも田舎もの扱いにされる有り様だから、思想史的区分の上ではこうしても差し支えないはずである）。

　荀爽（A.D.128-190）は升降という方法を特徴とする。乾䷀の卦は、二、四、上の三爻が不正である。坤䷁は、初、三、五の三爻が正しい位にいない。そこで乾の二は坤の五と入れかわり、乾の四は坤の初と入れかわり、乾の上は坤の三と入れかわるべきである。そのようにして爻を升《のぼ》り降りさせると、二箇の䷾既済の形――すべての爻が正を得た形がえられる。これで始めて安定した、あるべき姿になる、というのである。これを経文解釈の上に利用した例を示すならば、

　雲行き雨施し、天下平らかなり（文言伝）

の解釈である。右に述べた乾䷀の二が坤䷁の五の位に升《のぼ》ってゆくこと、これが「雲行」である。坤䷁の五は入れかわりに乾䷀の二の位に降《くだ》る。これが「雨施」である。かようにして乾坤両卦が不正の爻を入れかえ、二箇の䷾、「既に済《な》る」という理想的な形の卦となる。そこで「天下平らかなり」という、と。また、䷆師の象に「能く衆を以て正

す。以て王たるべし」とある。荀爽に言わせると、この卦のただ一つの陽爻、九二は、不正で、しかも地位が低い。九二は当然六爻中で最高の五の位に升るべきである。そうしてこそ、衆人（他の陰爻）を正して王となりうるのである。䷗復の卦辞の中に「往くところ有るに利あり」という。これも荀爽によれば、初九の陽爻が五の位に往くべきである。だから「往くところ有るに利あり」という文句が出て来る、という。この升降の法は、おそらく泰の卦辞「小往大来」とか、賁《ひ》の彖「柔来りて剛を文《かざ》る」とかの、往来の字から思い付いたものであろう。ちなみに鄭玄にはこのように爻を動かす方法はない。鄭玄は来は内卦を指し、往は外卦を指すとするのである。

虞翻（A.D.164-233）は事ごとに鄭玄の説に反対した。反対したという点では王弼も同じである。しかし、王弼が方法論的に全く新しいものを打ち出したのとちがって、虞翻のはその実全く鄭玄の方法論の延長の上に立っている。虞翻は鄭玄の採用したすべての方法や、荀爽の升降を継承した上に、さらに奇妙な方法を考案した。

卦変、これは十二消息卦以外の卦（いわゆる雑卦）を、すべて十二消息卦から発生したものとする考え方である（現存の京房易伝にある積算法と同様の考え方。もっとも積算法のは八純卦から導き出す）。例えば節䷻の卦は消息卦の一つ䷊泰の九三が六五と入れかわったものとされる。故に九二の爻辞「門庭を出でず、凶」も、節の卦の祖型䷊で説明しうる。䷊の外卦は☷坤である。繫辞伝に「戸をとざす、これを坤という」とある。戸をとざしたら、当然門庭を出ることはできない。

動爻というのは、任意の爻を陰陽逆にすることである。䷃蒙の初六「蒙を発《ひら》く。もって人を刑し、もって桎梏《かせ》を説《ほど》くに利あり。以て往けば吝なり」。この「人を刑す」の概念が、このままの卦の形からは引き出せない。そこで初の⚋を⚊に変える。すると内卦は☱兌になる。兌は説卦によれば西の卦、すなわち秋の卦で、秋は刑罰の時である。で、「人を刑す」となる。同時に、初の⚋は不正であったのが、⚊に変えられて正を得る。それが「蒙を発《ひら》く」ことである。

旁通《ぼうつう》は、ある卦の陰陽を逆にした形の卦である。䷃の旁通の卦は䷰であるというふうに。䷃蒙の九二「蒙を包む、吉。婦《つま》を納《い》るるに吉」とあるが、このままでは婦の意味が出て来ない。説卦で見ても、内卦の☵は中男、外卦の☶は少男である。で、旁通の䷰を見ると、二、三、四で☴の形が見出だされる（互体）。☴は長女である。主婦である。故に「婦を納る」のことばが了解される。

半象《しょう》というのは、二爻だけで造り出す形である。䷈小畜の卦辞に「密雲あれど雨ふらず」の句がある。この卦の形では雨は見出だしえない。四、五の両爻の造る形は⚍である。⚍は☵の下半分だけの形である。☵は水である。雨である。☵の半分だけがあるということは、雨雲がたれこめていながら雨が降らないこと、故に「密雲あれど雨ふらず」。

納甲という方法がある。坤䷁の卦辞の中の「西南に朋《とも》を得、東北に朋《とも》を喪《うしな》う」という句、蹇《けん》䷦の卦辞の「西南に利あり、東北に利あらず」の一句を説明するために創作されたものである。月の盈虚《みちかけ》を八卦、十干にあてる。月は、三日に震☳の方角、すなわち庚《かのえ》の方角に出る。つまり西である。そして八日に兌☱の方角、丁《ひのと》の方角に現われる。南である。それが「西南に朋を得」十五日には満月となり、甲《きのえ》の方角に納《い》る。これが納甲の名の起りである。そして二十九日には乙《きのと》と癸《みずのと》の方角、すなわち坤☷の方角に欠けてしまう。乙は東、癸は北、そこで消えるのだから「朋を喪う」。八卦を十干にあてることは前からあった。月の盈虚と八卦とを関係づける考えは漢の魏《ぎ》伯陽《はくよう》の周易参同契《さんどうけい》にある。虞翻はそういう要素からこの説を捏造したものであろうが、この八卦の方角は、説卦伝の定める方角と全く食いちがう。要は右の卦辞に合わせるために勝手に造っただけである（魏伯陽は道士である。道士は仙薬を煉り上げるのに水と火を重視する。水は月から火は日から採る。その理論にもったいをつけるのに易の理論を借りた。それが参同契であって、易の解釈のための作ではない）。

以上のような派を総括して漢易という。漢易諸家の共通点は、経文の或る文字を卦から引出すためにはどんなことでもするということである。虞翻は中でも最も甚しく、自在に爻を動かして望む方向にもってゆく。荀爽はこれと比べれば、爻を動かすにしても、まだ動かし方の規準が一定している。王応麟は『顔延之の庭誥に「荀（爽）、王（弼）は之を心に得たり」（卦の形の方面でなく哲学的意味の面で易の真意をつかんでいる）と評しているのは誤りである。荀爽は漢易の煩瑣な方法を採るもので、王弼とならべるべきでない』（困学紀聞・易）という。王応麟の言は確かにあたっている。けれどもまた、顔延之がこういうからには、それだけの理由があろう。つまり荀爽の方法は、鄭玄と比べてさえ、よほど簡潔である。ということは、卦の形に拘われる度が低くて、意味のほうの説明に頼る度が多くなる。

すると漢易家の中ではまだ王弼に近いということになる。荀爽の升降の法は、考え方によっては一つの理想主義的なものといえよう。小象や象の正不正の観念を徹底させて、陽爻は必ず奇数位にあるべく、陰爻は必ず偶数位にあるべきだ、というところから、そこにないものは無理にでも動かしてあるべき位に就かせようという考えなのである。これも「父は父たるべく、子は子たるべく、君は君たるべく、臣は臣たるべし」という厳しい後漢の名教が養った心理傾向であるといえないだろうか。

一方、虞翻のめちゃくちゃに爻を動かしたり裏返したりするしかたは、本人としては経文の文字とくっつけるだけの意図でしたことであろうが、何か動乱転変の三国時代の空気を、無意識に反映しているように思われる。それなら荀爽も升降で動かすではないかという反問が起るであろう。荀爽と鄭玄はちょうど後漢の末、清流濁流の党争の時期の人である。鄭玄はほとんどこうした政治に触れず何人の招請にも応じなかった人である。その家の下婢まで経書に通じていたという伝説（世説新語・文学）があるぐらい、経学的雰囲気に沈潜した人である。それに対して荀爽の方は始めこそ仕えなかったが、晩年暴虐な董卓《とうたく》の幕下に入り、これを倒そうと謀ったりしているだけに、政治的情熱はより高いようである（後漢書・本伝）。鄭玄の易学が色々の方法をとりながら爻を動かすことをせず、荀爽が虞翻ほどでないまでも爻を動かす方法を有するということは、こうした政争の圏外にある者と圏内に在る者との、性格なり背後の空気なりがちがうところから来ていると考えられないであろうか。

第三節　王弼、それ以後

〔梗概〕この節は魏の王弼の易の注を中心として、六朝から唐までの思想傾向を簡単に見てゆく。

後漢が儒教道徳で固められた窮屈な、時には偽善的な時代であった、その反動が魏晋時代にあらわれる。礼法に反抗し、大胆に快楽を追求するものさえある。伝統的な儒教の教義は軽蔑され、より自由な合理的な思考が愛された。このころ、易と老子が好んで読まれたが、それはその哲学性、処世智、無政府的な気分などが、政治的に不安定な当時の知識人に受けたのであろう。王弼の易解釈は漢易家とちがって、文句の一字一字にとらわれることなく、経文すべて人事を象徴的にのべたものとして、易から主として処世の教訓を引き出そうとする。大体が十翼の解法によっているのだが、老子の哲学をもある程度まじえている。王弼が注をつけなかった繫辞伝には、のちの韓康伯が注をつけたが、これはまるで老荘的である。

六朝になると老荘のほかに仏教も盛んであるところから、儒教の書物も、老、仏の教義で解釈しようという態度が見られる。これはかえって儒教の教義の動脈硬化を防ぐ効能があった。のちの宋学の理論も、作者は意識しなくても、老、仏の考え方が奥底にあるのである。それに宋学の重要素材となる中庸、易繫辞などは、六朝でやはり重視され、いろいろ先駆的なものが六朝に見られる。ただ六朝人のほうは多少とも遊びの気分が抜けないが。

唐は文芸の時代で、経学の作品としては五経正義があげられる程度、易の正義はあまり面白くない。唐の学者で、宋学に最も近い倫理をうちたてたのは李翺の復性書である。これと似た考え方が王弼の易の注のなかにも見られる。

王弼の背景　漢代の国家は、自作農の村落協同体を経済の基盤とする。そして官僚はすべて国家からの俸給で生活する建て前であった。それが前漢末から後漢を通じて、自作農がだんだんと、いわゆる豪族に吸収されて小作に転落するという傾向が強くなる。これら豪族は租税を国家に入れないし、小作を兵隊にも出さないから、国家も困るし、ひいては官僚たちの死活問題になって来る。かれらは、儒教的教養のみを取り柄とする正統派官僚と、生活感情からしてちがう。官僚の貧しく且つ痩せ我慢であるのに対して、彼等は豪奢と貨殖を大っぴらに肯定する（後漢書・馬融伝など）。官僚の無趣味なのに対して、ここには棊、博奕、鷹狩、競馬等のあらゆる遊戯、そしてとりどりの服飾の流行が見られる（梁冀伝）。こういう氷炭相い容れない両層の、全人格的な憎悪反感の爆発が、党錮（集団投獄の意味）である。しかし大勢は豪族群の実力の前にはいかんともなしえなかった。三国時代（221-265）はこういう豪族たちの寄り合い世帯と言える。魏の帝室からして、出身は宦官の家であり、いわゆる濁流の一派である（魏志・陳琳伝。正義派の官僚や処士たちを清流という。豪族、大商人、宦官は利害的に一致していたが、これが濁流）。
この豪族群がより大きくなり、よりリファインされて貴族となり、晋から南北朝にかけての、丁度西洋の feudalism に似た国家形態を生み出す。ここでの帝王は、漢代のような唯一者ではない。他の大貴族たちより、力においても家柄においても、必ずしも立ち勝ったものではない。政権は、帝王を取巻く大貴族に支えられて、彼等の合議でたらい廻しにされている観すらある。この貴族制度は、後の唐の中央集権下にもずっと根を降しているのである。

正統後漢人の精神生活はきわめて窮屈なものだった。三国の上流層は、出身がちがうだけに儒教の legalism の教養にさまで涵《ひた》っていない。魏の武帝文帝にしてからが、一通りの経学素養はあるが、その生活態度は、より奔放で、多趣味で、sportive でさえある。武帝は音楽、棊、養生法、方術を好み、文帝とその弟陳思王曹植《そうち》は、自分の邸をサロンとして、当代の文人たちと対等の交際をしている（魏志・各本紀、本伝）。そもそも後漢一代を覆うていた儒教は、国家の権威によって奨励されればされるほど、原始儒家の原義とはよほど外れて来ている。人間性に対して、不自然なまでの抑圧となっている。当然、虚偽と欺瞞に満ちた二重生活も殖えて来る。ある人が父の墓羨に十五年服喪して孝行の誉をえたが、調べるとその間五人の子供を作っていたという笑話は、その一例である（後漢書・陳蕃伝）。こういう不自然な抑圧に対する反抗はすでに後漢末の孔融、禰衡《でいこう》の激越なことばの中にも見られる。二人は孔子顔回を冗談の引き合いにするのみならず、孔融は「父子の関係は性欲の所産、母親は子供を入れる鏖、出れば離れる」「飢饉の際、父がろくでもない人間なら、他人を助けたが増し」と極言する（後漢書・本伝、魏志12注）。彼らは生れた時が早すぎて殺されねばならなかったが、このころもう虚位になりつつある名教の権威は、三国以後、漢代的社会秩序の崩壊とともに、完膚なきまでに破壊されてしまうのである。魏の正始（A.D.240-249）ごろに現われて来る竹林の七賢、すなわち母の喪に肉を食い酒を飲み、客への好悪を青眼と白眼に示してはばからぬ阮籍、親の喪に婢を孕ませ、白昼これと驢馬に相い乗りする阮咸、酒飲みで素裸で客に会う劉伶、高位高官の身で吝嗇この上なしの王戎（晋書・各本伝、世説新語）たちの放埒奇矯な言動は、名教という亡霊への命がけの挑戦であった。

王弼《おうひつ》（A.D.226-249）はちょうどこの頃にその短い一生を終えた。彼は年若くして傅嘏《ふこ》のもとに出入していた。当時の名士は、自邸をあたかも公開のサロンのようにして、客を招き、麈尾《しゅび》（ほっす、わが国でも禅僧などが手にしている）を揮《ふる》って清談を闘わせたものである。王弼はある時、当代一流の貴族で洒落者の何晏《かあん》のサロンにおもむき、何晏と清談を交えて、これを言い負かしたという（世説新語・文学）。何晏は論語の注釈を書いた人、清談の大家でもある。王弼はその時二十にもなっていなかったのであろう。その才の程と、そしてそうしたことを許容する時代の自由な空気がうかがわれる。清談とは、才と性の異同とか霊魂の存在とかの哲学的な命題をめぐっての自由論争である。大体経学の畑での論理は、いわば一種の教義問答 catechism であった。答は初めからきまっている。経典の文句の中に逃げこめば、それが不可侵の砦になる。ここでは博学な老儒が勝利者になるのにきまっていた。しかし清談はちがう。経学のように「聖なる故に正しい」とする dogma は、もはや通用しない。清談では博学よりも機智がものをいう。若い天才児が頭をもたげる可能性がある。この時代の官吏登用法、いわゆる九品中正とは中央で一括試験するのでなく、地方地方で試験官が、候補者を上の上から下の下まで九等に分けて、推薦する制度であるが、その基準がとかく、徳よりも才を、学問よりエスプリを、行儀よりも容姿を重く見る傾向を示している。王戎が阮瞻《げんせん》に「孔子の仁と老子の無と同じか異るか」と問い、阮瞻が「将無同」（同じではなかろうか）と答えた。この気の利いた答えの故に、彼は抜擢されて、三語掾《えん》とよばれた（晋書・阮瞻伝）。この試験の問答はそのまま清談である。で、清談の流行という現象は、いろんな意味で、この時代の風気をそのままに反映したものといえる。

この王弼が易と老子との注釈を書いたというのは、実に自然なことである。王弼の時代、最も好んで読まれた書物が易と老子である。これに荘子を加えて三玄、これらの研究を玄学とよび、衰え果てた儒学の地位に取ってかわる（玄は黒色の意味から奥深い意味になる）。そして玄学者は同時に清談家であるのが常である。

何故に魏晋において易老（老易ともいう。この時代熟語のように使われた）が珍重されたか。その原因は多面にわたり、読む人の立ち場や境遇によっても差があって、一言で尽せるものでないが、主要な共通因子として次ぎのようなことが考えられる。第一には知的興味の面である。大体儒教には形而上学的な要素が少い。経書の中では易がまず一番哲学的なものである。道家思想はその点で他のいかなる学派にも勝る。当時の人々は、煩瑣な訓詁学にあきたらず、もっとhighbrowな知識を求めた。政情が不安なだけに、彼らには哲学や宗教への欲求が強かった。易老は宗教を与えるところまで行かないにしても、なんらかの哲学を提供しうる、ほとんど唯一の古典である。揚雄の太玄は、完成当時から、難解の故に、友人に「味噌桶の蓋にされるのが落ちだ」と嘲られたが（漢書・揚雄伝）、この時代にだけは愛読され、幾通りもの註釈が作られた。それもこの書の易と老子を混ぜた哲学的臭味の故である。このように哲学的関心ないしは清談のモチーフとして読まれる以上、易は、経書であるにしても、漢代人と同じような読み方で読まれたのではあるまい。岩窟に独り裸で隠棲する孫登は、独絃琴のほかに易だけを携えていた（晋書・隠逸伝）。彼はもとより利禄のために読むのでもなければ、師法家法にそった漢易一流の煩瑣な論理で読んだわけでもなかろう。そのことは彼の詩の気分からも窺われる。七賢の一人向秀《しょうしゅう》が、荘子の註を書こうとした時、嵇《けい》康《こう》が「この書は註する必要がない。人々が自ら楽しみをなすのを妨げるだけだ」といったが（世説新語・文学注、晋書・向秀伝）、当時の人々は拘われない目で書物を楽しむことを知っていた。

第二の理由として、これらの書物のもつanarchicな気分が、人々の気持に触れ合うところがあるということ。昔から「当時司馬氏（魏の政界の実権者、魏の天下を奪って晋王朝を建てた）のきびしい法術主義が知識人の反感を買い、そのため反動的に、無為を説く老荘思想に走らせた」といわれるが（王船山・読通鑑論など）、彼らの反抗は司馬氏に対してだけでない。漢代の秩序が覆えったあと、なお混沌として不安な時代のこととて、既製秩序一切への反抗の気分がある。老子の無政府主義、反礼教主義は、この気分にそうものであり、やや後れて荘子が流行して来るのは、この気分がますます横溢して来たが故である。老子と荘子の異るところは、老子が無政府主義的であっても実在論 realism である点で、なお絶対君主制の影を宿す。荘子になるときまった本体がないとし、万物すべて等価値とする。荘子の理論は、君主がきわめて弱体化して、家々みながおのれの存在を主張しうるような時代にふさわしい。老から荘への興味の移行には、こうした社会構造の変化も与かっていると見なければならぬ（福永光司氏・荘子）。易は、というのに、繫辞伝に階級を謳歌しているような面もあるにはあるが、反面、変化を説く点では anarchic な気分も多分にある（前述）。老・荘・離騒（これも愛読された）ほどの反俗や孤高の精神は、易にはないが、もう少し低いところで時の人の気持に触れるものはある。しかも易の考え方は悲観で終るものでない。安定のあとには不安定が、そして不安定のあとには安定が来る、くよくよするな、といったふうで、一種の救いがある。

第三には処世の智慧である。老子は処世術として最も老獪であるが、易もこれに劣らない。「君子慎密にして出でず」「密に退蔵す」（繫辞）はやや老子の処世法に似ているが、経文の「何々に利あり」の表現、「利して市《う》ること三倍に近し」（説卦）、「崇高は富貴より大なるは莫《な》し」（繫辞）の語などは、老子よりもっと卑しいところさえある。超俗を説く荘子にしても、官に仕えるものの不安を、心理的に克明に掘り下げていて（人間世など）、処世の智慧としてきわめて深いものである。官場が甚だ危険であるこの時代、これらの書物の含む智慧が、人々に秘かに共感せられ歓迎されたであろうこと、想像に難くない。

右のような時代の好みから見ても、王弼の易の註釈の性格はおのずと明らかになるであろう。彼は周易略例（明象）において次ぎのように述べている。

「象（八卦のたとえ）は意味を採る手段であり、ことばは象を知る手段である。だから象がつかめたらことばは忘れられてよいし、意味が悟れたら象も忘れられてよい。たとえばわなやながが兎、魚をとる手段であって、兎や魚がとられた時これが忘れられるようなものである。手段に過ぎないことばや象に拘泥していては、意味はつかめない。ある爻の意味が順《すなお》とか健《たけし》とかいう範疇にあるならば、必ずしも坤☷（坤の象は牛であるから順）なり、乾☰（これの象は馬であるから健）なりの八卦の象を、引き出さねばならぬわけはない。理窟に合いさえすれば、触れるものすべて、その象徴として用いうる。それを今までの学者は、卦爻辞に順の字があって、卦に乾☰の形がないと、互体とか卦変とか五行とかを借りて来てこじつける。そもそも根本が間違っているので、たとえこうした操作で解釈がついたとしても、なんら意義がない。象にとらわれて、意味を忘れているのであるから」

これは彼の方法論の核心である。鄭玄らの方法では経文の一字一句が終点で、それに卦の象徴を結びつけるだけに、全精力が費やされていた観がある。王弼ではことば、すなわち経文の字句すらが手段である。目標はその奥の意味にある。鄭玄らにとって卦は、象徴とはいっても目に見える、一々指し示し得る物である。実象である。王弼の象徴は、それこそ漠然とした仮りのすがた、虚象である。目に見えない「意味」のおぼろげな投影である。鄭玄らの方法が、経文解釈のための、それも訓詁学という範疇での解釈のための、やむをえぬ苦しい方法であったことは認めねばならない。しかし、同じ経文を解釈している王弼と、かくも正反対の質的差異をどうして生じえたか。解釈の便宜上の思いつきの差というにとどまらぬ、もっと深い心理的な差異がありはしないか。大ざっぱにいって、儒家正統の考え方と道家系の考え方との差異である。前者は目に見えるものだけを信じて、見えないものは一応度外視して行こうとする。人間の五官への懐疑はまだない。後者は人間の認識の相対性を知っており、目に見えるものの奥に、見えない何かを求める。鄭玄らの、経の一字ごとに、それに当る物を、卦の象《かたち》の上におさえてゆこうというやり方は、前者の心理傾向であり、王弼の、経文すらを手段化して、目に見える卦の形を、見えないものの虚象とする考え方は後者のものであろう。勿論私は、王弼が自覚して、道家の立ち場で易を解したというのではない。両者の差異を来たすべき、意識下の素地を問題としたまでである（王弼の右のことばに見える、言語表現への不信は、直接には易の繫辞に述べられたことに連なるが、繫辞のそれが、もとは道家の考え方から来ている。なお王弼の虚象の考えは、仏教の、目に見えるものを幻とする見方から影響を受けているかどうかという問題もある。私は王弼の時代の仏教の普及度などから見て、否と考える）。

　彼の解釈法では、爻のそのままの位置で解釈をつけようとする。たとえば ䷆ 師九二「師中に在り。吉、咎めなし。王三たび命を錫《たま》う」これは位の原則からいえば、偶数位に陽爻があって好ましくない形である。しかるに爻辞の意味は甚だめでたい。そこで前に述べたように、漢易では、このようなばあい、陽爻奇数位、陰爻偶数位という原則に合わせて爻を動かす。六五と九二とが交代して、六二、九五となるが故に吉である、というのであった。しかるに王弼の解釈では、九二は剛であって中（二）を得、しかも外卦六五と応ずる。九二は上の寵愛を受けて師《いくさ》の主となったのである。軍隊には剛であることが必要である。六五の君の柔弱なる故に、自分では征かないで、剛強の九二に委任したのである（九二及び六五の注）。漢易の、陽爻は陽位にあらざるべからずという態度が、よくいえば理想主義的、悪くいえば窮屈な名教主義的心理の現われであるとするならば、王弼の態度は、status quo あるがままの受容であるといえよう。そしてあるがままの受容とは、当時の貴族の生活態度の中に共通に横たわるものである。

大体において、魏晋人のものの考え方は、不自然なものをいとう。合理的である。清談の話柄になっている、阮脩《げんしゅう》の無鬼論（晋書・本伝。幽霊が生前の着物を着て出る以上、霊魂のみが不滅といえまい。着物にも霊魂がなければなるまい）、嵆康《けいこう》の声無哀楽論（晋書・本伝、嵆中散集。哀しい声、楽しい声というものはない。聞く人の心に哀楽がある）、宅無吉凶摂生論（嵆中散集。家相のよしあしはない）などを見てもわかる。経学の流行らない時代ではあるが、王粛の尚書、杜預《どよ》の左伝などは漢代の学問とはちがった合理性を示している。この合理的精神は無論、漢代絶対主義の抑圧からの解放から自然に溢れ出たものであるが、道家思想の流行もそれに拍車をかけている。道家の考え方は、諸家のうちで最も反迷信的、合理的であるから。易というものは、それ自体あまり合理的なものでないけれど、王弼の解釈のしかたは、少くとも漢代のそれより合理的といってよい。彼は、前漢の天文卦気を説かず、後漢の一字一象の解法によらず、したがって説卦伝の八卦のたとえ、いわゆる象は忘れられ、主に彖、象、繫辞の、中、正、応、承、乗の概念を解釈の手がかりとしている。ここから、王弼の易が漢の費直の易を伝えたものだ、といわれるのであるが、王弼のテキストからして費直のそれにひとしいかどうか、今日明らかにすることは不可能であるし、同じく費直易を伝えたという馬融、鄭玄が、全く反対の方向によっている点から見ても、王弼の易は、誰かのを伝えたというよりは、むしろ独創にひとしいものであろう。

彼の解釈は経文の一字一字にとらわれない。経の文句は全く人事の或るシチュエーションの隠喩である。彼は「各卦は時である。その爻は時の動き、変化するさまである」という（略例・明卦）。「時」とは、彖伝に「何々の時、大なるかな」とある、その「時」である。彼の解釈ではすべての卦爻は人に擬せられているから、「時」は人がさまざまの運命に遭逢したその時を指すこととなる。大体が吉なる「時」のなかにおいても、悔あり、吝あり、凶にもなりうる、その細かな変化が、爻において象徴されている。易の経文を見てすぐわかることであるが、位にしても、中にしても、決してきちんと法則立っていない。凶でありそうなのが吉であったり、吉であるはずの形に凶があったりする。繫辞に「典要をなすべからず、唯だ変のゆく所のまま」という通りである。勿論、繫辞はそれと反対の方向のこともいっている。おそらく、運命のさまざまの偶然性のそのくりかえし方に、漠然たる必然性があるというのであろう。そのようにより大きな必然の中に、偶然性が生きているのであるが、前漢の人が易にとびついたときは、必然の方を重んじて、遇然性を捨象した傾きがある。漢易の解法のように、陰は必ず卑しく、陽は必ず尊く、どの位は現実の何の階級に当る、消息卦をはじめどの卦はどの日に当る、という秩序づけは、この遇然性を殺す。なるほどここでも「時」は一年のいずれかの時間に当るであろう。しかしここでの時間は、暦にわりつけられた、死んだ時間である。人の生きた運命にかかわりはない。漢代人の決定論的な考えには、讖緯説が大きく作用しており、ことに漢末によくいわれた百六之会（後漢書・董卓伝賛。一元四千五百年を規準として世界の終りが来るという。宋の邵雍《しょうよう》に似た説あり）などになると、病的な感じさえある。ここでは歴史への興味というものは湧いて来ないのではないか。事実、史記にしても後漢人はあまり読んでいない。むしろ魏晋になって史記や漢書はよく読まれ、史書も多く書かれている（呉志・呂蒙伝、晋書・劉殷伝など）。魏晋人の歴史への関心は、易老の流行と無縁ではなかろう。遇然の中に必然を見、気まぐれな運命の中に永劫の回帰性を見る、さりとて必然の中に人間の動きのすべてが決定されるのでなく、大きな法則の回帰の波の中に、個人の自由はなお保留されている――このような意識が、中国の歴史の通有概念であるが、それは易の考え方と遠いものではない。晋の干宝は晋紀の作者であり、易の註釈者でもある。しかもその注は、すべての事がらを歴史上の事件にわりあてている。のちの司馬光が太玄を大いに好んだことも、かれの資治通鑑《しじつがん》の製作と無縁ではなかろう。

また漢易の卦気説においては、六十四卦のなかに階級ができる。十二消息卦は辟卦である。君である。雑卦は臣である。これに対して、王弼の易では、そうした概念を一切捨てたので、各卦ともそれぞれの「時」である。すべての卦爻は、それぞれの個性の差をもちながら、対等である。この両者の差にも、絶対主義社会と貴族制社会との背景のちがいが無意識のうちに作用しているといえよう。

初から上までの位にしても、漢易では、下から庶人、士、卿、諸侯、天子、宗廟と規定し、鄭玄、荀爽、虞翻みなこれによっているが、王弼は、上位者下位者の意識はあるにしても、具体的な社会階級とまではしない。そして初と上とを「無位の地」と規定する(象伝繫辞伝は、初上のみには得位、不得位の説明をしていないからだという)。上が五よりも好ましからざることは、繫辞にも暗示しており、さればこそ漢易でも宗廟として位を与えないのであろうが、位がないといっても、漢易と王弼とではやや意味がちがう。王弼では「位に煩わされず、足跡をくらまし隠遁する高風の士」と解する。これは蠱上九「王侯に事《つか》えず、その事を高尚にす」の句からの着想であろうが、王弼は蠱卦のみでなくいたる処これで解釈している。しかるに荀爽は、当の「王侯に事えず……」を解釈して致仕(老齢のため退官)せる臣とする。それも荀爽だけでない。大体後漢時代の通説がそうだったらしい。白虎通にも、この爻辞を引いて、致仕せる臣のありかたを説くものとしている(王者不臣)。経文を平心に読めば、隠逸者と解するほうが自然であり、必ずしも王弼の独創的見解というわけにはゆかないが、高士隠逸の評価というものを、かように変化せしめる空気が問題である(中央集権の強い時には隠逸はほめられない。秦の韓非子、後漢に書かれた漢書の態度がそうである。それに対し後漢書、晋書では讃美している）。

前に述べたように、王弼の解法は、中、正、応、承、乗などを根幹としている。しかもそれが、徹底した擬人化の上において説かれる。擬人化といっても、鄭玄のように礼儀を説き、干宝のように歴史を説くのでなく、出処進退に多く繋《か》けられている。すなわち中とは、進んだとしても中庸の地位にとどまるべきこと、応とは上位者とのひきたて、あるいはさやあての問題、承、乗はその中間に立つ、より身近な人とのつきあいであり、牽制である。正とは、自分の能力や性格と、地位との均衡の問題である。一例を挙げると、

䷬萃《すい》初六、有孚不終。乃乱乃萃。若号一握為笑。勿恤。往无咎（まことあれど終らず。すなわち乱れすなわちあつまる。もしみずからを一握のものとよび笑うさまをなさば、恤《うれ》うるなかれ、往きて咎めなからん）

象に曰く、乃乱乃萃とは、其の志乱るるなり。

王弼はいう、初六の応が九四にあるけれども、九四に対しては六三がこれを承けていて、初六としては四と三との関係に心中疑惑を抱いている。だから有孚不終。初は、正道を守って、四とよき誼みを結ぶことができず、おろかにも三と競争しようとするから乃乱乃萃。自分が九四の正しい配偶であり、三は四に身近いという理由だけで寵愛を受けているのだから、もし初が安んじて卑下し、謙遜に自分の徳を養うならば、うれえることはない。往って咎めはない。

上六、齎咨涕洟、无咎（ああああ、なみだたる。咎めなし）

象に曰く、齎咨涕洟とは、いまだ上に安んぜざればなり。

王弼の解、あつまるという時にあって、一番上の位におる。しかも九五は剛であり、柔なる自己の乗るべき相手ではない。内には応援がない（上六に対し六三では応にならない）。上におって独り立ちで、近く（五）にも遠く（三）にも助けがない。これほど危いことはない。齎咨《ああ》とためいきせざるをえぬ。だが、もし自己の危うさを認識し、涕洟《なみだ》するほどに憂え、自戒するならば、危いなりに衆人に害されることはない。だから无咎になりうる。

ここには対人関係の心理的な深い掘り下げと、危機感にみちた平衡感覚を見出だすことができる。これこそまさに、当時の貴族の、官場における不安の意識をまざまざとあらわしたものといえよう。かの尖鋭なあまりに法網にかかった嵇康すら、自分の子に対しては、縷々として対人関係のむつかしさを注意しているが（嵇中散集・家誡）、そのような空気が、王弼の易の説きかたに暗々裡に作用して、特にこのような方向に焦点を絞らせたと見られる。なお十翼によって経を説くといっても、十翼だけで説明がつくわけでなく、どうしても新たな解釈が加わらねばならぬことはいうまでもない。一つ注目すべき傾向として、王弼自身は凡例としてはいないが、陰爻が陽位にあるものは特にわるしとされ、陽爻が陰位にあるものは、みずからをおとしめ謙遜する徳のあるものとしてほめられるということがある（困九二、无妄九四など）。これは進退において、進取よりはむしろ謙退をとれという考えがあろう。

晋の范寧《はんねい》は、王弼と何晏《かあん》が、老荘思想を儒教に混入したことを咎めて、その罪は桀紂よりも甚だしいと罵るが（晋書・本伝）、王弼の易注、何晏の論語注ともに、全篇にわたって道家思想を混ぜているわけではない。何晏でいえば、「回や屢々空し」（先進）、顔回が貧乏で、嚢中が空しい意味であるが、それを虚中（中をむなしくす）とした。顔回が己れを空しくしえた、荘子のいわゆる坐忘をなしえた、と解しているその部分くらいが目につく程度である（この解釈は南朝には通説となっていること、弘明集《ぐみょうしゅう》に見える宗炳《そうへい》の明仏論、南史の郭原平伝などの引用ぶりでわかる）。王弼のほうで最も著しいのは復の注である。復䷗の彖伝に「復はそれ天地の心を見るか」という。王弼の注に「復とは本にかえるという意味だ。天地の心はその本である。すべて動が止めば静、ことばがやめば沈黙が来るが、静なり沈黙なりは、動やことばと相対的なものでない。もう一段上の絶対的な境地である。して見ると天地は万物をたもち、雷動き風行き千変万化するが、寂然たる至無（最高の無）が本なのである。で、復のとき、動が地中にやむ時、天地の心が見られる。天地の心が有を本としているならば、万物は存在できない」。

これに対して宋の蘇舜欽《そしゅんきん》が、「復卦は冬至の卦であるが、冬至とは陰が窮《きわ》まって陽気が下に動いている時で、無ではない。静ではない」と反論し（蘇学士集・復弁）、朱子も「王弼の解釈では䷗の下の一陽が説明できないではないか」という（語類71）。これらの非難は当っている。たしかに王弼はここで、「老子注釈者としての王弼」の本体論を露呈したのであって、朱子も暗示しているとおり、老子の「万物ならび作《おこ》るも、吾は以て復を観る」(16)と、この「復はそれ天地の心を見るか」とを同意義のものと見て、かくは解釈したのである。老子の右の句の王弼注は、まさに易の復の注と同じ意味合いであるし、さらに老子三十八章「上徳は徳とせず」の注に「天地は広いが無を心としている。聖王は大きい存在だが虚を心とする。されば復を以て見れば天地の心が見られ、冬至の日に思えば先王の道が見られる」という。これで、彼の復卦の解釈が老子の復帰思想そのままを用いていること、明白である。さりとて、この復注の意識がすべての他の卦爻の注に及んでいるか、といえば、そうともいえない。陽が陰より尊いとする原則は、他のところでは外していないからである。ただこの復注から推すと、彼の繋辞伝の解釈がいかなる性質であったかは想像に難くない。彼のいう静、沈黙が、動に対する relative な静、ことばに対する relative な沈黙でない、一段上の、動静、語黙の相対を揚棄した静と黙であるが故に、陰と陽の相対の上に立つ本体、太極は、となると、これはまさに至無でしかありえないであろう。王弼自身は繋辞に注をしなかったが、のちの韓康伯の繋辞注に、太極を無と定義しているくだりは、王弼の意向と外れてはいないと思われる（復については彼の人間論とひっかかりがあるが後にゆずる）。

その他、王弼はところどころに老子的な謙遜の徳を述べた文句を用いている。これは易自体に、謙、損、艮《ごん》などの近似点がある故に、それにひかれてのことであろう。

しかし量的にはわずかなことであっても、これによって孔子の人間像が、それまでと大分にちがって来ることは確かである。このころの人は、玄学の派でない人ですら、老荘に近づいた孔子像を描いていたようである。王弼が易の中で無を説いているのも、王弼には王弼なりの立ち場があってのことである。裴徽《はいき》が「老子はさかんに無を説いているのに、孔子は一言も無をいわないのは何故か」とたずねたのに対して、王弼は「孔子は無を身につけているが、無はことばで言い現わせないものだからいわなかった。老子のほうは、まだ有の段階を免れていないので、無を喋々せねばならなかった」と答えている（世説・文学）。つまり易経に無の字が用いてなくても、孔子は含んでいたのだ、という言いわけが成り立つであろう（何晏の論についても同じことが言いうる）。晋の裴頠《はいき》が崇有論（時人が無ばかり説くのに反対して有をたっとべといった議論、晋書・本伝に見ゆ）を書いて、「道は無ではない。易も無が本ではない」といいながら、「易の損、謙、節は、老子の静一守本（本を守る）と一致する」といっている。玄学反対論者でさえ、無意識に孔子の易と老子とに共通点を認めているのであるから、清談の徒が、さらに易を老荘と近い方向にもってゆくことは自然の勢いである。

　王弼の易注は、東晋の孫盛が、その解釈法を貶しながらも「麗辞は目に溢る」と評している通り（魏志・鍾会伝注）、従来の注釈書のスタイルと全くちがった感じのものである。単に意味を解釈するだけでない。いろいろ気の利いた文句を対句で四六文のように創作している。文言の注に「進物之速者、義不若利。存物之終者、利不及義」（物を進むるの速きことは、義は利にしかず。物の終りを存するには、利は義にしかず）これは「終を知って之を終う、ともに義を存すべし」の解である。王弼注の前半は、原文の解釈だけなら、必ずしも必要でない。頤初九「爾《なんじ》の霊亀をすてて、我が朶頤《だい》するを観よ」の注に「安身莫若不競、脩己莫若自保」（身を安んずるには競わざるにしくはなく、己をおさむるには自らをたもつにしくはなし）というのはその一例である。

彼の注は、原義とはよほど思想的に程度の高い解釈をつける傾きがある。老子の注にしても、老子の無は、有を生み出すもので、有より高次ではあるが、何といっても素朴な実在論《レアリズム》である。絶対無とまではいえない。絶対無にしてしまうと、何故に消極面（無に近い面）のみが善しとされるか、その論理的説明が困難であろう。それを王弼は、有と無の相対の上にある絶対無の方向にもってゆく。ここらが昔から「高きに過ぐ」と評せられるところである。しかもそれを気の利いた対句で文を運んでいる。このような方法は、まさに清談の体裁である。清朝の姚鼐《ようだい》は郭象《かくしょう》の荘子を一篇の清談とするが（続古文辞類纂・荘子章義序）、同じことが王弼についてもいえるであろう。

王弼は二十四で夭折した早熟児である。その文を見ると、いかにも悟り澄したような老成のことばばかりであるが、伝記によると、人柄は傲岸で、才気を鼻にかけるふうがあり、官爵においても、さきにあげた安身莫若不競の発言とは似つかわしくない躁進の態度があったという（魏志・鍾会伝注）。そう思って見るせいであろうか、彼の美しい智慧にみちたことばも、どうも上すべりの、口先だけの感じがするのである。実践に向って人を駆りたてるような力がない。宋の程頤《ていい》の易の注は、王弼によく似ていて、それもより冗漫な間の抜けた文章でありながら、も少し読者に訴える力があるようだ。先入主となってそう感ずるといわれればそれまでであるが、私はそれだけではないと思う。やはり魏晋の清談家たちの態度が、どちらかといえば、観照的、非行動的、感覚的、唯美的であった——清談の旗がしら王衍《おうえん》すらが西晋の滅亡に際して後悔したという——その気分が、王弼の文の裏に出ているからであろう。儒教の倫理が aesthetic と評せられるが（M. Weber, Confucianism and Taoism）、これなどはまさに字義通りの aesthetic ethic である。

王弼以後、いわゆる玄風はますます盛んになる。晋の元康（A.D.291-299）の時代になると、正始の時代の人々とはまた趣きが変り、ひたすら快楽の追求に奔り、やがて刹那主義に陥る。そして北胡の鉄蹄のもとに、西晋（266-316）は亡び、東晋（317-420）、南北朝（420-589）の時代をむかえる。こうした刹那主義は文字通り永続きするものでない。何か心の拠りどころが欲しくなる。それは玄学といった哲学だけで満たされるたちの悩みではない。仏教、道教の流行はここに激発されるのである。儒学においても、正始の学風はなお儒教の原形をさまで歪めるものでなかった。まだ儒の権威に遠慮があった。それが元康以後、その遠慮がなくなって、道や仏を儒学に取り入れるのに何の抵抗も感じなかった。儒教にとって、この時代は暗黒時代とされる。たしかに仏教が内教、儒教が外教とされる点では、そういわれても仕方がない。しかし儒教が道、仏といった異質のものを取りこむことによって、その内容を豊かにし、枯渇を免れえたこともまた認められねばならない（森三樹三郎氏・魏晋における人間の発見）。以下、易に関しての経学史的事実をいくつか拾って見る。

西晋末に紀瞻《きせん》と顧栄との清談がある。「王粛の太極を天地とする解釈では、太極が天地を生み出すことが不可能となるではないか」という（晋書・紀瞻伝）。その議論の運びは全く道家的であるが、内容は奇妙に後の宋の朱子と陸象山との論争に似ている。東晋には清談の他に講論が流行した。講論とは、一人がある問題について講演し、聴衆がそれに対して駁論をする一種のシムポジアムであり、仏教徒のやりかたをまねたものである。大将軍桓温《かんおん》が賢人たちを集めて易を講ぜしめ、一日に一卦を論じたのであるが、簡文帝は「義おのずから難易あるべし、それ一卦を以て限となさんや」といって聴かなかった（世説・文学）。むつかしい卦なら数日をかけてもよかろうし、やさしい卦なら一日に二つ以上講じてもよかろうに、との意味である。して見ると講論とはよほど活潑な議論の応酬であったろう。南北朝の経書の義疏はこういう講論の結果を文字にしたものであるが、周易正義の序によると、その中にはずいぶん突飛な意見があったもようである。韓康伯はちょうどこのころの人であるが、その繋辞伝注は、老子を引き、荘子を引き、全く道家思想の中へ引き入れている。王弼の程度ではない。韓康伯よりさき郭象《かくしょう》という人がある。彼は荘子の注を書いた人で、易の専門家ではないが、その荘子注の中に、郭象の易に関する見解の一端と見てよさそうなものがある。荘子則陽篇に「仲尼之尽慮……」という句がある。その郭注に「仲尼曰く、天下の事何をか思い何をか慮らんと。慮りすでに尽きたり。もし繊芥《いささか》の慮あらば、豈《あ》に寂然として動かず、感に応ずること窮まりなく、以て万物の自然（のはたらき）を輔くるを得んや」という。易繋辞の「天下の事何をか思い何をか慮らん」を思慮を絶つこと、心を無にすることと解する。これはまさに荘子の修養の極意である。そうなって始めて万物をうみだす天地の働らきに参じうるというのである。「断章取義だから易の解釈とかかわりない」といわれるかも知れない。しかし当時何人もが必ず読む荘子の注釈書であるからは、広い読者層を意識して書かれているはずである。このような繫辞の引きかたにしても読者が理解受容してくれることを予想してのことにちがいない。とすれば、これも、当時の清談なり講論なりにおいて、易がいかに老荘的に解せられたか、その風潮の一端を物語る資料になるであろう。

この時代、仏教の理解を助ける手段として、老荘の理論を媒介として仏教教義を解釈することが行われた。その際、時として易の理論が借りて来られる。これは易が儒教経典でありながら老荘とならぶ扱いを受けていることから、当然起りうべき現象である。この場合、引く人の易の理解は、当然王弼、韓康伯の解釈の線に沿っている。六朝宋の宗炳《そうへい》の明仏論は、霊魂の不滅から人皆な仏になりうることを説くものであるが（弘明集）、その発端、万物の根元を説明するくだりは全く易と老荘の理論を借りている。「一陰一陽を道という」（繫辞）その道とは至無である、と。何承天の達性論、顔延之の釈達性論に始まる両人の論争（弘明集）は人性を論ずるものであるが、冒頭にかかげられているのは易説卦の、天の陰陽、地の剛柔、人の仁義の三才の理論であり、そこから三才を卦の三画にあてることの是非、善悪ひとしからぬ人を天地にならべることの是非に展開するのである。その他、文言伝の「積善の家には必ず余慶あり。積不善の家には必ず余殃あり」は、仏教の因果のシノニムとして、弘明集のいたるところに引かれている。周易正義の序によると、南北朝のころ、仏教的な観念で易を解するものが相当あったという。東晋の慧遠《えおん》は、易は感ということを本体とする、といっている（世説・文学）。感ということは咸の卦や繫辞伝にも見える概念であるが、慧遠の場合、もう少し深い意味であろう。弘明集に見える彼の文章を見ると、その論法は老荘易を自在に引いて仏教教義を説くもので、如来《にょらい》と堯・孔は出処はちがうが終りは同じだ、とまでいう（沙門不敬王者論）。そういう立ち場の人であるから、易を解釈するにしても、仏説と混融して解いたものであろうと思われる（宋の程明道が易を感応と解する意見をのべている。内容はちがうであろうが興味深い〈二程語録17〉）。また東晋の殷浩《いんこう》と孫盛とが「易象は見（現）形よりも妙なり」という議論をしたことがある。その論旨のなかに、「八卦は縁化《えんげ》の影迹、天下は寄見の一形」とある（世説・文学注）。おそらく八卦の象徴が無尽縁起の影をやどしているのに対し、目に見える世界はその一時の仮りの姿に過ぎないということで、両人の仏教の素養から推しても、多分に仏教の教義を用いての議論であったと思われる。梁の伏曼容《ふくまんよう》は蠱の卦を解釈して「蠱は惑なり。万事は惑より起る」という（周易集解）。これは無明《むみょう》縁起に当るであろう。陳の周弘正が、序卦を天道門、人事門、相因門、相反門、相須門、相病門の六部分に分類したのは（正義序）、六道とか六相とかの仏教理論にヒントを得たものであろう。

晋から南北朝にかけて仏教が隆盛をきわめたけれども、教義の理解は深まったが、実践の上では、一部篤信家を除いて、大体の在家の士大夫には限界がある。三玄、内典が盛んに読まれると同時に、東晋には孝経が重んぜられ（晋書・孝武本紀）、南北朝では観世音経の代りに読まれる（南史・儒林伝の皇侃、文苑伝の岑之敬）という現象は何を物語るか。貴族の家が、一国一城の重さを持って来て、国よりも家が重しとされ、君臣の上下よりも、家柄の高低の方がものをいう時代だからである。かように家というものが大きく重くなると、恩愛を捨離すべき仏教の方もある程度の妥協をせねばならぬ。晋の孫綽《そんしゃく》の喩道論は幼稚なものながら、その道を早く暗示している。仏教では家を捨てるから孝道に背く、という非難に対して孫綽は次ぎのように答える。十二部経にも孝は説かれていて、仏教は孝道と矛盾しない。家にある時は孝養を欠かねばよいし、おのれが出家してもその功徳で親が死後天に生れかわるなら、それは大孝である、と。仏教がかように妥協の道を開いている。道家は仏教理解の媒介者であった。儒教も前述のごとく道・仏を混入している。するとやがては三教折衷の途をたどることになる。このころ芸術や自然美の愛好がいとも強い。こういうことは、人間だけに価値をみとめるのでなく、万物にひとしく愛情をそそぐ気持がなければ成立しないわけで、荘子の考え方には副うところがあるけれど、仏教からいうと、これまた執着であろうし、度を過ぎると荘子にも背く。しかしこれも彼等の意識では、妥協さるべき矛盾であった。彼らは美的調和の上に安住して、おおかたは本当の廻心《えしん》を知らなかったようである（森氏・梁の武帝）。

しかし、とにかくこのころの儒教教義は、老荘、仏教と肩をならべようと、原義との合致はどうともあれ、懸命につま立ちして高さを増したであろうと思われる。隋書・経籍志によると、東晋から梁にかけて繫辞伝だけの注が六種、繫辞義疏が四種、礼記から中庸だけを抜き出して解釈したものが三種、その他周易玄品（玄学的にといたものか）、周易乾坤義（文言の注あるいはそれによる布衍か）などの書名も見える。ことに梁の武帝などは、文徳殿で乾坤、文言伝を講義し（南史・儒林伝）、自ら中庸講疏、繫辞義疏を書き、孔子正言章句を撰している（これは孔子のことばのぬきがきであろう。時の名臣たちが講じたり解釈をつけたりしている）。また梁末の玄学の最高峯とされる周弘正は、乾、坤、繫辞伝を特に解釈し（南史・本伝）、范述曾は文言伝の注を書いている（循吏伝）。この一聯のものを見て、すぐ気のつくことは、のちの宋学の発端をなすべき重要素材が、ここでえりすぐられているということである。

右の三教調和的精神は唐代（618-907）にそのまま流れこんだ。唐人は南北朝の貴族の趣味をうけつぎ、美と調和の愛好にコスモポリタン的性格を加えて、渾然とした絢爛の文化を創り出した。唐代は哲学を云々するよりは、なんといっても芸術の、美の時代である。ことに経学は道・仏に比べて流行らなかった。孔穎達《くようだつ》の編輯した五経正義は、思想統一の任務を荷なうものでもあったが、たかだか官吏試験の規準を示すに止まって、唐人の好みを儒教に向わせるだけの積極的な力をもつものではない。正義は先人の注の上に、さらに丁寧な解釈を加えるもので南北朝の各種の義疏を整理してできている。大体北朝の学問は鄭玄の学を守って、古い型に甘んじ、南朝のは異端のものを混入した新しい学風であった。孔穎達は易経に対して、新しい方の王弼、韓康伯の注を採用したが、南朝の義疏の異端にわたるものを全部削ってしまった。儒教の純粋性を守ろうという見識から出た措置ではあるが、そのため易の正義はきわめて無内容なものになってしまった。経学において実りが少い時代ではあるが、唐人の思想というものは決して低いものではない。劉禹錫《りゅうしゃく》や白楽天の詩や文を見てもわかることである。かれらは大体三教調和的な考えかたをもっている。ただ正面切って理窟をいうことはしない。ポエジーの中に柔かく包んでしまっている。思想史の材料は詩や教文など、いわゆる文学作品の中にも求めらるべきである。むしろこちらのほうに本心がより多く現われているばあいがあろう。ただし今の経学史的問題については証拠を見出だすことが困難である。

唐において、宋学への橋をかける、最も近い思想家といえば、韓愈《かんゆ》と李翺《りこう》、とくに復性書を書いた李翺である。李翺は「性は、道であり、誠であり、静なるものである。情は、性の邪なるものである。故に情を滅ぼして、性に復《かえ》れ」という（李文公集・復性書）。

原始儒家では、倫理的修業は向上であって、復帰ではなかった。論語の「克己復礼」を、宋の朱熹《しゅき》は「私欲にうちかって天理にかえる」と解釈するが、孔子の本意は「己れをよくし、礼をふみ行なう」というほどのことであろう。孟子は、性は善なりというが、それはまだ完全な善ではなく、修養によって向上させることが要求される。

道家の考え方では、これと反対である。性はもともと十全な「自然」であって、学問などの手を加えることは無益であり、逆である。性をおおいかくしている悪しきもの、情、あるいは欲を絶って、もとの性に復帰することにこそ、人の倫理的努力が払われるべきである、という（荘子・繕性、淮南子・原道訓など）。

儒家のほうも、秦漢以後になると、道家の考え方を摂取して、向上よりは復帰の方向に、修養を考えるようになる。礼記《らいき》の楽記《がく》に、「人生れて静かなるは天の性なり。物に感じて動くは性の欲なり。……好悪うちに節なく、知そとに誘われ、躬《み》にかえる能わざれば、天理滅ぶ」とあるのはその例である。ただし、儒家ではこのばあいでも、欲、情を全く悪しきものとはしない。性と情は、陰と陽のように、一方だけでは存在しえず、情は性を助けるものと考えるのがふつうである（春秋繁露・深察名号、白虎通・情性など）。右の楽記とほとんど同じ文章が、道家系の書、淮南子《えなんじ》の原道訓に見えるが、これでは、「人生れて静かなるは天の性なり。感じてのち動《うごき》くは性の害なり。……好憎かたちを成して、知そとに誘わるれば、己れにかえる能わずして、天理滅ぶ」となっている。前者では天理を滅ぼす原因は、好悪（欲、情）に節度のないことであり、後者では好憎（欲、情）が形成されること自体が天理を滅ぼす。つまり欲、情は、前者では節せられるべきもの、後者では禁ぜられるべきものとなる。楽記は音楽の原理を述べるもので、情を否定したら音楽の成立基盤がなくなるから、こういうのであるが、大体、儒家と道家とのちがいは、一般的にいっても、ここらにある。

ともかく復帰の倫理が道家からもちこまれたものであることは確かである。それに仏教の考え方が影響して来ると、ますます拍車がかけられる。梁の武帝は熱心な仏教信者であったが、その作、浄業賦《じょうごうふ》は、汚垢を掃って清浄に帰れという全く仏教的な主張に、右の楽記の文を引用している。仏教は道家より一層明確に、情、欲を禁絶する立ち場にあるから、私のさきに指摘した、楽記と淮南子との微妙な差などは、むろん論外にされてしまう。李翺の復性書もこの楽記を用いながら、儒よりも道、仏の考えに似たところがある。李翺は参禅したこともあるくらいで、仏教の影響を受けていることは十分考えられる。そして、いわゆる宋学の倫理は、性（天理）への復帰という点において、李翺の復性書と同じ基調の上に展開するのである。

ここで王弼の易の注をふりかえって見たい。文言伝の「利貞者性情也」の句を、王弼は「情を性にすることで、はじめて久しく正道をふむことができる」と解釈する。つまり「利貞とは情を性にするなり」と読んだ。これは原文の解釈としてはおそらく誤りであろう。性情の字は先秦でも、よく熟語として使うから、「利貞とは性情なり」と読むべきところであろう。が、この王弼の考え方が問題である。

人のつとめるべき正しい道は、情を性にすることである。情を性にするとは、どういう意味であるか。王弼は何晏《かあん》と「聖人に情ありや否や」という問題について議論をしたことがある。何晏は「聖人は性だけあって情はない」といい、王弼は「聖人にも情はあるが、それにひかれないだけだ」といった（魏志・鍾会伝注）。性、情の内容は両人に共通でなければならぬ。性は何晏の考え方からしても、虚静なるもの、寂然たる至無であるはずで、情はこれに対して動的有的なるものとなる。情を性にするとは、されば、動、有を静、無に転ずること。それは道家的な復帰の方向にあること、王弼の思想傾向からしても、疑えないところである。で、ここに復の卦の解釈もまた、つながりをもって来る。王弼自身は、情を性とするとだけいって、復卦との聯関を明示はしないが、後の人はそのように受けとっている。李翺は、性に復れという主張において、復卦を引用し、宋学の基礎を作った周惇頤《とんい》は、通書のなかで、「利貞とは誠の復るなり」というが、王弼のこの注を見て、復卦を聯想したにちがいない。

そして逆に王弼の復卦の解釈は、この文言の注の意味と照合するとき、人の心術にかかわるものとなる。王弼の復の注は、前に述べたような非難はありながらも、そのようなものとして後人の興味をひき、より深い哲学を触発する契機になったと思われる。北宋初期の文人、王禹偁《おううしょう》は、復其見天地之心賦（復はそれ天地の心を見る――復卦彖伝――の賦）を作って、次ぎのようにいう、「冬至の日、天地が寂然たる静に復るとき、坐忘遺照（荘子に見える、おのれを忘れる修業）すれば、天地の心が見られる。これをおのが身にかえりみれば、嗜欲を絶ち、無窮に心を遊ばせうるであろう」（小畜集2）。また宋の邵雍《しょうよう》（康節）は、冬至吟（伊川撃壌集）と題して、こう歌う。

冬至子之半　冬至の子《ね》の半ばのとき、
天心無改移　天心改まり移ることなし。
一陽初起処　一陽の初めて起るところ、
万物未生時　万物の未だ生ぜざる時。
玄酒味方淡　玄酒（おそなえの水）は味まさに淡く、
大音声正希　大音は声ただまれなり。
此言如不信　この言もし信ぜざれば、
更請問庖犠　さらに請う、庖犠《ふっき》に問え。

万物のまだ生れない、天地の静まりかえる瞬間に心を澄ませる心境である。これもやはり王弼の解釈にふれるところがあったであろう。邵雍は、その著、皇極経世で見ると、奇怪な神秘な宇宙構造論ばかりに凝り固まった人のように見えるが、その詩、生日吟や首尾吟などを見ると、日常のさりげない生活の中に自分の道の完成をめざすというところがあり、その宇宙論にしても自己の心境を養なうことと無関係なのではない。

宋学のテーマは、たどってゆけば、たいてい六朝のころにとりあげられている。無論その扱いかたにおいて、精神史上の比重において、大きな径庭はあるにしても、である。そして六朝人の考え方の先駆をなしたものの一つとして、王弼の易注は、結果的に意外に大きな意味をもっているといえよう。

第四節　宋・明の易説

〔梗概〕宋代は儒教の歴史の上で大きな改革を生じた。道学とか性理の学とかいうのがそれである。儒教が、政治道徳や家庭道徳の細目において詳しいけれど、宇宙観や人間論の哲学的基礎においては、老荘、仏教に見劣りがするところから、魏晋から唐にかけて人々の信仰を失ないつつあった。道学は、これら敵の武器をひそかに自己にとりこむことで、儒教に形而上学的な体系を与え、老荘、仏教に対抗しうるような新しい生命を吹きこもうとした。宇宙のなか、万物のなかに内在的な理を考え、それが人においては性とよばれる。この理、性は本来完全なものなのだが、雑多な物質におおわれていて見わけがたい。人はこれに到達するために、きびしい反省と日常の実践が要求される。ここに、それまででもりちぎな宋人の実践徳目に対して、厳格主義的な哲学的裏打ちがされた。

道学は、具体的な徳目を考えるばあい、やはり彼らの眼前にある階級社会を基礎にして考えたから、結果的には階級擁護理論になっているが、その性のほりさげは、万人に平等の人格的基礎を設定することになる。これは宋代における身分の水平化と呼応する。易の道学発生に対する寄与として、易の陰陽の観念にある平等性というものが考えられてよかろう。

道学が易の理論に負うところが多いように、宋代には易の注釈がきわめて多いが、この時代の人の経書研究には、原義に忠実にというよりは、自己の主観を経に触れて展開するというふうがある。張載の易説などはその典型である。程頤の易伝は大体、王弼の易注と同じ態度で、もっぱら人事にかけて説く。むろんその際道学的な教訓が多く出てくるのは当然である。朱子の易本義は程氏の易伝を簡略にしたようなものだが、程氏が排斥したいろいろの図を信じ、卜筮の面を重視する点がかわっている。朱子は易の文献批判の面でも鋭い目を見せている。其の他、変ったものには蘇軾の易説、司馬光の潜虚がある。

元、明代には経学の上で大した収穫がない。易においては来知徳の易がある。これは漢易の煩瑣な方法をさらに複雑にしたところへ、宋の道学者の倫理的な易解釈を混ぜたようなもので、思考の遊戯の観を免かれない。

宋代（960-1279）は、五代（908-959）のあとをうける時代である。六朝の身分制度のきびしさは唐代まで生きていて、太宗の時に、天下の家の格を定めさせたら、天子の家が第二流に格付けされて、帝を激怒させたほどであった（通鑑・巻195）。五代という時代は、戦乱ばかり続いたが、六朝、唐の貴族体制、身分差を完全に崩壊させ、新しい社会を作る素地をなした時代である。

であるから、そのあとの宋代は、一口に言えば、身分的に水平化された時代である。庶民の地位も向上し、官僚の席が特定の家に独占される弊害もよほど少くなった。唐代までの官僚がひたすら優雅な趣味人だったのに対して、宋代初期の官僚は、対蹠的に、野暮《やぼ》で生まじめな能吏である。実際に能吏でなくても、少くも能吏であろうとしている。生活意識の上かからいって後漢の人々に似た、素朴な有徳人が多いのである。宋初の名宰相、趙普が、論語十巻をもって天下の政治を、流れるように処理したという話は（宋史・本伝）、宋代の最初の思想運動が、王禹偁《おううしょう》、柳開、尹洙《いんしゅ》、范仲淹《はんちゅうえん》らの古文復興運動であったことと考え合わせると、甚だ示唆的である。

古文復興運動とは、文章のスタイルを古えのそれに帰せということであるが、それとともに思想の上でも、老荘、仏教以前の純粋な孔孟の道に帰れ、ということである。これは政治イデオロギーの上でもそうなのであった。六朝、唐でも表むき、儒教が国教であったが、老仏の影響でもって、儒の特色である人倫道徳、政治的具体性が、とかく稀薄になっていて、人を実践に駆りたてる力強さを欠いていた。それに下部構造の方が全く固定していて、そういう観念でどうにもなるものでなかった。古い社会のふしぶしが解体されて、はっきりした具体的な方針を欲求する、この宋初に、素朴な実践的イデオロギーとして、儒教古義への復帰が叫ばれるのは無理もない。

ただ、復古といっても、現実の人間はすでに原始儒家時代の人と頭がちがう。老仏の影響は多少とも無意識に受けているのだし、原始儒家が、玄学めいた六朝の儒学にまで変化したこと自体が、儒教自体としての、やむにやまれぬ理論的成長であったはずである。だから宋初古文運動家たちが、孔孟の道に帰れ、と口では言いながら、決して先秦時代の思想段階そのままに満足できるわけはない。まして、皮肉なことに、これらの人々は、韓愈、柳宗元の文章の論理的な明快なスタイルを学ぶとともに、その合理主義的精神をも学び取っていて、鋭い論理的な頭脳を養っている。で、原始儒家が説いたような、家庭から天下にいたる間の実践徳目を信じつつも、原始儒家に欠けていた、それら徳目の形而上学的な体系化、それら具象的な徳目を、より内的な悟境に深化させる理論というものを求めずにはいられない。

そこで彼ら自身は、表むきの発言では老仏を貶《けな》しながら、意識下面で、老仏的なものを心のよりどころにするというふうがある。しかしそのような二重性は、一旦意識されるときには解消されねばならぬ。儒教の中での、より深い体系化が要求されねばならぬ。大体が宋の儒者は老仏に対してひどくコムプレックスをもっていて、それの裏返しが、老仏にあるものはすべて儒に具わっている、という誇称にもなる。李覯《りこう》が「仏教の理論は大体、儒教の、易の繋辞伝、礼記《らいき》の楽記《がく》、中庸の数句のなかにある」（李直講文集・邵武軍学置荘田記）といったのも、そういう気持ちであろう。なお、ここにあげられた儒書の篇名は注目すべきである。これはまさに、次の段階において儒教が形而上学的体系をたてるばあいの重要素材であった。

いわゆる宋学、程朱学は、道学とか性理の学とかいう名の示すように、個々の徳目の奥にある道、宇宙全体を成り立たせ、同時に人間の根柢を与える道の探求である。それは宇宙万物にあっては理とよばれ、人にあっては性とよばれる。性はすなわち理である。理はそれ自体十全なもので、存在であって同時に当為である。その理は発現してすべての徳目にもなり、また物質的元素をともなって、すべての被造物ともなる。当時の人々の観念では、社会といえば階級社会しか考えられないから、個々の徳目はやはり階級的封鎖的な人倫道徳だし、理想社会として描かれるものも、やはり階級的な社会しか考えられなかった。そしてそのような社会、そのような人倫道徳の奥に内在する第一原理が「理」であるというのだから、結果的には階級制肯定理論になる。道学がその後、中国の支配層に、さらには日本の江戸幕府に、採用されるのは、一つにはこの面によってである。しかし彼らが、階級制擁護を意図して、これらの理論をうちたてたとはいえない。かれらの性や理の追求は、同時に、階級などを超えて万人に共通する絶対善を人間の根柢に認めることになった。これは明《みん》代の陽明学に、より明瞭に看取されるものであるが、宋学についても言いうることである。

こういう性の理論は、さかのぼれば中庸に出発しており、以後、漢魏六朝の思想の中にも、先蹤を見出だしうること、前節までにも触れた通りである。しかしこれを「体系」にまで高め実践と緊密に結びつけたのは宋学に始まる。宋学には、みずからは意識せずとも、老荘、仏教の影響があって、平等な性の考え方にはことにその影響があるようである（cf. 伊藤東涯・古今学変）。だから老仏の公然流行した六朝唐において、宋学のような体系ができてもよかったはずである。それができなかったのは、やはり六朝唐のきびしい身分制が、こうした平等的な性理の、実感をこめての承認を、はばんでいたからであると見られる。宋の性理の学の、この平等性は、やはり身分の差の撤去された社会の背景に支えられてこそ、かように力強く打ち出すことが可能になったのであって、精神史の上からも、宋代を近世の始まりとすることが適当であろう。

宇宙の、万物の根柢にある理は、当為を含む。だからそれを身をもって認識することが、人の倫理的義務である。理は人にあっては性である。だから理の認識は、もとの十全な性への復帰でもある。また、悪しき欲を捨て、自己の真の性にめざめることは、同時に宇宙の根元にある理の発見でもある。自己の性への内省をさきにするか、物の理への経験的探求をさきにするかは、宋学のなかでも学者によって異なるが、おのれの性の発見が、宇宙の第一原理の把握でもある、ということは、宋学、陽明学を通じての共通点である。そして、この性、理の定義の純粋さが、厳格主義《リゴリズム》とよばれる宋学倫理の特色を形成するもとになる。道学発生以前からして、宋人は総じてきまじめな修身家であったが、それがこの形而上的理論の支えを得て、さらに理論的にきびしくなる。だが、理論的完成とともに、北宋初期の人々にはまだあった闊達さ実行力というものが失われてゆく傾向が生じた。理を「知る」ことは「行なう」ことと一つであるべきだが、やはり末流では「心性を空談する」ようになりやすい。朱子のように経験を重視する人もあるが、性を十全と前提する立ち場での倫理的努力の方向は、やはり内にむかっての復初であるところから、とかく陰《いん》にこもった、消極的な気風になりやすい。江戸時代の日本の程朱学は、本国以上の、忠実すぎた模写であるが、反朱子学派の山鹿素行が、「程朱学をやっていると、静坐の工夫に陥って、人品が沈黙になる」（配所残筆）といい、荻生徂徠《そらい》が「宋学にこり固まると、よしあしの区別が強く、すみずみまで筋を通したがり、高慢で怒りやすい、文雅をわきまえぬ人間になる」（徂徠先生答問書）と罵ったような点は、程度の差はもちろんあろうが、中国の道学者の末流にもあてはまるようである。

ところで、易が宋学の理論にどういう寄与をしているか。ふつう道学の発端とされる周惇《とん》頤《い》の学問は、易と中庸を根柢としている。その太極図説は、太極というものを、人間や万物を生み、かつその中に内在する原理とし、それが同時に中正仁義という規範でもある、とするもので、これが易繫辞の思想にもとづくこと、言うまでもない。しかも字句用語の表面だけでなしに、易の陰陽の概念のもたらす平等的な感じ——万物は均等に⚊と⚋に還元できる——が、宋人の考えた性の均等性に、意識せずに働いているであろう。そのことは張載などに特に顕著である（もちろん仏や老荘からも、それは出て来うるのであるが、少くも孔子以来の儒教の純粋な道統を継ごうと自負する彼らにとっては、直接には易や中庸からこれを導き出すほかはない)。

程頤《ていい》、朱子は性理の学の根本を端的に示すものとして、論語と孟子、それに、礼記《らいき》の各一篇である大学と中庸の四つをあげ、これを四書とよんで尊重した。これは唐までの五経中心の儒学に比べると、いかにも明快で入りやすい。日本で受けいれられるのも、一つはこの入りやすさである。だが、論、孟、学、庸、いずれも、もとは時代を異にした作品であって、表現のちがいだけでなく質的な差異がある。それを一貫して、筋の通る注釈をしたのであるから、その注釈は必然的に、孔子孟子の原意とそわぬところがある。つまり孔子孟子自身が考えたのよりも、高度の理論になってしまう。極言すれば、経そのものの解釈でなしに、経による自分の思索である。これは程朱だけでない。宋人の学問態度に、とかくそういう主観の強さ、自由さがある。胡安国の春秋伝にしても、発生も思想傾向もちがう左氏、公羊《くよう》、穀梁の三伝を、自在に取捨しており、自分では孔子の原意をつかんだつもりかも知れぬが、結果的には、きびしい宋代ふう倫理による歴史哲学になっている。このような経典解釈の自由さは、しかし、かえりみれば、魏晋六朝人にもある態度であった。

以下において、まず三人の偉大な道学者、張載、程頤、朱熹《しゅき》の易解釈を略説する。古典の注釈という形においても、彼ら各々の独自の哲学の傾向はおのずから現われるであろう。

張載(横渠 1020-1077)に易説三巻がある。これはまとまったものではないが、宋元学案に、彼の学は易と中庸とから成る、と指摘している通り、思想史的にも重要な意味をもつ。

経十翼の大部分にわたっての思いつきの解釈といったふうのものである。卦の形と経文との関聯については大体王弼の説明法に似ていて、もっと粗雑である。そもそもそういう点には重点をおいていない。経文の字義から引伸してのより高い説明に意味がある。例えば噬嗑䷔の卦について、「子路の礼楽文章は、いまだ政治に適用するのに十分な域に達せぬが、彼が然諾を重んじ、そのことばが人々に信ぜられるが故に、一言で以て訴訟を裁くことができる。この卦の、獄に用いるに利あり、とか、蒙の、もって人を刑するに利あり、というようなことは、卦爻の盛徳ではない。暴れ者の子路にもこれ位のことはできるというだけである」という。これは論語の「片言以て獄をくじくべき者はそれ由（子路）なるか」（顔淵）に拠っている。噬嗑は刑罰の卦であるが、張子はここで刑罰をおとしめ、礼楽をもちあげている。これは原始儒家の正統の考え方ではあるが、易の意図ではない。易には刑罰の蔑視はない。卦爻辞は本来、儒家と無縁で、刑罰のことも多く出て来るし、彖伝象伝いずれもこれをおとしめはしない（儒家の中でも荀子になると法を軽んじたりはしない。彖・象は儒家的とはいっても荀子ごろの儒家の思想をとっていること前に述べた）。

　咸九三、其の股を咸（感）ず。其の随を執《と》る。往けば吝。

に対しては『心がここに寧《やす》んで静まり、ひたすら定まっていれば、ゆくてに何ごとがあろうと心配することはない。むだな細かいことを気にかけることをやめよ。……天地の道はただ日月寒暑の往来、屈伸と動静の両端があるだけである。人間のばあいも、一つの道をきわめてこれを実践に移すなら、細かいことは、わが手の中に入って、邪魔はできない。過去未来を心にかけて何の益があるか。ただ日に新たならんと心がけるがよい。孔子は「富の求むべからざる」を知って、「わが好む所に従わん」といい、「思う」ことの「益なき」を知って、「学ぶに如かず」といわれた。そこで咸の九三において、この意味を示されたのである』という。象伝の「天地感じて万物化生す」、大象の「君子以て虚《むな》しくして人を受く」に出発点があるとはいえ、この理論は原典とはよほど高度のものといわねばならぬ。

易説の中で、最も端的に彼の本体論に触れる部分は、繫辞の「一陰一陽之謂道」の注である。彼は「一陰一陽此道」という。つまり陰陽の気の生々流転そのものが道であるというのである。この点で張氏は朱子と分れる。朱子は「陰陽のたがいに変ずるは気、その理はいわゆる道なり」(本義)という。故に朱子では、生々する気と、生々せしめる理とが分たれ、張氏では気の一元論となる。張氏の易説に「一物にして両体とはそれ太極を謂うか」(繫辞の注)とある。太極は一つの気であり、その両面が陰陽なのである。この気は集まって万物を生じ、散れば太虚となる。わが体はその気の集ったものであるが、散るのもわが体である。故に死とは寂滅ではない(正蒙1)。ここに、張氏自身の異端排斥にもかかわらず、明らかに荘子との類似が見られる。

「復はそれ天地の心を見るか」(復、象伝)の注に、『天地の心とはただ物を生ずることである。天地の大徳を生という(繫辞)。……象伝に「終れば始めありとは、天行なり」とあるが、天の運行は息《や》むことはない。静にはなんらの制限がないからである。天の動きは静中の動である。それは無窮であって、首尾起滅がない。天地開闢以来現在まで、静にして動という状態であった。天は無心無為、主宰する意志もなしに、いつもその通りで、やむことがない。人の徳性もこれと合う。しかし少しでも心中で作為するところがあって、静になったとしても、その静はなが続きしない。けれども修養はここから出発せねばならぬ。静とは徳を進める基である』という。これは、正蒙（1）の「至って静にして感ずることなきは、性の淵源なり」と照応するものである。この文で見ると、性はそのまま純粋な善である。しからば悪の発生はいかに説明しうるか。ここにおいて彼は性に、二つの意味の性を考える。「形あって後に、気質の性あり。よく之を反《かえ》せば天地の性存す。故に気質の性は、君子は性とせざることあり」（正蒙6）天地の性が純粋善であるのに対して、気質の性は、感覚的なものを含む故に悪の可能性をはらむ。ここで張子は、再び朱子と近接する。近接といっても形の上の近似に過ぎない。朱子は正蒙に注して、天地の性イクォール理と解釈するが、これは張氏の本意ではないからである。張の天地の性と気質の性との差は、朱の理と気の差異ほど遠いものではないのである。ひるがえって、彼の気一元論を仔細に見ると、一陰一陽が道であるといっても、それは形而上の世界にあるとき、形のまだないときにおいてのみ道であって、八卦となり、礼儀などのもろもろの事になったときは、器とよばれる（易説、繫辞の注）。気が現象に展開する段階に対応して、性に二段階があるのである。こういうと、ますます朱子の理気説に似ているようだが、そうではない。朱子の理と気の関係は最も難解な問題であるが、少くとも、理から気へ流出 emanatio するとか、理＝form、気＝materie とかで説明し尽せるものでない。理が自らを否定し質料化することで気を生ずるというように解する他はない（後藤俊瑞氏・朱子の実践哲学）。ただはっきりしていることは、朱子の理と気との間には明瞭な異質性があるということである。しかるに張氏においては、形而上の段階にあった気が、万物を生むために、そのまま流出 emanatio して形而下の物となるので、その間に断絶はない。したがって天地の性と気質の性との距離も、飛躍を要するていのものではない。朱子が、天地の性を理としたのは、その意味で誤りである。張氏にあっては、それは最も純粋な状態における気であって、理とよばれるべきものではない。

ともあれ、生々する気を本とする、張氏の思想は、西銘に到って、最もふくらみある、豊かな結実を示している。「乾をば父とよび、坤をば母とよぶ。われここに藐焉《かすか》なれど、かえって混然として中に処《お》る。故に天地を塞《ふさ》ぐものは、わがその体。天地の帥《おさ》は、わがその性。民はわが同胞《はらから》。物はわが与《とも》なり」わが山鹿素行は、その宇宙論においては多分に張載に近いところがあるにもかかわらず、ここの末句を「墨子の兼愛の道」として非難する（山鹿語類37）。素行は武士の地位を強化するため厳しい階級制を主張する立ち場だからである。ともかく張載は、平等観という点では、他の道学者に増して直截である。そして彼の考え方全体が、原義に忠実であるかないかは別として、易繫辞に啓発されるところがきわめて多いことは否定できない。

程頤（伊川 1033-1107）が、若年に科挙（官吏登用試験）を受験した時、胡安定が試験官として、「顔子の好みし所は何の学ぞ」という題で、論文を課した。これは難問である。論語に、顔回が陋巷にあり、水を飲み、玄米を食べながら、その楽しみをかえなかった、というが、何を楽しんでいたかは書いていないのである。程伊川は次ぎのように答えた、『覚者は情を制して中庸に合わせ、性を養う。これを「其の情を性にす」という。愚者は情をほしいままにして邪道に陥り、性を亡ぼす。これを「其の性を情にす」という』と。胡安定は大いに驚いた（困学紀聞・易）。こういう問が出される点にも、宋代の新しい学問の起る可能性が見られる。ところでこれは、すでに述べたように、王弼の易文言注、李翺の復性書共通の発想である。程氏は、右のことばづかいから見て、おそらく王弼の注によっている。

それだけに、程氏の易伝は、王弼の注によく似ている。程氏は易経全体を虚象と見て、経文の一字一字を卦爻から引き出そうとはしない。したがって、卦気、動爻、卦変などの漢易の解法を一切用いない。邵雍の説く数や図にしても、「空中楼閣」として、これを斥けた（宋元学案10）。彼の解釈法は、十翼の中にある要素、中、正、応などで行なう。故に十翼にはわざと注を省く。そして説明のしかたも、もっぱら人事にたとえ、倫理を説くことを旨とする。以上の諸点はまさに王弼にも共通に見られたことである。もっとも、王弼にまま見える老荘的なことばは、ここには現われて来ない。けれどもそのことは、程氏が全く老荘の影響をうけなかったことを意味しない。老・仏の影響を強く受けながらも、自らはそれと意識せず、かえってこれらを異端としてそしるのが、宋儒のふつうの態度であるから。

艮の象「艮はそれ止まるなり。その所に止まるなり」を解釈して「父は慈に止まり、子は孝に止まり、君は仁に止まり、臣は敬に止まる」という。これは勿論、大学の「至善に止まる」という「止」の字の使い方をかりて来て、儒家倫理の根本、君臣父子の道を説く卦として解釈したのである。大体、艮卦は宋儒の好んだものである。周惇頤は「一部の法華経は、ただ一箇の艮卦をもちいて可なり」（二程語録16）といい、朱子は「最もよき卦」というが（語類73）、原義ではさほどめでたい卦でもなく、程氏のように解してこそ始めてよい卦になりうる。朱子も艮の「止まる」を全く同様に解して、卦辞の「其の身を獲《え》ず」の一句を「身を殺して仁を成し、生をすてて義を取る」の意味に理解するのである。

復初九「遠からずして復らん。悔に祗《いた》るなし」をば、顔回が、悪心のきざした時、外に過失となって現われないうちに改めた、つまりもとの善に復った、ということを引き合いに出して説明している。

さらに革上六「君子は豹変し、小人は面を革《あらた》む」を注して「人の性はみな善である。君子は善を見れば改め移るが、下愚は自暴自棄したものであるから、心から移ることはできない（唯上智と下愚とは移らず、と論語にある）。ただ上面だけを利として革める。しかし上面だけでもあらためようとする点から見ると、性そのものが悪なのではない」と。従来の解釈では「君子は革命のときに、よく大業を潤色し、小人は顔だけかえて上の者にしたがう」（王弼・正義）という程度に止まり、また原文については、それでも過剰なくらいであった（原義はもっとずるい智慧であろう。利口なものは鮮かに転身するが、愚か者は見えすいた顔だけの変化しかようしない）。程氏はそれを、さらに性善説の証明の材料にまで高めている。

これらの例で、程氏の解釈の方向が察知できるであろう。その文は冗漫で、王弼の機智はないけれど、その代り、動機主義的倫理にむかって人を誘掖しようとする、熱っぽい執念がここにはある。

朱熹《しゅき》（1130-1200）の易本義は、十二巻から成る。本文が二巻、十翼は別に十巻にまとめてある。王弼以後、彖、象を卦辞爻辞のあとに割りつけるのが普通になっていたのを、古い形にもどしたのである。

䷋否の卦辞「否之匪人、不利君子貞、大往小来」（否の人にあらざる、君子の貞《ただ》しきに利あらず。大往き小来る）の注に、

「否とは閉塞の意味である。これは七月の卦である。まさに泰䷊と反対である。だから匪人という。人道にあらず、の意味である。その占は、君子の正道に対して利がないことを示す。大往小来とは、おそらく、乾☰が往って外卦におり、坤☷が来て内卦におること、もしくはこの卦が漸䷴から来たとするなら、その九三が四に往き、六四が三に来たこと、をいうのであろう。ある人が、之匪人の三字は余計な文字であろう、比䷇六三比之匪人にひかれて誤ったものであろう、と疑っている。彖伝に、この三字を特に解釈していないことでもわかる」

䷗復を十一月とし、䷊泰を正月、䷋否を七月とするのは、漢の卦気説のなかの定説である。王弼は意識してこれを捨て、程氏もまた取らない。朱子は、程氏の易に十分の尊敬を払いながら、そのもっぱら理論を説いて、象数を説かない点では、あきたらぬところがあった。朱子は、易が倫理を説くものである反面、卜筮のためのものであることを重視し、したがって暦との照合や、卦変をもある程度認める。この大往小来にしても、二つの解法を用

いている。その一は乾が大、坤が小、外卦を往、内卦を来とするもので、これは程氏易伝と同じであるが、今一つのは卦変によるもの、すなわち䷋の三の陽爻を大、四の陰爻を小とし、その交代を往来とよんだとする。「人道に非ず」という解釈の文は簡約過ぎてこのままではよくわからない。程氏の易伝を見ると「天地が交わって万物がその中に生じ、然る後三才がそろう。人は最も霊《くす》しきものである故に万物のかしらである。そこで、すべての生殖作用は、みな人道とよばれる。否の卦のように、天地が交わらなければ、万物を生みえない。これは人道がないことで、だからこそ匪人という」（性的不能者を中国のことばで人道なしというが、程氏はそれを広義に解した）とあるのによっている。朱子みずからが「作りしところの本義は簡略なり。義理は程伝にすでに備われるを以ての故なり」（周易折中・凡例に引く）といっている通り、大体本義で説かれる倫理は、程氏のそれによっている。「不利君子貞」を「君子の正道に不利」と解するのも程氏と同様であるが、「その占は」の語は、程氏にはない。朱子は卦爻辞を、おみくじの説明文のようなものと見る立ち場に立っているので（語類67）、卦爻辞は、作者の占者に向ってのよびかけと見るのである。

䷢晋六五「悔亡。失得勿恤、往吉、无不利」（悔なし。失うも得るもうれうるなかれ。往けば吉。利あらざるなし）

本義「五は陰⚋でありながら陽の位におる。これは悔あるのが当然である。しかし大明（☲離は明）が上にあって、下がみな順従である（☷坤は順。⚋も順）。だから占者がこの卦を得れば、その悔はなくなる。また一切功利心をなくせば、往いて吉、利あらざるはなし。

しかしそれも、必ずその徳あってはじめてその占に応じうるのである」「必ずその徳あって」というのは占いということの功利性に対する弁解にほかならない。張載も「易は君子のために謀り、小人のために謀らず」（正蒙14）と弁解するが、朱子はさらにこの点には気をつかっている。

朱子の注の中には、ところどころに「未詳」として解釈を下していない部分がある。これは朱子の学問的良心の現われであるが、それと同時に、しょせん無理なこじつけをしなければ説明のつかない易の構成と、かれの合理主義精神との矛盾がそうさせたのである。語類に『既済未済の卦の「濡尾」「濡首」は、明らかに野狐の水をわたることをいう。しかるに孔子の解釈（小象のこと）には「酒を飲みて首を濡らす」とあるが、これはどうしてかわからない。孔子がいったことであればこそ、人はよう文句をいわないが、他の人がいったのなら、こんなことでは通らない』（73）とあるのは、小象のこじつけた解釈に対する不信の表明である。

大体朱子という人は、他の道学者とちがって、哲学者として偉大であるばかりでなく、経学者としても、すぐれた綜合的な成果をあげている。それは彼の立ち場から来る。同じころの陸象山やのちの王陽明などのように、万物の理法が、己れの心の中にあり、それも直観でつかめる、という立ち場からは、坐禅の必要は認められても、学問の必要性は出て来ない。朱子では理は、おのれの中にも万物の中にもあるが、それは経験的に、漸次に、発見の努力を積まねばならぬとする。理は、この物の中にも、あの物の中にも共通にある。そのいくつかの物の中の理を解明すれば、それから帰納して、天地万物の理というものがつかめるという。故にそのような理を、純粋な形で含んでいる聖人の書、経というようなものは、特に研究の必要があることとなる。彼の立ち場が経験的実証的であるだけに、彼の経学というものも、甚だ実証精神に富んでいる。それまで教訓的なこじつけた解釈しかなされなかった、詩経の恋愛詩に対して、明瞭に「淫詩」と断定を下し、小序を削り、古文尚書の偽作であることを疑ったのは、実にその合理主義精神の現われである。綜合的学者として、朱子は後漢の鄭玄に比べられるが、鄭玄では、真理は経の中で完結しており、経はそれ自体が目的であったのに対して、朱子では、真理は万物の中にあり、経はその真理をつかむ一つの手段なのである。故に聖人への尊敬はかわらないけれど、経なるが故に、その中の誤りにまで盲目であることは、朱子にはできない。易についても、欧陽脩が十翼を疑ったほどではないにしても、ある程度の疑問は抱いていたようである。繫辞はこれを疑っていないようであるが、小象については前記のように疑っているし、序卦については「易の奥儀ではあるが、聖人の精ではない」（語類77）という。その他、麻衣易（麻衣道人の作という）の偽作であることを弁じ、太玄の非を難ずる条々（語類67）を見ても、その透徹した合理的精神を見ることができる。

朱子は邵雍、劉牧の象数を信じている。邵雍は、天地万物の変遷は、すべて一定の数に従って必然的な動きがある、という。十二辰が一日、三十日が一月、十二月が一年、三十年が一世、十二世が一運、三十運が一会、十二会が一元（十二万九千六百年）である。この一元で世界は一変遷をとげる。で、この一元の変遷から逆に一会の変遷が見られ、一会から一運が、一運から一世の変遷が見られるとする。これは仏教の説からヒントを得たのかも知れない。さらに、その先天卦図は、道士の陳摶《ちんたん》から出たものであって、乾が南、坤が北、離が東、坎が西に置かれる。これは説卦伝の方位と全く異なるが、彼としては、天地水火のような最重要の存在が、中途半ぱの方位にあるのを不合理と考えたが故であって、説卦伝との相異は問題としていないのである（先天とは天地発生以前の意味、説卦の方位は後天卦図とされる）。河図洛書は、漢の讖緯にも見える予言書である。彼のは、神秘数を魔方陣のように配置図示したものである。このたぐいは漢代にもあった。ただ邵氏の漢代人とちがうところは、この合法則的宇宙の中心にあるものは人間であり、自己である点である。「心をば太極となす」（観物外篇）の語がそれを示す。

朱子がその易の注釈に、この先天卦図、河図洛書などを取り入れているのは、その合理主義精神と矛盾するようである。しかし実は、朱子の合理主義、あるいは広くいって中国人の合理主義というものは、西洋のそれとちがって、こうした今日から見て神秘的な要素を、全く排除するものではない。ここでは「神有り」という命題は信ぜられない。その代り森羅万象の中にあって、これをしかあらしめる「理」は信ぜられる。であるから、天地は純粋にサイエンスの対象たる自然ではない。天地は無心といいながら、その運行の中に、合目的的法則の存在することは、これを疑わないのである。そして天地は無心でありながら、一つの盛んな世の次ぎには衰世が来る、そのまた次ぎには盛世が来るというふうに、無限に循環し、非常な禍を下すときには必ず非常の偉人を生み出すという自然の気運をもっている（語類1）。しかも、この宇宙は、人が無道きわまったあと、一斉にぶつかり合って、混沌として、人も物もみな尽きてしまう。そしてそのあと、もう一度、陰陽五行の結合から歴史が始まる、という（同上）。この無道きわまって天地がこわれるという考えは、漢代人の災異説よりは新しいものであるが、やはり人の徳性と宇宙の相関関係は認めているわけである。したがって、宇宙構造を簡単明瞭に数——それも典拠のある神秘的な数——で示しうる図式とか、歴史の展開が決定的な数字で示される理論とかに、朱子がひかれるということはさまで不思議ではない。

なお右の、世界の終末という考えは、中国の伝統的な考え方の中にはない。儒家や道家が理想の時代を黄帝の世や堯舜の世に求めるのは、古いものほど良いという通有観念がある故ではあるが、進歩の可能性を認めないわけではない。「仏氏は天地陰陽人物を以て幻化となす」（文集45・廖子晦に答うる書）と仏教をそしる朱子ではあるが、朱子のこの終末観、下降的世界観は、どうも仏教の末法思想をうけついだもようである。むかしの儒家道家の尚古主義とは感じがちがう。もっと暗い。強いて朱子のこれに似た考えを過去の中国に求めるならば、後漢末期に現われた、百六之会とか漢四百歳（後漢書・李雲伝・張衡伝）といって数理をあげて漢室の滅亡を予想する一種の讖緯説が思い出される。この類似は何故であるか。北宋初期の人々にはこうした暗い末世観はなかった。朱子の生きた時代が、政治的に腐敗し、国運の下衰がまざまざと感ぜられる時期であったことが、朱子のこういう考え方の原因の一つであろう。倫理的に潔癖であるだけに切実なのである。それは後漢末のばあいも同じである。

正統の道学者以外に、蘇軾《そしょく》の易解、司馬光の潜虚がある。

蘇軾（東坡 1036-1101）の易解は、いかにも彼らしい独創性を多分に盛りこんだもののようである。「一陰一陽を道という。之を継ぐ者は善なり。之を成す者は性なり」（繫辞）を解釈して、「物は陰陽から生ずるが、陰陽ではない。で、物が生じて陰陽は隠れ、善が立って道は見えなくなる。……孟子の性善説を至言として来たけれど、易を読んでのち、孟子のまだ至らぬことを悟った。孟子は性を継ぐもの、性の効果を見ただけで、性そのものを見てはいない」といい、つづく「仁者は之を見て、之を仁と謂い、知者は之を見て、之を知と謂う。百姓は日に用うれども知らず。故に君子の道は鮮《すく》なし」（繫辞）の解釈に「無形のところに注目していると、妄想のままに錯覚で物が見える。同様に、仁者は仁に執しているから、道をば仁といい、智者は智に執している故に、道を智とおもう。さらに愚かな者は日々に道を用いていながら気がつかない。そこで、道を性とした君子というものは数少いのである」と。これは朱子も老・仏の説としてそしっているが（文集72・雑学弁）、何よりも荘子に近い。荘子の思想に最も深く染まっている蘇軾だけに、かような解釈も出て来る。これは原義とは遠くずれているであろうが、孟子と易とでは性の意味がちがうという指摘は、さすがに卓見である。

司馬光（1019-1086）も、蘇軾の闊達さには似ないけれど、その著、迂書《うしょ》の中で、孟子をそしるほどであるから、程子朱子のような道学者とはやや肌合いがちがっている。資治通鑑《しじつがん》というすぐれた、科学的用意をもつ歴史の編纂者だけあって、最高の常識の持ち主である。「理を窮め性を尽し、以て命に至る」（説卦）について司馬光はいう「世の高論する者は、競って幽僻《わかりにくい》の語をなして以て人を欺むく。……その実、何ぞ遠きや。是不是は理なり。才不才は性なり。遇不遇は命なり」（迂書）。

　この司馬光が、太玄を好み、太玄にならって、易に模擬した潜虚を作っている。これは未完で終った由で、その全体の体系を説明する部分を欠いている（郡斎読書志）。それだけに太玄よりさらに難解である。題名の虚は、張載の太虚に近い。「万物は虚を祖《おや》とし、気に生ず」とあるから、潜虚とは目に見えぬ本体の意味であろう。題名は老荘ふうであるが、太玄のように老子に似せたりするところはない。||元を始めとして、|||裒《ぼう》、| |||柔、| ||||剛、以下の卦が全部で五十五。一卦は、初から七まで七つの文句を含む。体図と名づける図がある。王を頂点とし、庶人を低辺とするピラミッド型の図で、王の位に一卦、公の位に二卦、岳の位に三卦、牧に四、率《そつ》に五、侯に六、卿に七、大夫に八、士に九、庶人に十卦をわりあて、合計五十五卦。こうした階層的国家の意識は、太玄のよりもむしろ強い。また、元の卦に「力行は道徳の始めなり」といい、裒の卦に「宗族聚って家あり。聖賢聚って国あり」というところなど、やはり道学の人々とも共通する要素、宋人らしい倫理が明瞭に現われている。

　清の銭大昕《せんだいきん》によれば、易を説いた書物は、南宋の紹興《しょうこう》、乾道《けんどう》、淳熙《じゅんき》（1131-1189）年間に最も多く出た。そして易で試験をうけたものに対して、天子は、答案を秘書省で読んだ上、これを役人に写させ、最高の成績のものは館閣詰めの官を与え、次点は一段昇任、もしくは文学教授にする、という特典を与えた、という（潜研堂文集24・周易読翼揆方序）。宋の学問における易の比重を見ることができる。銭氏はつづけて「それらの書物は大てい伝わっていない。その中には、空疏な、時流に投ずるだけの目的のものもあろう。禄利のための流行である」と評している。しかし、そうした時流ができること自体、宋人の心理に易が共感される点があることを物語る。清朝の考証学以後、宋人の経学はとかく軽視されるが（銭氏もその例にもれない）、原義への忠実さという点を離れて、宋人自身の経によっての思索という点で見れば、それはそれなりに価値を主張しうるものである。

宋につづく元（1271-1368）、明《みん》（1368-1644）の時代は、経学史の上で取り立てていうべき業績が見られない。元は蒙古族の天下で、漢人はいくら才があっても上位に昇ることはできない。人の十等の中で、儒は九等で、乞食よりややましとまで蔑まれた（困学紀聞引、鄭所南・心史）。このような時代であるから、儒学が身を入れて研究されるわけもない。明においては、永楽年間に四書大全、五経大全が作られた（1414）。その中に、周易大全がある。これは経義考や四庫提要によると、全くの剽窃、それもあまり出来のよくない書物からの剽窃であるという。

来知徳（1525-1604）の易というのも、彼自らが誇るほどの独創性をもつものではない。卦の形によって分類する体図とは、大体それ以前からある諸法を組み合わせたものである。伏犠の方位、文王の方位とは、朱子が採っている先天図、後天図そのままであり、伏犠の錯

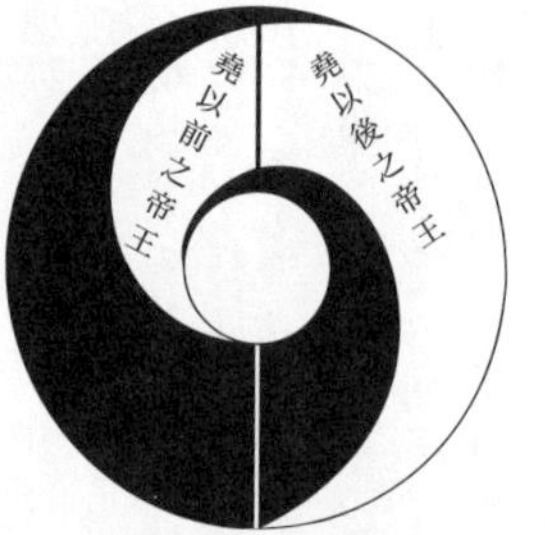

というのは漢易でいう旁通、文王の綜とは、易経の卦のならべ方の中に見られる反対卦の概念である（たとえば䷣の錯は䷅、綜は䷢）。八純卦から六十四卦ができるという説は、現存京氏易伝に見える積算法と同じものである。帝王図というのは、歴代の文章、歴代の人材の消長を、図にあらわしたものである。このうずまき形の表現法は、邵雍の水火匡廓図を借りて来たもの。そして邵氏にしても全くの独創ではなくて、方士から借りたものである。この帝王図のうずまき全体は大混沌と名づけられ、その中にまた小混沌がある。大消のなかに小息があり（消は衰え、息は伸び）、大息のうちにも小消がある。堯舜以後の世は大消であるが、周末に孔子が生れたことは大消中の小息である。小息であるが故に、孔子の録、位、名誉、寿命は堯舜に及ばない（図の説明文）。朱子について指摘した下降的な史観が、ここにも、ほの見えている。

その他、情性といって、内卦を性、外卦を情と規定し、内卦外卦の性格で、その卦の特徴を示そうとする新らしい試みがある。例えば䷑蠱について、「情剛、性柔」または「情止、性入」という。外卦の☶艮は陽卦であるから剛といい、また艮は止まるの意味でもある（艮象伝、説卦伝）。内卦の☴巽は陰卦だから柔、また巽には入るの意味がある（説卦）。このこじつけではあるが、そのこじつけ方に、いかにも時の性理の学の臭いがある。さらに、錯綜（旁通卦と反対卦にあたる）とか、中爻（二、三、四または三、四、五で卦をつくる。つまり互体であるが、その互体を重ねたのがこれである。䷇の二三四で☷、三四五で☶。すると中爻は䷁と䷳の二つになる）とか、六爻変（初爻から順に陰陽を変える。ただし消息とちがって、内卦外卦だけを問題とする。䷀の初変は☴、二変は☲、三変は☱、四変は☴、五変は☲、六変は☱というように）とか、複雑な要素を附け加えている。それはいずれも発想法においては、漢易の諸法に胚胎し、さらに複雑化したに過ぎない。そして漢易の経文のなんらかの字句の説明のための操作であって、その痕跡をたどりうるものであったのに対し、来氏の説の中には、どの経文の解釈に必要なのかわからない、むしろ明瞭に、解釈とは遊離した、象数概念の集積のようなものがある。漢易においてもいえることであるが、漢易以上に「思考の遊戯」といった色彩が、来氏には濃厚である。

䷉履九二、履道坦坦。幽人、貞吉（道をふむこと坦々たり。幽人は貞吉）

来氏の解釈『履道坦々とは、中庸の道によって、「隠れたものに素《むか》って怪しいことを行な」わないことである（中庸）。ひとり世を幽《かく》れた人は、賢者の知遇をうけることが多いけれど、そのかくれかたにおいて坦々たる中庸の道をふみ、あまりに高踏的な、世俗の目をおどろかすようなことをしなければ、貞《ただ》しくして吉となりうるであろう。九二が六二に変ずると内卦は☳震。震は足である（説卦）。だから履《ふ》むという字が出て来る。また震は大道である（説卦）。道坦々の字にあてはまる。幽とは明の反対語である。この䷉の中爻（二から四まで）は☲離である。離は明である。明が上にあって九二は明の下になっている。だから幽という。また九二は内卦の真ん中である。三本の爻のうち上が天、下が地に対して、真ん中は人である。だから幽人にあたる』

後半の一字一字を卦の象から説明するしかたは漢易の態度とかわらない。しかし前半の道学的な「教訓」は漢易に見られない気分である。いわば、程・朱の解釈法をうけつぎながら、漢易の象、それもより観念的に複雑化したものを結びつけたのが、来氏の易である。

明という時代は、王陽明という独創的な思想家を生み出しながら、経学の方では一向に振わなかった。易にしても、宋儒がおのおのの哲学による解釈をしているのに対して、陽明学による易解釈といったものは、ついに完成されなかった。それというのが、陽明のように、「万物はわが心の中にあって、わが心の外には一物もない」という唯心論 idealism の上に立つならば、「六経はわが注脚」（もと陸象山の語）ということになるのは当然であって、経学の権威は、この強烈な自我の前に光を失わざるをえない。宋学では自我はなお宇宙のなかにあった。陽明では宇宙が自我の中にある。宋学では、宇宙の理は経験的に、そして観省的 contemplative に把握された。そこではまだ易のような宇宙構造論が価値を有した。陽明では、宇宙の理といって目をそとに求める要はない。経験の代りに直覚、観省の代りに実践で、直接にわが心の理さえ求めればそれで足りる。されば易が宋学において果した役割は、ここにはもはやなかったのである。

第五節　清朝の易学

〔梗概〕清朝には考証学が流行した。それは清朝政府の思想統制が厳しくて、自由な思索ができなかったのと、学問のための学問を楽しむという学問態度の近代化の故である。考証学は古典の原義を正確に探求しようという学問なので、方法には科学的なところがあるが、経書の権威にはなお尊敬をはらっている。古典の原義を探るといっても、古い注釈の復原が多い。恵棟《けいとう》、張恵言の易学は漢易の復原である。焦循《しょうじゅん》の易解釈は、経文の一字一字を卦の形から説明しようというので、その限りでは漢易と同じだが、その説明のしかたが法則的で、数学者らしい態度が見える。

清《しん》代（1644-1911）には、宋明の学問がとかく経典の原義から離れた主観的なものになっていたことの反動として、いわゆる考証学が興った。それは一見、近代的な科学精神に貫かれた学問のようではあるが、なお経書の宗教的権威は無視していないのである。つまり閻若《えんじゃく》璩《きょ》が古文尚書疏証を書いて、現行の古文尚書が魏晋時代の偽作であると断定し、黄宗羲《こうそうぎ》の易学象数論、胡渭《こい》の易図明弁が、邵康節、朱子の先天図後天図のたぐいが道教から取って来たもので、聖人の作でないことを立証する、その態度や方法はいかにも科学的である。しかしその科学的批判のメスの及ぶ範囲に限界がある。経典自体の神聖性にまでは及ぼさないのである。宋の王安石が春秋を「断爛朝報」（ずたずたになった官報の残り）と断じたような態度は、清朝にはむしろ後退している。古文尚書を完膚なく攻撃したものの、今文尚書については無条件の信仰を献げ、宋の象数の由来を摘発したあと、漢代の易説については、その可否を反省しようとはしない。まして尚書そのもの易そのものが、聖人の作でも何でもない、後人の贋作だとはいわない。彼らは一つの大前提をもっている。「漢の人の注釈は古えに近いから、それだけ聖人のもとの意図に近いであろう」というのが、それである。したがって、清朝人の経学は、大抵漢儒の注釈の復原という段階に止まっている。かれらの学問が漢学とよばれる理由である。そして経学以外においてでも、個性ある自己の哲学をうちたてようというふうが、この時代ほとんど見られない。満洲民族の清朝政府が思想統制にきわめて厳格であったので、自分の考えというものを開陳することがはばかられるためでもあろう。考証学は、最も安全な思考能力消費の場所であったのである。

ただ疑問になるのは、こうした考証だけで、彼らが満足しえたであろうか、満足したとすればどういう意味で満足しえたか、ということである。考証学の流行の原因は、右の政治的な消極因のほかに、なにか積極的なものがありはしないか。清の最もすぐれた史学者考証学者の一人、銭大昕《せんだいきん》のことばは、一つの解答になるであろう。

「昔の経学者は多く長命である。人は次ぎのようにいう、学問に精神を酷使することは衛生によくない、にもかかわらず長命したというのは、生れつきが常人とちがっていたのだろう、と。私はそうは思わない。心という器官は思考を司どる。思わないでいることは心ふくるるわざである。だから心を使ったために命を縮めるということはない。学者が心を使うのは、自分の満足を求めるので、これを苦しめることにはならぬ。ただ富貴に心を使う者は、求めるもの必ずしも得られないし、幸いに得られても求めはますますつのるであろう。だから心を苦しめながら一生を終えねばならぬ。ところが学問に心を使う者となると、満足の度は得た成果に正比例している。得られれば楽しい。その上その楽しみは永続きする。一日心を使っても心に苦しめられることはない。これが学者が多く長命である理由。不老長生法を修める連中が、自分の心をむりにおさえて使わないようにしているのとわけがちがう」（潜研堂文集23・贈邵治南序）

右にいうところの学問の楽しみは、道学者のいうそれとは意味がちがって来ている。何らかの修養のための学問でなく、学問のための学問といった感じのものになっているのである。

漢学としての限界は、易学においても、つきまとっている。この時代には、欧陽脩の十翼批判の程度のものさえほとんどなされていない。ただ宋代の説、王弼の説を非として、漢代の易学を復原するのが、おおかたの学者の精一杯の成果である。

恵棟《けいとう》（1697-1758）の易例、易漢学の著は、孟喜、京房、荀爽、鄭玄、虞翻ら漢儒の解釈法の資料の蒐集と、その凡例であり、周易述は創作とはいうものの、乾䷀坤䷁で二つの既済䷾を作ること、すべての卦を既済に還元することを解釈法の根幹としていて、まさに虞翻の注の復原という程度を出ない。

張恵言（1761-1802）は、周易虞氏義、周易虞氏消息、虞氏易礼、周易鄭氏義、周易荀氏九家義、易義別録を書いている。これは漢儒諸家の解釈の特徴を要約したものである。

焦循《しょうじゅん》（1763-1820）の著書には、周易補疏、易章句、易通釈、易図略がある。周易補疏は、唐の周易正義の誤りを正し、足りないところを補なったもので、正統の考証学的な労作である。しかし易章句以下はいささかようすがちがう。

易図略の房《ぼう》通図の説明の中で、焦循は次ぎのようなことを述べている。䷌同人九五に「大師克つ」という文句がある。䷆師の卦には当然師の字を含む句が多い。また䷂屯の九五に「其の膏《あぶら》を屯《とど》む」とあり、䷱鼎九三には「雉の膏」という字が出て来る。䷢晋の象に「晋は進むなり」とあるのに対し、䷄需の象には「需は進まざるなり」とある。これらの共通の字を含む両卦の形を見ると、その間に一つの規則的な関係が見出だされる。䷌と䷆、䷂と䷱、䷢と䷄この三組は各々陰と陽と入れかわった形、漢易でいう旁通の関係にある。同様にして各卦の文句の中で、二つ以上の卦に共通の字を含むものがあれば、必ずそれらの卦と卦の間に法則的な関聯がある。焦氏は三十の例をあげてそのことを証明しようとする。その中には当然無理な説明を余儀なくされるものが出て来る。䷣明夷六五「其子（箕子）の明夷《やぶ》る」と䷼中孚九二「鳴く鶴陰《かげ》にあり。其子これに和す」とには其子の文字が共通する（前者は固有名詞、後者はその子であるが）。この両卦も旁通の関係にあるべきである。しかし、䷣の旁通は䷅で䷼ではない。それを焦氏は次ぎのように説明する。䷣の旁通は䷅である。䷼の九二は、䷽の六五と入れかわりうる。しかしこの両者は仲が悪いので、䷅の初と四とが入れかわった。そして䷼となった。だから䷣と䷼とは相関聯する、と。また「密雲あれど雨ふらず」の句は、䷈小畜と䷽小過とに共通する。䷈の旁通は䷏である。䷈の上と䷏の三と入れかわったらば、䷏は䷽となる。で、䷈と䷽とは相関聯する、と。こうして説明せられる、䷣と䷼、䷈と䷗の関聯をも、焦氏は旁通とよぶ。焦氏の旁通というのは、陰と陽をそのまま入れかえる、漢代からの通有概念のほかに、彼特有の観念をふくむ。つまりあとの例でいえば䷈の陰陽を入れかえた䷏の形は、通常の意味の旁通であるが、焦氏はもとの卦䷈と旁通卦䷏との間で爻を入れかえさせて得られた卦䷽をも、もとの卦の旁通卦と見なすのである。尤もその際入れかえには原則がある。両卦の不得位の爻であって、初と四、二と五、三と上の位にあるものが入れかわるべきだとする。つまり漢易の升降の法にそっての入れかえである。無論この原則も先の例のように必ずしも守りえないのではあるが。

同じく易図略の当位失道図には、次のような理論がある。「䷀乾と䷁坤が、二と五を入れかえると、䷌同人と䷇比ができる。そのうえで、四と初を入れかえると䷤家人と䷂屯になり、上と三とを入れかえると䷰革と䷦蹇ができる。この順序ならば当位であって、必ず吉であるが、二と五を入れかえるよりさきに、四と初を入れかえ（䷈小畜と䷗復）、上と三を入れかえる（䷪夬と䷎謙）ならば、それは失道である。失道の卦は凶である」と。これは彖や小象でいう中正、不中正の理論を、複雑にしたもので、卦本来の吉凶は必ずしもこうした規則に合わないことはいうまでもない。そこで焦循はつづけていう「しかれども吉は凶に変ずべく、凶も吉に変ずべし」。どうしてかというと、二と五よりさきに四と初を入れかえた結果、䷈䷗という失道の卦ができたが、変通によって䷈は䷏豫に通じ、䷗は䷫姤に旁通する。そうすると、豫と姤は失道の卦ではないが故に、䷈と䷗の悪を救うことができる。

こういう風に易の文句、吉凶についても、すべて卦の形との間に一定の原則があるという前提の上に立って、整頓した体系を見出だそうとするのが易図略の態度である。

易通釈も右の基本方針と同じ線に沿っている。これは「利建侯」(きみをたてるに利あり)とか「膏」とか「輪」とか「丈人」とか「三歳」とか「資斧」とかいう二箇所以上に共通に見えることばについて、春秋でいう義例(代数でいえば因数)を求め見出だそうとする。たとえば䷷旅九四「其の資斧を得たり」、䷸巽上九「其の資斧を喪《うし》なう」の両者についていうと、旅䷷は初と四を入れかえて䷕賁となり、その旁通は䷮困である。䷕賁の五に䷮困の二を入れると䷤家人となる。家人となりうることが、資斧つまり利を得ると称せられる理由である。一方、䷸巽の方は䷈小畜となりうるが、次ぎに䷏豫にはなりえずに、䷄需となる。どうしても䷤家人にはなりえない。だから資斧を喪うということになる。

こういうふうに、経の字句と卦の形との間に、一貫した法則的な聯関を見出だそうとする意図は、多かれ少なかれ漢易以後の、この派の易学者に共通に存在した。しかし、焦循のばあい注意せねばならぬことは、彼のは天文とか五行とかを一切用いないで、経文と卦の形だけについて、そこから因数分解式に法則を見つけようとしていること、漢易の諸法の多くが、ある文句の説明には十二辰を、ある文句には五行をというように、行きあたりばったりであるのに対して、経文全体の中に共通の公約数的なものを求めようという態度である。それはもともと無理なことで、結果的にはひどいこじつけ、思考の遊戯のようなものになっているが、その頭のはたらかせ方に、科学的なひらめきが感ぜられる。彼は九章算術をきわめた人である。また戯曲など士大夫の軽蔑する書物をも読まぬものはないといった自由な精神の持ち主でもある（文献徴存録）。恵棟らのように、漢儒の説を無条件に尊重するといった態度が毫もなく、自分の頭で考えようというところがある。一般の考証学者とちがった独創性がここにある。

こうした科学的な意図がさらに伸びて行けば、易そのものの、古い神秘的権威を引きはがし、その正体を白日のもとにさらす試みが、ただちに始められそうなものである。しかるにそうはならなかった。銭大昕は今日いう意味の科学的な頭の持ち主と思われる人であるが、その人にしても、

「善悪の報いという考えは、中国固有の考えの中にもあって、報いの証拠は疑えないものである。また古えの聖王は、親同様に天に仕え、災変の度に反省した。後の学者は、その感応のしるしが必ずしも明かでないという理由で、天変は恐れるに足りないなどというが、天道は深遠である。感応が現われないのは、しるしがずっとあとに起るからそう思うだけで、決して誣ではない」（文集24・春秋体例序）

という。十九世紀の実証史学者にも免れられぬこの伝統的迷信と、清人の経への依然たる敬虔さとが、易のヴェールを引き剝ぐことをさせなかった。朱子のところで言ったように、中国の実証主義、科学精神とは、西洋のそれより、もっと茫漠としたゆるやかなものである

だけに、容易に経の権威を超えることはできなかった。逆に、西洋のキリスト教の神のような普遍的な信仰対象を持たない彼等にとって、天地と人の同根を説き、時間空間を象数に解明してくれるはずの易、長い伝統と経という権威に飾られた易は、むしろひそかな楽しみとして、また救いとして、そっとしておくことが望ましかったのかも知れない。

以上、漢から清までの易学の歴史を粗雑ながら通観して来た。易学の理論には、多分に専門の術語のような伝統がつきまとっていながら、各時代の易解釈が、その背景の社会の風潮というものを多かれ少かれ反映していることに気づかれるであろう。漢代の易はいかにも漢代らしく、魏晋の易はいかにも魏晋らしいというように。そして、中国哲学の大きな山である宋学に易の理論が大きく作用していること、しかもその易が王弼のそれからの展開であることは、思想というものが、いかに新しく見えても、実は見えない伝統の流れに負うところがきわめて多いことを感ぜしめる。

第三章　筮　法

〔梗概〕この章では実際に筮竹を使って卦をたてる方法および占術ということに関わる諸問題を述べる。まず繫辞伝にある正式の筮法とその数学的な検討。さらに銭を使う簡単なしかたを紹介する。昔の易占の名人はおそらく易だけでなしにいろいろの別の術を幷用したのであろう。

易は経書になってでも、同時に占いの書でもあるのに、とかく儒者は後者の要素をわざと無視したがる。それは占いと倫理との矛盾の問題が残っているためと、職人的技術を軽蔑する知識人一般の気分がそうさせるのであろう。それでいて、厳しい倫理を説く人が易を捨て切れないのは何故か。

今まで述べて来たところでは、易のもつ、占筮技術としての面を、ことさらに省略して来た。歴代の易学者において、卜筮面を重く見るか、より強く哲学として見るかの差はあるが、何びとも、易の占筮機能を全く否定し去ることはない。易という経書の特異性は、哲学でありながら占いの具でもあるという点にある。で、この技術面についても、一通り触れておくことが必要であろう。

筮法の原初は今では知る由もない。今日知りうる最も古い方法は繋辞伝に記されたそれである。そして昔からその方法がオーソドクスな筮法とされて来た。繋辞の叙述はきわめて簡単で曖昧なところもある。今、周易正義と朱子の解釈（文集66・蓍卦考誤）とによって、この正統の法を検討して見よう。

用いる蓍《めどぎ》（筮竹）は五十本。そのうち一本を取り除く。これが太極である。で、実際の用をするのは四十九本。四十九本を、ぱっと左右両手に分ける。この分ける動作で卦がきまって来るので、この瞬間のため、精神統一とか祈念とかが要求されるのである。左の手に握ったのが天に、右手のが地に象どるとされる。右手のぶんから一本をぬき出し、これを左手の小指にはさむ（朱子）。これは人に象り、都合、天地人三才の象徴がそろう。次ぎに、右手の蓍を下において、右手で左手の蓍を四本ずつ数えてゆく。そして残りを中指と薬指との間にはさむ。さらに左手で、右手の蓍（下においたぶん）を四本ずつ数えていって、残りを人さし指と中指との間にはさむ。これが「第一変」の操作である。一変の中に、右手の一本を左手にもつ動作が一つ、四本ずつ数える動作が左右で二つ、残数を指にはさむ動作が二つ、合計五つの操作がある。そして五つの操作の中に、残数処理が二つあるから、これは、五年に閏月が二度あるのに象どるという。

第一変によって得られた二つの残数に、小指にはさんだ一本を加えると、必ず9もしくは5になる。数式によって示すと、

(1) 左手のぶんを $4n$ とすれば、右手は $49-4n$、一本をぬき出すと $48-4n$

四本ずつ取ると左手は $4n \div 4 = n-1$……剰り4
右手は $(48-4n) \div 4 = \{48-4(n+1)+4\} \div 4 = 12-(n+1)$……剰り4
（割り切れる場合でも剰余を必ず作る必要があるから）
ぬき出した一本とで $4+4+1=9$

(2) 左手が $4n+1$ ならば、右手は $49-(4n+1)$
一本をぬき出すと $48-(4n+1)$
四本ずつ取ると、左手 $(4n+1) \div 4 = n$……剰り1
右手 $\{48-(4n+1)\} \div 4 = \{48-4(n+1)+3\} \div 4 = 12-(n+1)$……剰り3
ぬき出した一本とで $1+3+1=5$

(3) 左手が $4n+2$ ならば、右手は $49-(4n+2)$
一本をぬき出すと $48-(4n+2)$
四本ずつ取ると、左手 $(4n+2) \div 4 = n$……剰り2
右手 $\{48-(4n+2)\} \div 4 = \{48-4(n+1)+2\} \div 4 = 12-(n+1)$……剰り2
ぬき出した一本とで $2+2+1=5$

(4) 左手が $4n+3$ ならば、右手は $49-(4n+3)$
一本をぬき出すと $48-(4n+3)$
四本ずつ取ると、左手 $(4n+3) \div 4 = n$……剰り3
右手 $\{48-(4n+3)\} \div 4 = \{48-4(n+1)+1\} \div 4 = 12-(n+1)$……剰り1

ぬき出した一本とで$3+1+1=5$　Q.E.D.

次ぎにこの総剰余の9もしくは5を除いた、四十本もしくは四十四本を用いて、左右にわり、一本を小指にはさみ、四本ずつ数えるという操作を行う。これが「第二変」である。剰余は8か4である。

(1) 左手$4m$ならば、右手$44-4m$、一本をはさむと$43-4m$
四本ずつ取ると、左手の剰余は4
右手は$(43-4m)\div4=\{44-4(m+1)+3\}\div4=11-(m+1)$……剰り3
両剰余はさきの1を加えると$4+3+1=8$

(2) 左手$4m+1$ならば、右手$44-(4m+1)$
一本をのぞいて$43-(4m+1)$
四本ずつ取ると、左手の剰余は1
右手$\{43-(4m+1)\}\div4=\{44-4(m+1)+2\}\div4=11-(m+1)$……剰り2
さきの1とで$1+2+1=4$

(3) 左手$4m+2$ならば、右手$44-(4m+2)$、1をのぞいて$43-(4m+2)$
4でわって、左手の剰余は2
右手$\{43-(4m+2)\}\div4=\{44-4(m+1)+1\}\div4=11-(m+1)$……剰り1
さきの1を加えて$2+1+1=4$

(4) 左手$4m+3$ならば、右手$44-(4m+3)$、1をのぞいて$43-(4m+3)$

4でわると、左手の剰余は3

右手 $\{43-(4m+3)\}\div 4=\{44-4(m+2)+4\}\div 4=11-(m+2)$……剰り4

さきの1を加えて $3+4+1=8$

以上は四十四本を用いた場合であるが、四十本を用いても同じになる。44と40の差は4であるから。

Q.E.D.

さらにこの四十四本、四十本から、8もしくは4を除いたもの、すなわち三十二本、三十六本、四十本のいずれかでもって、同様の操作をくりかえす。これが「第三変」、その剰余は8もしくは4である。これの証明は省略する。用いる蓍の数が第二変の場合と4ずつちがうだけであるから。

右の三変によって一爻が得られる。三変によって得られる残数、9と5、8と4、8と4のうちで、二つが多い数、一つが少い数の場合、すなわち、9と8と4、5と8と8、が得られた場合、少陽といって陽爻⚊ができる。二つが少く一つが多い場合、すなわち5と4と8の場合は、少陰といい、陰爻⚋になる。全部が少い数の場合、すなわち5と4と4ならば老陽となる。陽爻ではあるが陰に変ずる可能性を含むものである。全部が多い場合、すなわち9と8と8が出た場合は、老陰といって、陰爻ながら陽に変ずる可能性を含む。それで老陰、老陽を変爻とよぶ。前の少陰少陽は、これに対して不変爻とよばれる。古来、老陰の数を六、老陽の数を九、少陰の数を八、少陽の数を七と規定する。そして、初九とか六二とかいう爻のよび方の九・六を老陰老陽とし、左伝国語の占筮記事に見える八を少陰のことだとする説が一般に行われて来た（杜預・韋昭ら）が、これにはいささか疑問が残る（第一章第四節参照）。

三変で一爻が得られる。故に一卦六爻を得るためには、この三変の操作を六回繰り返さねばならない。今仮りに、如上の十八変の操作で、9・8・4、5・8・8、9・4・8、9・4・4、9・8・8、5・8・4と出たとする。これで成り立つ卦の形は䷊泰である。そのなかで第五爻は9・8・8で老陰である。これは陽に変じうるものであった。だから「䷊泰の䷄需に之《ゆ》く」ということになる。こういう時、䷊泰の方を本卦、䷄需の方を之卦《しか》とよぶ。そして占う人の問いに対する答は、本卦の変爻、右のばあいでいえば䷊泰の六五の爻辞がそれである。

右は一爻だけ変ずるばあいであった。これだと答は一つの爻辞で示されるから迷うことはない。しかし、9・8・8あるいは5・4・4が一卦のうちで、二度以上出るばあい、一度も出ないばあい、いずれもありうる。そのばあい、経文のどこを見ればよいのか迷わねばならぬ。左伝正義（襄9）によれば、二爻三爻あるいは全部変ずるばあいは、どの爻辞を見てよいかわからないから、爻辞によらないで、卦辞を見よ、といっている（本卦、之卦いずれの卦辞か明言していないが、おそらく本卦のつもりであろう）。朱子の易学啓蒙にはもっと複雑な規定が見える。

二爻変ずる時は、本卦の二変爻の二つの爻辞を見る。それも上の爻の爻辞を主とし、下のを参考にする。

三爻変ずる時は、本卦と之卦との二つの卦辞を見る。

四爻変ずる時は、之卦の二つの不変爻の爻辞を見る。それには下の爻の爻辞を主とする。

五爻変ずる時は、之卦の不変爻の爻辞を見る。

六爻とも変ずる時は、その卦が乾䷀坤䷁のばあいは用九、用六の爻辞を見る。それ以外の卦ならば、本卦の卦辞を見る。

一爻も変じないばあいの規定がないけれど、おそらく六爻とも変じたばあいと同じ扱いをするつもりであろう。朱子の規定も何か基づくところがあるのであろうが、正義のほうがより妥当であろう。

次ぎに、三変によって、老陰、老陽、少陰、少陽の得られる確率 probability を考えて見よう。

第一変において、剰余9を得る確率は$1/4$、5を得る確率は$3/4$である。

第二変において、剰余8を得る確率は$2/4$すなわち$1/2$、4を得る確率は$2/4$すなわち$1/2$。

第三変において、剰余8を得る確率は$2/4$すなわち$1/2$、4を得る確率は$2/4$すなわち$1/2$。

そこで老陰の確率、すなわち三変を通じて多い方、9・8・8の出る確率は、

$$\frac{1}{4}\times\frac{1}{2}\times\frac{1}{2}=\frac{1}{16}$$

老陽、すなわち5・4・4の出る確率は、

$$\frac{3}{4}\times\frac{1}{2}\times\frac{1}{2}=\frac{3}{16}$$

少陰、二少一多の出る確率は、

$$\left.\begin{array}{l} 5,\ 8,\ 4 \cdots\cdots\cdots \frac{3}{4}\times\frac{1}{2}\times\frac{1}{2}=\frac{3}{16} \\ 5,\ 4,\ 8 \cdots\cdots\cdots \frac{3}{4}\times\frac{1}{2}\times\frac{1}{2}=\frac{3}{16} \\ 9,\ 4,\ 4 \cdots\cdots\cdots \frac{1}{4}\times\frac{1}{2}\times\frac{1}{2}=\frac{1}{16} \end{array}\right\} 計\ \frac{7}{16}$$

少陽、すなわち二多一少の出る確率は、

$$\left.\begin{array}{l} 9,\ 8,\ 4 \cdots\cdots\cdots \frac{1}{4}\times\frac{1}{2}\times\frac{1}{2}=\frac{1}{16} \\ 9,\ 4,\ 8 \cdots\cdots\cdots \frac{1}{4}\times\frac{1}{2}\times\frac{1}{2}=\frac{1}{16} \\ 5,\ 8,\ 8 \cdots\cdots\cdots \frac{3}{4}\times\frac{1}{2}\times\frac{1}{2}=\frac{3}{16} \end{array}\right\} 計\ \frac{5}{16}$$

少陰と老陰の計は$8/16$、少陽と老陽の計も$8/16$で、陰爻⚋と陽爻⚊との確率は等しくなるけれど、四者について見れば、その確率はきわめて不揃いである。一爻について、それが変爻す

なわち老陰老陽となる確率は、

$$\frac{1}{16}+\frac{3}{16}=\frac{1}{4}$$

であるから、六爻についていえば、そのうち一爻は変爻になる可能性がある$\left(6\times\frac{1}{4}=1.5\right)$。

しかるにその爻は、

$$\frac{1}{16}:\frac{3}{16}=1:3$$

の割り合いで、陰爻であるばあいが少なく、陽爻であるばあいが多い。変爻は前に述べたように、その卦のなかのどの爻辞が求める答であるかを指し示すものである。それが陽爻であるばあいが三倍多い。六十四卦のどの卦が得られるか、その割り合いは同じであるが、その得られた卦の、答となるべき爻は、三倍の確率をもって陽爻である。例えば䷾の卦が出たとしてそのうち六二、六四、上六のいずれかが変爻になるばあい、いいかえれば既済六二、六四、上六の爻辞を用いるばあいは、同じ卦の初九、九三、九五を用いるばあいの三分の一しかないということになる。ここに不合理な点があるのである。

　右の筮法を用いて卦を立てるその情景を、まざまざと描き出した文章が、南史・阮孝緒《げんこうしょ》伝に見える。阮孝緒は七録という書籍解題の名著を作った書誌学者であり、孤高なそして風流な隠者でもあった。ある時友人の張有道が彼にいった「君は、生活こそ浮世離れしているが、本心はどうかな。占って見ないとわからぬ」。張有道は占いの名人である。筮竹を操作して第五爻まで出た⚊⚊⚊⚋⚋。張がいう、「これは感応の卦になろう。悠々自適の隠遁のかたちにはなるまい」感応の卦とは、䷞咸のこと。隠遁の卦とは䷠遯である。張は、阮が隠棲はしていても、外界の名利への感応は内心捨て切れまいと皮肉っているのである。阮が答えた、「まあやって見たまえ。あとの一爻が陽にならぬとは限らないから」果して老陽が出て、䷠遯となった。張が歎息していった、『これこそ「肥遯、利せざるなし」（遯上九）という意味だ。この卦のすがたはまことに君の徳にぴったりしている。やはり君は、心と行状と同じだったな』。肥遯の肥は余裕あるの意味である。遯は隠遁の意味。王弼によれば、九四、九五が、内卦に応をもっているのに対し、上九は応をもたない。まことに超然として後ろ髪引かれることのない隠遁ぶり、それが肥遯である。張の感歎した理由である。しかし阮はこういう、「このよき卦、遯を得たとはいえ、上九の爻は登仙の道を開くものではない。この占いで見ると私が仙人になれる可能性はなさそうだ。せめて高く浮世を離れるしか術《すべ》はあるまい」。

　正式の筮法以外に、銭を用いて卦を立てる方法がある。儀礼《ぎらい》・士冠礼の疏に「むかしは、蓍を用いて一爻一爻を得るごとに、地面に爻を描いていったが、今（唐代）では、描く代りに、銭を用いて爻をあらわす。老陽を表現するには、三枚の銭を全部裏むけて置く。これを重という。老陰をあらわすには三枚とも表を出す。これを交という。少陽をあらわすには、二枚表、一枚裏、これを単といい、少陰をあらわすには二枚裏、一枚表、これを拆《たく》という」。

これで見ると、筮したあとの結果を記録する代りに、銭を用いるのである。しかし、逆に、筮の操作の代りに、三枚の銭を投げて、三枚とも裏が出たら老陽、表なら老陰というふうに、これで卦を立てることもできる。唐代すでに、こうして卦を立てる方法が行われていたことは唐人の詩句からも立証される（銭大昕・養新録1）。

衆中不敢分明語　ひと中なれば敢えてさだかにはいわずして
暗擲金銭卜遠人　ひそかに金の銭をなげて遠き人をうらなう

宋代には一般に用いられたこと、朱子の「今の人三つの銭を以て揲蓍《せっき》に当つ」（語類66）のことばで明らかである。さらに、元の戯曲、金銭記には、主人公が恋人に会えるかどうかを占う場面がある。

「おれは手ずから一卦を占ってみよう、今日彼女に会えるかどうか（禱るしぐさ）。至霊至聖、至誠感応……謹んで袁天罡《えんてんこう》先生、李淳風先生（ともに占いの名人）、卦内の先賢先聖、抛卦童子、擲卦仙人（ともに占いを司どる仙人）に請う。八八六十四卦、そのうち一卦を占い、三百八十四爻、そのうち一爻を占わんとす。来意至誠なれば、感応せざるなからん。単々々拆々々。天地否䷋の卦が出たぞ。否とは閉塞の意味だ。ねがうことは通ぜぬが、内に発生のきざしはある。初は凶だが後は吉。黄金の銭よ。お前はここにいる。だが彼女はどこにいるか知ら」（元曲選・金銭記第三折）

これは三枚の銭を六回なげて、少陽が三度、少陰が三度出たのである。正式の筮法では下から上への順に爻を置いてゆくが、ここでは上から下へ爻を置いている。なお変爻がないので、爻辞を用いず、卦全体の意味だけを用いている。

右の銭を投げる方法は、簡単で、確率の上からいえば、正式の筮法よりも合理的である。ただし、上から下へ爻を置くのは、易本来の組織と矛盾するし、正式の筮法につけられた、天地とか四時に象どるという神秘的観念は消滅せざるをえない。

歴史に名を留める占いの達人たちは、卦を立てたあと、どういうふうに解釈を下したのであろうか。後漢の折像、樊英《はんえい》、許曼《きょまん》らは、実際の予言、占いで名を挙げたが、いずれも京氏易を習っている。そして、例外なしに風角(風の音律で吉凶をうらなう法)、星算(星うらない)、推歩(日、月、五星のうごきでうらなう)、災異などの方術を、あわせて修得した人々である(後漢書・方術伝)。魏の管輅《かんろ》、晋の郭璞《かくはく》の修めた易学がいかなる系統のものであるかはいざ知らず、占いに関する限りでは、漢易流の解釈法を採って、王弼ら玄学風の解釈を用いてはいないようである(魏志・管輅伝、晋書・郭璞伝)。管輅別伝(魏志・本伝注)によれば、世人は、彼が秘伝の書物を持っているのだろうと思っていたが、その実、彼の用いるものは、易林のほか、風角、鳥鳴(鳥の声で占う)、仰観星書などありふれたものでしかなかった、という。管輅はただの占い者でなく、一代の名士、何晏が易について質問をしているし、易の注釈を書こうとする劉邵《りゅうしょう》をやりこめたりするほどの易学者でもある。それでいて、伝記に見える占いぶりは、易経を用いるというよりは、射覆《せきふ》(透視術)にも似た直観に頼る傾きが強そうである。実際、王弼のように、すべての象を捨てた解釈では、こまかな具体的なことを占うのに、利用しにくい点もあろう。また京氏易を修めた人にしても、易経だけで事を占うのに十分とまでゆかないのではないか。さればこそ他のいろいろの術を併用する必要もあったのである。

後漢では、前漢以来の天人相関思想がなお盛んであり、京房がそうであったように、占筮と経学が結びついて分離していないところから、実際の占術で官吏に推薦される可能性があった。たとえば、漢書の作者班固は、風角占候に巧みな謝夷吾《しゃいご》を「神と契《てがた》を合せ、その道徳に拠《よ》り、以て王務を経《おさ》む」ということばで推薦している（後漢書・方術伝）。王務すなわち政治と、神つまり天意とが相い応ずるという前提があればこそ、占候が官吏となる条件に数えられているのである。それだけに、このころの術者たちは、数も多いが、その心根はなお功利の色が強いようである。それが魏晋のころになると、かれらの知性が、政治面においても呪術的なものの存在を許さない。あれほど盛んであった天人説、讖緯説は全く影をひそめ、一見この時代に似合わしくないようなことながら、法律の検討改正がまじめに行われている。この合理精神の前に、呪術の政治的価値は下落して、功利の手段とはなりえない。ここに呪術は政治と分離せざるをえない。だが、一面かれらは、貪婪な好奇心と風流心の持主でもあった。それで、呪術のほうは、それ自体を楽しむ、なんらためにすることなしに(interesselos) 楽しむ対象となる。「芸」としての独立の価値をもって来る（これは文学芸術一般についていえること。漢代では何らかのためになるもの、政治や道徳にかかわるものでなければ価値を認めなかった。魏晋で始めて文学のための文学、芸術のための芸術が成立する）。管輅の「われ天地と神を参じ、蓍亀と霊を通じ、日月を抱いて杳冥《おおぞら》に遊び、変化を極めて未然を覧《み》る。況んやこの近き物（現実）は、能く聡明を蔽わんや」（魏志）のことばは、「王務を経」める後漢人とは似て非である。すでに芸の名人としての自負の上に立っての発言である。魏晋の学問もまた、合理的で interesselos なものであるから、占術は学問とも分離せざるをえない。王弼の易学は、はっきりと易のもつ呪術性に背を向けている。漢代では経術のなかにはいりこんでいた占法は、ここで経学とは外の世界のものという観を呈して来る。

漢書・芸文志を見てもわかる通り、中国には古来おびただしい種類の術数がある。それが易の呪術面と結びつくことは当然ありうることであった。風角や星算といった天文学的な術数が易と結びつくことは、前漢の易学の性格からして、当然すぎるほど当然であった。そのほかに、道教との関聯もまた見のがせない。道教もいろいろの術数的なものを多く含んでいて、その点で易に結びつく可能性はある。後漢の占者にしてからが、易林を書いた許曼の学は道士に受けたといい、高獲は鬼神を意のままに使うことができた（後漢書・方術伝）。晋の韓友は京費厭《よう》勝の術をよくした（晋書・芸術伝）。鬼神を使うとか厭勝（悪鬼調伏）とかは、道教から得た技術ではなかったろうか。宋の先天図などの源が道教にあるということは、逆に、易の呪術面が道教の中に取りこまれ、道教の中で別に発展をとげていた、ということを想像させるものでもある。

朱子は易を卜筮の書と断言し、世人が卜筮を卑しむことを誤りとする人であるが、実際に占筮についてどういう感じをもっていたか。語類（73）の中で、李寿翁が魏公の出征を占した判断の神妙さをほめたたえているところを見ても、筮への信仰、筮のための書として易を認める観念は、確かにある。しかし、風角星算射覆のような要素まで易占に借りて来ることは勿論、京房流の暦を借りて来ることをも峻拒したもようである。厳州の王君儀は、よく禍福を言いあてた。一卦を一年に当て、各々の年を、各々の卦が支配するという。紹興壬戌《みずのえいぬ》の年（1142）祖母が帰って来ることを予言して適中した。それというのが、その年が晋䷢卦の支配の年で、晋六二に「この介福（大福）をその王母に受く」の文があるのによって知れたという。これに対して朱子はいう「予おもうに、これまた小さき数のたまたま中りしのみ。もし遂に君儀を以て易を知れりとなさば、われ其の説を知らざるなり」（文集71・雑著）。ここに術者に対する学者としてのけじめが見られる。後漢の厳君平は隠者であって、生活の資のために売卜をしていたが、その占いは、単に未来を言い中てるというのでなく、それにつけて相手に倫理道徳を教えたという（漢書・王貢伝）。宋の道学者の易にしても、いかに占筮の面を重視するといっても、その態度はやはりディレッタント厳君平のやりかたと大差はない。朱子のことばに『易はもと卜筮のために設けられる。もし「大川を渉るに利あり」と曰《い》えば、是れ舟を行《や》るに利あるなり。「往くところあるに利あり」とは、是れ行《みち》を啓《ひら》く（出発）に利あるなり。後世の儒者は卜筮の説を鄙《いや》しとして言うに足らずとおもう。而して見る所ははなはだ卑しき者は、又これに泥《なず》んで通ぜず。故に易は読み難き書なりと曰《い》う』（語類66）とあるが、その卜筮技術面の肯定は、あくまで易の発生についての学問的見解から出発しているので、職人の技術を無条件に肯定するものではない。

ところで「後世の儒者」がなぜ「卜筮の説を鄙し」とするのか。巫祝の社会的地位の低さからというだけではない。もっと心理的な理由がある。その第一は、前述の、動機主義の倫理と未来予見ということの矛盾である。第二に、中国思想に伝統的な、技術全般への蔑視ということがある。これは道家の思想にとくに顕著である。道家は自然を貴ぶところから、すべての技巧的なものを、反自然的なもの、さかしら心の所産であるとする。荘子には次ぎのような話がある。ある人が田に働く老人を見た。水甕を抱えて田に井戸の水を入れている。その人は気の毒がって、はねつるべのからくりを教えてやったが、老人は「機巧ある者は必ず機心あり」といって、これを斥けた（荘子・天地篇）。で、最高の技巧は無技巧である。――「大巧は拙なるごとし」（老子45）そこからすべての技術が、窮極においては、技術以上のもの、なんらかの「道」といったものに昇華されるべきだという考え方になって来る（荘子・養生主篇に名料理人庖丁の話がある。牛の料《りょう》りかたがあまりに上手なので文恵君がその技をほめると、庖丁は昂然として答えた、私のは道でございます、技より一段と進んだ境地でございます、と。ここからすべての技芸が悟境にすりかえられる可能性、画工の巧みな絵より文人の素人くさい画が貴ばれたりする可能性が出て来る）。こうした心理を易の場合にあてはめると、「易を善くする者は占わず」（管輅伝）ということになって来る。技術の軽蔑が道家に著しいだけに、易学の歴史を通観しても、易の技術性の後退は、道家の色彩の強い人、王弼などにおいて明らかに見られる。

ここでもう一度朱子をふりかえって見よう。第二の点、技術の軽蔑はこの人には、皆無でないにしても、むしろ稀薄である。何といっても経験的な学風を特色とする人であり、伝統的な文化遺産を理解し受容しようという態度の人であるだけに、そうなのである。ただ第一の点についてはどうであろうか。繫辞伝でこの矛盾は一応切りぬけられていた。しかしそれは一種のごまかしであった。朱子ほどの学者において、それが感じられずにいるわけはない。感じていればこそ、倫理と予見との両者に場を与えるべく、苦しい弁解をしているのである。それほどにしてまで、こうした占いへの信仰を捨て切れぬところに、朱子、ひろく言って中国の知識人――宗教をもたない、無神論的ですらある――の「アキレスの腱」があるといえよう。

総じて中国人は呪術に対して寛容である。一見科学的な方法論を持つ清朝考証学者においてすら然りであった。これは根原的にいって、何に由来するか。私はそれを彼らの宗教のありかたに求めたい。西洋のばあい、エホバという強烈な人格神がそれまでのもろもろの呪術を殲滅した。そしてこの異端への非寛容さが、後の科学発生のための地ならしをしていたともいえる。しかるに中国では、かかる非寛容な人格神、唯一神を生まなかった。呪術の段階から一足とびに理神論乃至無神論の段階に入ったのである。これが早熟に過ぎた。まだ十分な論理的精度を持たぬままに行われたこの転換が、逆に自然の中にさまざまの呪術的光背を残存させる結果となったのである。

〔附記〕なお筮法について一二の事項を参考までに附記する。

略筮法として、わが国で一般に用いられるものに次ぎのようなのがある。四十九本を左右に割り、右手のぶんから一本をぬき出し左手小指にはさむところまでは、本筮と同様であるが、それからあと、左手のぶんを、八本ずつ数えて、残りと小指の一本との合計を見る。残りが一本ならば乾☰、二本ならば兌☱、3が離☲、4が震☳、5が巽☴、6が坎☵、7が艮☶、8が坤☷である。これで内卦全部が一度に与えられた。同様にして、外卦を得る。さらに変爻を出すために、四十九本を二分し、一本を小指にかけ、六本ずつ数える。残りが1なら初爻が変爻、2なら第二爻が変爻……6残れば上爻が変爻となる。たとえば、第一回の操作で一本残って☰、第二回で三本残って☲、これで䷍の卦が得られる。第三回で六本残ったとすれば䷍大有上九の爻辞が求める答である。この方法で用いられる八卦の順序は邵康節、朱子のそれによっている。この方法はわが国の新井白蛾の易学小筌に見えるが、私のおぼろげに記憶するところでは、宋人の何かの書物にこれと似た方法を述べてあったと思う。

筮法と直接関係はないが、王禹偁の小畜集・巻十九に、珍らしい易についての遊戯を伝えている。同州節度推官の岐賁《ひ》という人が周易彩戯図というものを作った。六十四卦三百八十四爻のうち乾六爻を除く各卦の各爻をすごろくの盤の各々の目にあてはめる。すごろく盤は、胡応麟の筆叢・巻四十で見ると、たてよこ十九路三百七十一目ある由で、大体合致するわけである。その彩戯図ではさいころ二つを振って進むのであるが、謙卦に遇えば賞があり、訟卦に遇えば罰があるというふうに、遊戯のうちに易理を知りうる功能がある、と。乾のみを省いたのは「君主の卦であって、人臣あえて戯れとなしえない故」だそうで、いかにも宋人らしい謹直さである。当時、神仙を題材とした高尚なすごろくに、李《り》部《こう》の銷《しょう》夜選仙図があって、これは流行した由であるが、この周易彩戯図は果して世間に迎えられたかどうか。王禹偁は「投壺や郷射同様、君子の遊びとしてふさわしい」とほめているが、その後の消息は不明である。

第四章　易と中国人のものの考え方

〔梗概〕易の考え方と同じ性格のものが中国のものの考え方一般の中に見られる。易の陰陽二元論は外国の二元論とちがって、対立抗争するものでなく、助けあい、ときにいれかわりうるものである。これは中国の善と悪、天理と人欲の観念と似たところがあろう。易には逆説めいたものがある。法則の中の破格を容認する。論理より象徴、数をよしとする。これは中国の学問芸術について見られる。易は人の運命を天道と一つに見る。中国の歴史の見方とつながるところがある。

最後に、易の考え方を支えている、中国人のものの考え方、感じ方について、あらましを述べて見たい。易の諸観念そのものの発生論ではない。それと共通のものが、中国人の考え方一般のなかにありはしないかという問題である。今までにも触れるところはあったが、多少の重複をいとわず、これを結語の代りとする。

易は陰陽の二元論から成り立っている。繋辞にはその上の統体、太極を挙げているが、今はこれを捨象して考えて構わない。この陰陽は、同時に剛柔、男女といった観念に置きかえられるように、相い対する原理ではあるが、戦い合い反撥し合う観念ではない。「応」の規定、すなわち六爻のうち、内卦と外卦の相当位（初と四、二と五、三と上）にあるものが、陰陽の符号を異にするものであれば、たとえ失位であっても（奇数位に陰爻、偶数位に陽爻があっても）、まだ救われるという規定を見てもわかるが、陰と陽は何か電気のプラスマイナスのように感じ合い引きあい助けあうものである。プラスマイナスというと誤解を招くかも知れない。陽をプラス1とした場合、陰がマイナス1だというのではない。ライプニッツは陽を1、陰を0と規定し、ここから対数の考えを得たという。このライプニッツの感じ取り方は無限の興味を覚えさせる。西洋的な二元論ではプラス1対マイナス1である。光と闇、神と悪魔、霊と肉、皆そうである。無限の天上的なものと、無限に地の下の地獄的なものというふうに、この地上を座標として、相反する方向に対立する二元である。中国のこの二元、陰と陽はそうではない。陽を天とすると、陰は地の底の地獄まで下りてはゆかない。まさに座標の軸、地そのものである。マイナスでなしに0である。ということは、闇、悪魔、肉に相当するものがないということ、西洋的な悪の観念がないということである。

こういうと、次のような反問が出るであろう。春秋繁露や白虎通では、陽を善、陰を悪と規定しているではないか、と。しかし、ひろく言って、中国に本当の善と悪の対立といった観念があったであろうか。孟子のばあい、悪は善の欠如態、善が隠れて見えぬ状態に過ぎない。荀子の「人の性は悪」という命題にしても、その「悪」とは「本能」に置き換えられる。存在概念で価値概念ではない。「悪」はなんらの深淵を越えることなしに「善」に連続している。宋学の本然の性と気質の性、天理と人欲となると、問題意識はもう少し深くなっている。善はここで論理的には絶対性を得た。本然の性、天理がそれである。しかしそれに対する人欲は、絶対悪ではない。「人欲を去って天理に即《つ》く」というと、いかにも肉を離れて霊へ、此岸から彼岸へという考え方と似ているようだが、その実ちがう。かれらの「人欲」は「私欲」と同義語《シノニム》である。「人欲を去る」とは、ひずんだ過度の欲望を去ることであって、欲望すべて肉のすべてを断滅することではない。高度の節欲であっても、禁欲asceticismではない。宋学が仏教の影響を受けていることは確かであるが、この点は、宋学者みずからも認める通り、仏教の肉そのものを不浄穢垢とする立ち場とは袂を分っている。かように根本悪、原罪の観念がないところから、中国に魂の救済にかかわる宗教が発達しなかったのである。

ともかく、陰陽の二元は、いかなる意味においても、激しく戦い反撥する原理でない。たとえ、善と悪に比擬せられるにしても、キリスト教的な霊と肉といった対立物とは置き換えられない。西洋の二元論は激しい闘争性をはらむだけに、無限の向上又は向下の指向性をも暗示しているが、この中国的な二元論は、プラス対マイナスでない、真の二元論というにふさわしからぬ二元であるだけに、前者とは反対に、穏かな平和な感じがする。その代り進展はない。無限の循環にならざるを得ない。そしてこの否定を含まない、無限循環性というところに易的思考の限界もまた存するのである。

次ぎにもう少し具体的な方向に目を向けて見よう。陽尊陰卑と普通に定義される。陽は君であり、陰は臣である限り、そうである。また陽は男であり、陰は女であって、その点でも、陽尊陰卑の命題は真とされている。しかし、この尊卑の意味は絶対的なものであろうか。䷞咸の卦は、男☶が女☱に、へりくだることでもって感応の意味が成立する（彖伝）。䷍大有にあっては柔なる六五が尊位にあり、九二が応ずるが故に良い（彖伝）。易の構成では、その意味で陽が必ずしも陰より尊いことにならない。すなわち男が必ずしも女より尊いのではない。男尊女卑の思想は儒教に甚だしいが、中国の考え方の全部ではない。老子は、柔弱なるものは剛強なるものに勝つ、雌は雄に勝つと規定する。実社会においても、女権は必ずしも本当に低くはなさそうである。顔氏家訓には、河北の女性が家の内治外交すべての絶対主権を握っていることを述べているが（治家）、あながち河北に限る現象でもあるまい。易の構成は自ら意識せずに男女同権的になっている。なお君臣の別の厳なるべきことは、繫辞に主張されているが、これも陽と陰とが互いに消長し、転換しうるものである以上、正面切ってそういわぬものの、君が臣に、臣が君に変じうることも、論理的には成り立つわけである。こういう論理の可能性があるということは、中国の国体が、匹夫からでも風雲に乗って天子に成る可能性を開いていることと、相い表裏している。無論易の作者にその意識があったとはいわない。結果的にそうなのである。前述の繫辞の「憂患」「盗」の定義や、魏晋人の易の愛好は、そういう感じをひそかに受けとめていたと見られるのである。

それに陰陽二元論は多分に万物等価値の観念を導き出しやすいこと、宋学のところでも触れた。これは万物が気からできているという唯物論的な考え方から必然的にそうなるのである。唯物論的な見方は、中国の思想には割り合い多いものである。宋学は観念的とかいわれるけれども、その宇宙構造論は唯物論的な要素も多分にある。

䷊、䷋という二つの卦がある。䷊は、下半分が☰天である。上半分は☷地である。つまり天と地がひっくりかえっている。䷋は、☰天が上、☷地が下で常態である。当然、䷋が良き卦、䷊は悪しき卦であろうと常識的に想像される。しかるに易の作者は、ひっくりかえった方の䷊を泰と名づける。泰は安泰の意味で、大吉の卦である。天が上、地が下の常態の䷋は否と名づけられる。凶の卦である。これはいかなる理由であるか。天気は上に昇り、地気は下に降る故に、䷊は将来において常態になるから、というのであろうか。しかしそれなら、他のすべての卦も、そのような潜在的未然的な形でなければならないが、そうはなっていない。漢易では、䷊泰の二と五とを入れかえて、䷾既済とすることによって、泰が吉である理由を説明する。一切の漢易の諸法を捨てることを宣言した王弼すら、この二卦の解釈においてだけは、自分の原則を破って、漢易家の解法に引かれている。しかし、この二卦の意味は、そういうところにはないであろう。これは恐ろしい皮肉である。逆説である。天が上、地が下といった平穏無事な常態の秩序を、無事なるが故につまらぬものとして卑しめる。そして天と地と顚倒したさかさの世をこそ太平とよぶ。ここに作者の痛烈な諷刺と皮肉な笑いが感じられはしないか。また、作者は、最も調和的な卦の形䷾既済をもって易経全体のしめくくりとせず、最も不調和な䷿未済で易経の終りを飾っている。こうした逆説は、中国人のいたく好むところであった。無智を文明の上におき、ひどい不具者を幸福者とよび、おそるべき醜婦を美しい妾より高く評価する老荘の理論もまた、こういう逆説愛好心の一つの現われである。

易は「中」「正」「応」などの均衡のとれた法則を立てながら、それらの法則に外れた多くのものを平然と受けいれ、そうした不調和があればこそ、「典要をなすべからざる」易の特色がある、とする。中国の美意識のなかにそういうところがありはしないか。大体には左右相称 symmetry を好みながら、その中に非相称 dissymmetry の要素をわざと入れたがる。進んでは破調の中に調和を見出だそうとする。不均衡なもの、グロテスクなものの美しさを知ること、中国の芸術家の右に出るものはない。それは直接には老荘や禅の思想に影響されるところが多いであろうが（青木正児氏・江南春・醜の芸術味）、老荘や禅や易のさらにもとになる共通の心性として、不調和の調和というような逆説的なものを認める態度が、中国人にあるであろう。

易は象徴である。八卦の形はいろんな物の象徴、数はすべて宇宙法則の象徴的数、経文も、その書かれたことに尽きるのでなく、人生に起りうべきすべての事象の象徴なのである。この意識は、易学の歴史の中でも、王弼に特にはっきり出て来る。殷浩は、易の象徴は目に見えるものより貴い、とさえいう。この象徴主義は感覚界の奥に不可視の世界を想定する意識でもあるが（前述）、一つには中国人の論理への不信から来ることでもある。繫辞伝には「書は言を尽さず、言は意を尽さず」とある。これは中国人が、最もよく愛用する文句である（手紙の終りなどにいつも使われる）。易においてはこの有限なる論理に代えるのに象徴をもってした。すでに象徴が論理への不信から出ている以上、象徴を解析するのに論理を用いることは無意味である。それは直感によってなされる外はない。中国の哲学が、大体、西洋のとちがって、理性よりも直覚に重きをおくのは、こうした論理への不信から来ている。さらに、中国の美学が、自然の忠実な模写よりも、シムボリックな手法による、対象の内部への肉迫を重視することも、同様の考え方に根ざしている。詩論においては、歌おうとする事柄をあますところなく雄弁に述べるのでなく、切りつめた字数でより豊かな印象を浮び出させようとする。神韻というような評語がそれに当るであろうか。画においても、きわめて簡単な、象徴的な素描の裏に、細密描写以上の効果を期待する南画系の方法がある。これらは、論理の代りに直観を重んずる態度と連なるものではなかろうか（なお前章の技術蔑視、技巧をこえた無技巧の考え方も、ここにかかわって来る）。

易では数を大切なものとする。この数は数学に使う純粋の抽象概念でなく、神秘的象徴的な陰影を背後にもっている。それでこそ宇宙の秘密を解く鍵になりうる。古来、中国では好んで物事を、三、五、その他の数に整理する。三や五は、三才や五行にちなんだ、聖なる数なので、この数にあてはめえたというだけで、当の物事が、証明を要しない信憑性を獲得したように錯覚するからである。彼らが数を好むのは、本当に数学的に、数に堪能だからでなくて、逆に数に弱いからであるともいえよう。弁士が人を説きつけるのに、「一に何々、二に何々」と、箇条書きのように述べたてるのも、こうした弱点を利用してのことであろう。

易は運命を告げる書である。運命とはいかなるものであるか。ギリシヤ神話では、運命の神を全能の神より強いものとする。人々の運命の糸は、いつも運命の神の手中にあり、鋏でもっていつ切られるかわからない。ここでは運命は知ることを拒絶され、その顔を見ることは恐ろしくてできないような感じのものとして、意識されている。しかも人はこれに立ちむかい、これと争い、はねかえそうと努力しながら、遂には打倒されるのである。鍾毓《しょういく》が占いの名人管輅《かんろ》に会ったとき、試みに自分の生れた年月日と死ぬ年月日を筮せしめた。まず生年月日を問うたところ、少しもちがわない。鍾毓は顔色を変えた。管輅は「死も生も一路である。昔の聖人は死を憂いとは見なかった。筮するからには天意をあくまで問おうではないか」とすすめる。鍾毓は答えた「生を好み死をにくむのは人の常情。私はまだ死生をひとしいものと達観するほどには至らない。私の運命はしばらく天にまかせよう。君にはまかせない」。管輅にとっては運命は悠然とまのあたりに見うるものであった。管輅は事実おのれの死期を予見して、泰然自若とこれを迎えた。これに対して鍾毓は、常情を脱せぬものとして賢い態度をとった。わが運命は天に、と言い切ったことはこれまた命を知るものといえよう。両者のちがいは、荘子と孔子の考え方のちがいに相当する。そして両方とも方向こそ反対だが、いかにも中国的である。ギリシヤ悲劇の主人公たちと、運命のうけとり方がちがうようである。

　易の運命の考え方はさまで深刻ではない。易では、吉凶の、先に現われる微妙なきざしを見て、吉に就き凶を避けよ、と教える。これがそもそも楽観的な運命の見方である。ギリシヤ悲劇の主人公の一人、エディポスは、父を殺し母を姦する運命を啓示され、その悪運をのがれようと努めながら、知らず識らずその運命におちこんで行く。凶なる運命を避けるということがすでに許されないのである。

繋辞伝には「天下の事、何をか思い何をか慮らん。同帰にして殊塗。一致にして百慮。天下の事、何をか思い何をか慮らん」といい、「禍は福の伏すところ、福は禍のよるところ」という。寒往けば暑来り、暑去れば寒来るというように、人間の運命も、災難があればまたそのあとに福が来る。そうした大きな循環の中で巧みに身を処せよ、という楽天的な考え方である。淮南子（人間訓）に塞翁の馬の話がある。国境の要塞ちかくにすむ老人があった。その馬が逃げて胡《えびす》の方にはいってしまった。人々が悔みを言うと、「これが福になるかも知れぬ」と答えた。数箇月たって、逃げた馬が胡の駿馬をつれて帰って来た。人々が祝いをいうと「これが禍になることもあろうよ」という。息子がその馬から落ちて脚を折った。人々が悔みをいうと「これが福にならぬとは限るまい」と答える。一年たって胡人が攻めこんで、若者たちは九割がた戦死した。息子だけはびっこなので命を全うした。この話は繋辞の運命観に似ている。大体中国人の運命のうけとり方は、右のギリシヤのそれとは、より楽天的である。中国の文学でも、運命との悲劇的な闘争を歌うものは、きわめて稀れである。大体は「かの天命を楽しんで、また何をか疑わん」（陶淵明・帰去来辞）というふうな、運命への随順、運命の受容が結論となっている。運命への随順ということは、しかし、決して弱い態度ではない。

鄭玄によれば、「易」は一字で三つの概念をふくむ。変易、不易、簡易である。これはすでに繋辞伝でも暗示されている考え方である。変りつつ変らない。しかもたやすい。人の運命は、天地の動き同様、一つの無限循環として考えられるが故に、それは変りつつ変らないで、その中にいともたやすい法則があるはずだ。この考えは、中国人の歴史観と、何か共通するところがないであろうか。老易の流行した魏晋時代には、歴史がよく読まれ、また書かれたということ、資治通鑑の作者が、太玄を好んでその注を書き、自分でも潜虚を作ったということは、全くの偶然であろうか。

大体中国人の歴史のうけとり方は、循環として感じ取っている。キリスト教のように、世界の終末へむかっての一直線の動きとして考える傾向は、まず少ない。中国の歴史は、孔子の春秋以後、いつも後世への鑑《かがみ》として意識されている。資治通鑑とは、政治に資《たす》けとなる、歴代を通しての鑑《かがみ》である。歴史が一回きりのもので、くり返さないものとすれば、前代の歴史が将来への鑑《かがみ》とはなりえないであろう。そして中国人は、歴史の流れの裏に、何か大きな運命を感じてはいるが、そうかといって歴史の中の人間が、全くのロボットではない。各時代の歴史書を見ると、列伝などのあとに、筆者の批判がついている。その中に「このとき、この人が、こうしていたらよかったのに、こうしなかったのは、この人の罪である」といった論法が、きわめてしばしば出て来る。もし歴史が、神の世界計画 Weltplan でもって、きちんと設計され、その中の人々の悪行も功績も、すべて結果づけられているのなら、右のような責任追及は無意味である。されば、ここでは、大体の必然はあっても、その中に全く人間の自由がないわけではない。こういう歴史観は、易の考え方と、通ずるものをもたないであろうか。易をこのむ心理は、歴史への興味と相い反するものではないのである。ただし、易をこのむといっても、漢易のように、決定論的な、易を暦にひとしくするような考え方ではは歴史につながりはしない。また朱子のところで述べた、世界がだんだん壊滅にむかって下降してゆくという末法観があると、右の命題は成り立たない。事実、宋の学者で、歴史らしい歴史を書いた人、通鑑の司馬光、新五代史の欧陽脩は、そうした末法観の持ち主ではない。逆に易を研究した人でも、末法観の持ち主である人は、歴史とは縁が遠いようである。

それにしても、このような無限循環の相において歴史を考える態度、悠久の変りつつ変らない天道の流行の上に乗っかったものとして、人間の運命を受けとる態度からは、同じような事象のくりかえしとしての歴史は生じても、激しい、全く異質的なものへの革命は考えられないであろうし、ここから出てくる人間像にしても、因循で安全ではあっても、冒険的な飛躍を期待しにくいものになりはしないか。中国の過去の歴史が、実際にそのような性質のものだったとすれば、「易」的なものの考え方は、無条件にそのすべてを肯定することはできない。

ともあれ、易は奇妙な書物である。高踏的であって庶民的、哲学的であって通俗的、神秘的であって合理的、真面目なようでいてユーモラスである。一言でこれを定義することは無意味であるが、強いて言えば「運命の書」とでもよぼうか。中国のあらゆる古典について、その類似物を外国の書にさがしえたとして、最後に残るもの、最も中国独自のもの、それは易ではなかろうか。

唐の高駢《こうべん》の歩虚詞（おおぞらを歩むうた）に、

青渓道士人不識　青渓の道士、人はそを識らず
上天下天鶴一隻　天に上り天を下る鶴一隻ぞそれなる
洞門深鎖碧窗寒　洞門は深くとざして碧のまどはさむし
滴露研朱点周易　露を滴らせ朱をすって周易に点うつ

とある。王禹偁の黄州新建小竹楼記（小畜集17）には、割竹で屋根をふいた、わが家のさまを述べて、

夏は急雨に宜し。瀑布の声あり。冬は密雪に宜し。玉を砕く声あり。琴をひくに宜し。琴の調べ和して暢《の》ぶ。詩を詠ずるに宜し。詩韻清絶なり。棊を囲むに宜し。子《こま》の声丁々《ちょう》然たり。投壺に宜し。矢の声錚《そう》々然たり。皆な竹楼の助くる所なり。公より退きし暇には、鶴の氅《はね》の衣を披《き》、華陽の巾《ずきん》を戴き、手に周易一巻を執り、香を焚きて黙坐し、世の慮《おもい》を消し遣《や》る。江山の外、ただ風の帆、沙の鳥、煙雲、竹樹を見るのみ。

という。こういう環境、こういう気分において読まるべき書は易でしかなかったであろう。

主要参考文献（順序不同・敬称略）

「周易」魏・王弼注（四部叢刊本）
「尚書孔伝参正」清・王先謙撰
「四書集註」宋・朱熹撰
「周易集解」唐・李鼎祚編
「御纂周易折中」宋・程頤、朱熹注
「太玄経集注」宋・司馬光撰
「通志堂経解」清・納蘭成徳編
「続皇清経解」清・王先謙編
「漢書補注」清・王先謙撰
「資治通鑑」宋・司馬光撰（叢刊本）
「荘子注疏」晋・郭象注 唐・成玄英疏（古逸本）
「春秋繁露」漢・董仲舒撰（叢刊本）
「世説新語」宋・劉義慶撰 梁・劉孝標注（叢刊本）
「漢魏六朝百三名家集」明・張溥編
「困学紀聞」宋・王応麟撰 清・翁元圻注
「小畜集」宋・王禹偁撰（叢刊本）
「伊川撃壌集」宋・邵雍撰（同上）
「朱子語類」宋・黎靖徳編
「宋元学案」清・黄宗羲撰
「十三経注疏」唐・孔穎達編（汲古閣本）
「左氏会箋」竹添光鴻撰
「京氏易伝」漢・京房撰（叢刊本）
「易程伝」宋・程頤撰（古逸叢書本）
重刻「周易来註」明・来知徳注
「古微書」明・孫瑴編
「皇清経解」清・阮元編
「二十四史」（百衲本）
「国語」呉・韋昭注（天聖明道本）
「老子道徳経」魏・王弼注（華亭本、古逸本）
「淮南鴻烈集解」民国・劉文典撰
「白虎通徳論」後漢・班固撰（同上）
「弘明集」梁・釈僧佑編（同上）
「李文公集」唐・李翺撰（叢刊本）
「張子全書」宋・張載撰
「司馬温公文集」宋・司馬光撰（同上）
「朱文公集」宋・朱熹撰（同上）
「正誼堂全書」清・張伯行編
「潜研堂文集」清・銭大昕撰（叢刊本）

「崔東壁遺書」清・崔述撰
「偽書通考」民国・張心澂撰
「研幾小録」内藤虎次郎著（昭和3・弘文堂刊）
「易と中庸の研究」武内義雄著（昭和18・岩波書店刊）
「儒教の研究第一」津田左右吉著（昭和25・岩波書店刊）
「支那経学史論」本田成之著（昭和2・弘文堂刊）
「古代支那研究」小島祐馬著（昭和18・弘文堂刊）
「漢字の話」加藤常賢著（昭和27・斯文会刊）
「支那人の古典とその生活」吉川幸次郎著（昭和19・岩波書店刊）
「梁の武帝」森三樹三郎著（昭和31・平楽寺書店刊）
「荘子」福永光司著（昭和31・朝日新聞社刊）
「筮法鄙見」日名静一（昭3・弘文堂「高瀬博士還暦記念支那学論叢」所収）
「十翼の成立に関する研究」山下静雄（昭28・「日本中国学会報第五」所収）
「魏晋における人間の発見」森三樹三郎（昭24・甲文社「東洋文化の問題」所収）
「易経の成立とその展開」本田済（同上）

解題　占いの書の深層

三浦國雄

「易」なるものは、長江や黄河のような大河さながら、清濁さまざまな流れを呑み込んで、その流域に広大な磁場を形成して今日に至っている。その間の事情の一端は、旧中国における最高の書籍解題『四庫全書総目提要』に次のように述べられている。

> 易の道は広大で、包括せぬものとてなく、あまねく天文・地理（主として風水）・楽律・兵法・音韻・算術に及び、方外の炉火（道教の煉丹術）のごときものまでも易（主としてその陰陽論）を援用して自説を理論づけている。そして、奇を好む者がそれらを引用して易の注釈に組み入れるものだから、易説はいよいよ煩雑になった。
> （巻一、経部一）

右には建築や都市設計のことは省かれているが、たとえば隋の天才的建築家・宇《う》文愷《ぶんがい》が隋の文帝の命を受けて長安の処女地に新都を造営した際、その壮大なマスタープランの根底にあったのは「易」である。彼はその地が六つの丘陵から成るのを見て乾卦（䷀）の六爻を連想し、その爻辞《こうじ》（各爻に付せられた占断の辞）のイメージを基調にして新都を設計したといわれる。都市設計から人体に縮めていえば、かの太極拳も規範に仰ぐものは「易」の太極－陰陽論であった。

このような「易文化」は、「易」なるもの——さらには「中国」なるもの——を考察する際には決して等閑視できないのであるが、その核心はもとより『易経』というテクストにある。『易経』は、そこに「経《けい》」という語が付せられているように儒教の神聖な経典であり、しかも五経のトップに位置づけられる。そうすると、その内実は高度で理想的な儒教倫理なのか、というとさにあらず、『易経』の第一義は占筮《せんぜい》という一種のパラドックスが歴代、生真面目な注釈家たちを当惑させ、そのことが却って魅力ともなって中国の学術・思想史の第一線を歩み続けさせたが、ここにいわば二重のパラドックスを認めうる、と言えなくもない。

本田済氏の手に成る本書『易学　成立と展開』は、第一章巻頭からきっぱりと「易は筮占《うらない》の書物である」（一五頁）と書き出されているが、これは、本書において自分はこのテーマと取り組むという著者の心構えの宣言でもある（誤解しないでもらいたいが、本書は易占のノウハウを説くハウツー本ではない）。見られるとおり、第三章に「筮法」という章が特別に設けられている。著者は「筮占」の裏側に「倫理」の問題を設定し、両者の矛盾・相克をどう捉えるか、『易経』ではそれがどう調停されているかを読み解くことを本書の眼目の一つとしている。すでに第一章第一節において、孔子の倫理を「動機主義」と規定したあと、「しかるに易の方は……占い divination の書である以上、動機主義の倫理とあい容れない」と、問題の所在が提示されている（三一頁）。

少し先走りしすぎたかもしれないが、本書は『易経』というテクストに焦点を絞り、それがどのようにして成立し、漢代から清朝に至るまで、どのような解釈が施されたか（つまりどのように読まれたか）を解明しようとしたものである。その際、『易経』や注解および注解者の内部に降り立って分析する一方（「心理」や「意識」「無意識」の語がよく使われる）、そのような読解が生み出された根拠を注解者の内面とともに外面——すなわち彼らが生きていた時代相にも求めるところに本書の独自性がある。その結果として、本書のボリュームの大半を占める第一章（易経の成立）と第二章（易学の展開）がおのずから先秦から清代に至る思想史になっているのであるが、これは余人には真似のできない著者の独壇場と言ってよい。

この時代思潮の記述に関して、読者の注意を喚起しておきたいことがある。それは著者がしばしば使う「空気」（時には「気分」）という言葉である。すでに序文から「第一章易経の成立は……易の背後の時代の空気といった面に少しく意を用いた」（はしがき三頁）と書かれている。この語がいっそうリアリティをもって迫ってくるのは、むしろ第二章「易学の展開」中の記述である。たとえば、後漢末から三国時代にかけて生きた虞翻《ぐほん》について著者はこう書いている。「虞翻のめちゃくちゃに爻《こう》（一卦を構成する六本の棒。後述）を動かしたり裏返したりするしかたは、本人としては経文の文字とくっつけるだけの意図でしたことであろうが、何か動乱転変の三国時代の空気を、無意識に反映しているように思われる」（一七九頁）。そうして著者は、この第二章を次のように締め括るのである。

以上、漢から清までの易学の歴史を粗雑ながら通観して来た。易学の理論には、多分に専門の術語のような伝統がつきまとっていながら、各時代の易解釈が、その背景の社会の風潮というものを多かれ少かれ反映していることに気づかれるであろう。

（二四二頁）

このような思想史の記述法は、一部の識者から厳密な実証主義に悖《もと》る主観的臆断だと批判されるかもしれないが、筆者は思想史に生命を賦与する斬新な捉え方だと考えている。

本書は、まことに親切なことに各章各節ごとに著者の手になる「梗概」が付せられていて、これ以上の「解題」は蛇足になる懼《おそ》れがあるが、「易学」なるものは特殊なタームも多出し、専門性も高いので、以下に筆者なりの解説を加えて本書理解の助けとしたい。

「易」は、出自や成立年の異なるいくつかのパーツから構成されていて、その性格を複雑にしている。それらは記号と言葉に大別されるが、ここからが問題である。記号というのは⚋と⚊との二種の棒状のもの（上述の爻）であるが、これが八卦（八つのパターン）を経て六十四種にパターン化されたのが六十四卦である。この六十四卦の各卦と、六十四卦を構成する一卦六爻の各々とに占断の言葉（卦辞《かじ》と爻辞《こうじ》）が付せられ、その卦ごとに「乾」とか「蒙」とかの卦名が与えられて「易」の体裁が整う。こう書くと、まず記号が先にできて、そのあと卦辞・爻辞が新たにそこに付けられたと考えられやすいが、事実はそうではないと著者は言う（四〇頁、四二頁）。卦爻辞の出自は何なのか、これらのパーツは何時どのようにして出来あがり、いつ結合され、いつテクストになったのか、著者は丹念にこの複雑な方程式を解きほぐしてゆく。

こうした「易」の「経」（本文）の部分は、下から上に昇って行く六爻のベクトルを根拠に身分制が崩れてきた東周頃の成立と推定した著者は（五六頁）、次なるステップである「伝」（注釈）の分析に進む。「易」の「伝」には十篇あるのでこれを「十翼」と呼び、この「十翼」の成立によって「易」は儒教の聖典『易経』となるが、この場合も事情は錯綜している。なお本経の場合、「十翼」をも包括したテクスト全体を『易経』と呼ぶ。

ここでも著者は十翼の各注解を精密に分析してゆくのであるが、この場合もテクストは絶えず外部世界——春秋・戦国時代から秦・漢の統一国家成立に向かう歴史の潮流と思想界の動向——に投げ返され、テクストの内外の観点からその内実や成立時期が検証される。かくして著者は、これらは戦国時代から漢初にかけて別個に出来あがったものだと結論づけ、その成立年と思想性をもとにして三つのグループに整理する（一一六頁以下に要約がある）。この考察の興味ぶかいところは、十翼の成立史がそのまま儒教の形成史になっている点である。戦国時代成立と推定される最古層の第一群（大象の前半と説卦伝の後半）にはまだ儒家思想の痕跡は認められないが、これが戦国末から『中庸』成立前の第二群（彖伝《たんでん》と大象の後半と小象の全部）になると、実用的な占筮から離れて高度な倫理が説かれ、道家思想を受容した儒家の言説が出現している。そして、「易」を儒教の経典にまで高めるのに決定的な役割を果たしたのが繋辞《けいじ》伝《でん》である。本篇は残りの伝とともに第三群（秦から漢初）に分類されている。

秦・漢という統一国家の誕生期には新しい哲学が要請された。宇宙論を持たなかった儒家は時代の要請に応えるべく「易」に目をつけ、繫辞伝を新造して「易」に編入したのである。前述の第二群の彖伝・小象にはすでに剛柔二元論が現れているが、それはまだ哲学的範疇として止揚されていないし、そもそも卦爻辞には「陰」と「陽」という語は使われていない。繫辞伝において陰陽論が提起されることにより、かの素朴な二種の爻も陰爻と陽爻とに概念化され、その組み合わせである六十四卦と卦辞、三百八十四爻と爻辞は、陰陽によって織りなされる天地宇宙の象徴として立ち現れてくる。

繫辞伝と陰陽論とは儒教の成立史だけでなく、その後の展開史上においても特別な意味を持っているので、著者は第一章に二つの節を設けてそれらを専論している。そこでは陰陽二元を統括する一元としての「太極」も論じられ、また、占いと倫理という儒家思想にとってある種の「アキレスの腱」（二五九頁）についても繫辞伝の果たした調停の役割が述べられている。それらも重要であるが、ここでは「中庸のコペルニカス的展開」（一一二頁）なるものについて言及しておきたい。『中庸』に「天命これを性と謂う」なる有名な一句があるが、著者によればこの「天命」は「天地人を貫いて違《たが》うことのない法則性」（一一一頁）であって、『中庸』がそれを「性」（人間の本性）で受け止めたところに画期的な思想史的展開があるという。つまり「孔子では、人力を超絶した、いわば人間の外にあった天命が、中庸では、人間の中にはいって来て、生の根柢といったものになっている」（一一二頁）。個人的な述懐になって申し訳ないが、筆者が二十歳の頃、教場で著者からこの「中庸のコペルニカス的展開」の話を拝聴した時の感激はいまなお忘れることができない。繫辞伝との関係でいえば、繋辞伝の「楽天知命」の「天命」はそれと同質のものであるから、繋辞伝は明らかに『中庸』のこの「展開」を経過したものだと著者は結論づける。

なお近年、易学の分野でも考古文献や資料が豊富に出土しているが、たとえば『馬王堆帛書《まおうたいはくしょ》易経』の場合、一九七二年から一九七四年にかけての発掘調査であるから、一九六〇年の本書出版後のことであった。それらがもっぱら伝世文献に依拠する本書を修正できるのか、その必要はないのか、その検証は後学の仕事になろう。

第二章「易学の展開」は、漢から清に至る長大な『易経』の注釈史を時代と並走しつつ追跡したものである。『易経』の注釈は汗牛充棟もただならぬ量にのぼっており、資料の少ない「成立」の研究も大変であるが、資料の多すぎる「展開」はもっと大変である。ここでも著者は、テクストの内と外との両面から展開を捉えようとしている。目次を見ると、易学史の時代区分は、前漢〜後漢〜王弼《おうひつ》とそれ以後〜宋明〜清朝、という流れになっている。通常、易学は天人相関説（人事と天＝自然とは感応しあうとする説）に基づいて卦爻を操作する、数理的、機械論的なものと、「易」を占術や呪術から解放し、これを一個の哲学の書、智慧の書として捉えなおす立場とがある。漢代に栄えた前者を「象数易」、そのアンチテーゼとして魏の王弼によって先導された易学を「義理易」と呼ぶことがある。著者はそうした両種の易学を踏まえながら、豊かな肉づけを施してゆく。

たとえば、「漢易」といっても、前漢と後漢では時代相が異なっているから、孟喜・京房の易学を論じる前にまず「漢初の思想界」（一三〇頁以下）が準備され、ここで儒教が国教となる経緯が語られる。その儒教に食い込んだ「易」は、「天と人との間に反射する電波を捕える、レーダーのようなメカニズム」を武器として、「本来の占いの技術をもって政治に貢献する道を得た」と述べられている（一四二頁）。各種の「易緯《えきい》」（一五五頁）を産んだ前漢末から流行の讖緯《しんい》説（一種の予言）の記述にも精彩がある。その文脈で「方士の宗教」が語られ、著者はそれを慎重に「新宗教」（一五二頁）と言い替えているのであるが、これを草創期の「道教」と呼んでも差し支えない。後漢を「経学時代」（一六六頁）と規定する著者は、その時代が産んだ卓越した経学者・鄭玄《じょうげん》について「経書の世界を、それ自体で完成した矛盾なきものと考えることから出発している」と述べ（一六六、一七四頁）、彼の『易』注については、「緻密で、矛盾のない論理……矛盾のない代り飛躍もない論理、十全ながら、そこから一歩もふみ出せぬ枠の中の論理」と捉えて、「これは或る意味で、固定した、閉された後漢社会の構造式そのものの反映」ではないかと分析する（一七四〜一七五頁）。

次節の「王弼、それ以後」の「以後」はどこまでかといえば、体裁としては唐代まででではあるが、著者は宋代の「易」は王弼の展開と見ているから（二四二頁）、この「二十四で夭折した早熟児」（一九八頁）の影響力には端倪すべからざるものがあった。著者は例によって「王弼の背景」から説き起こす（一八二頁以下）。魏晋時代には「儒教道徳で固められた窮屈な、時には偽善的な時代であった」後漢の反動があらわれ、「礼法に反抗し、大胆に快楽を追求する」者も少なからず、伝統的な儒教教義よりも『易』や『老子』が好まれたが（一八〇頁）、王弼はその時代の申し子のようなところがあった（王弼はこの二書に注を書いている）。

老荘哲学の影が濃いその易学について、著者は鄭玄と比較して次のように述べている。

鄭玄らの方法では経文の一字一句が終点で、それに卦の象徴を結びつけるだけに、全精力が費やされていた観がある。王弼ではことば、すなわち経文の字句すらが手段である。目標はその奥の意味にある。鄭玄らにとって卦は……実象である。王弼の象徴は、それこそ漠然とした仮りのすがた、虚象である。（一八七頁）

著者はこうした両者の「正反対の質的差異」の源流を「深い心理的な差異」に求めて、それは「儒家正統の考え方と道家系の考え方との差異」だと結論づけている（一八八頁）。著者はさらに王弼の深層心理に踏み込み、その易学の特徴を次のように捉えている。

彼（王弼）の解釈は経文の一字一字にとらわれない。経の文句は全く人事の或るシチュエーションの隠喩である。……ここ（中・正・応・承・乗という一卦六爻内における爻同士の関係を表す易のターム）には対人関係の心理的な深い掘り下げと、危機感にみちた平衡感覚を見出だすことができる。これこそまさに、当時の貴族の、官場（官僚社会）における不安の意識をまざまざとあらわしたものといえよう。（一九〇～一九四頁）

もう許された紙数が尽きかけているので、大急ぎ次節に進まねばならない。

第四節「宋・明の易説」においてもまず、この「近世」の画期となった宋の時代精神が述べられる。唐代まで生きていた六朝期のきびしい身分制（能力よりも出自を重視）は、「性」の掘り下げによって「万人に平等の人格的基礎を設定」、つまり「身分的に水平化された時代」が到来したと著者は言う（二一〇〜二一一頁）。宋学＝朱子学は、「理」とか「気」とか「性」などの従来のタームに独特の定義づけを行なって壮大な新体系（新儒学）を樹立するのであるが、著者の説明は平易で明晰である。易学について著者はまず、朱子学の第一走者としての周惇頤《しゅうとんい》「太極図説」を取り上げ、そこに「易」の陰陽概念の「平等的な感じ……が、宋人の考えた性の均等性に、意識せずに働いている」ことを見て取り、さらに語を継いで、「そのことは張載（の『易説』）などに特に顕著」だと指摘している（二一五頁）。

　北宋の程頤には『程氏易伝』という易学史上重要な易注があるが、著者は王弼のそれとの相似性を指摘しつつ、王注よりも「間の抜けた文章でありながら、も少し読者に訴える力がある」と評している（一九八頁）。なお、著者は晩年、その『程氏易伝』の浩瀚な全訳を刊行している（『易経講座』全五冊、斯文会、二〇〇六年〜二〇〇七年）。朱子学の「御本尊」である朱子については、「鄭玄では、真理は経の中で完結しており、経はそれ自体が目的であったのに対して、朱子では、真理は万物の中にあり、経はその真理をつかむ一つの手段」（二二六頁）という指摘には含蓄がある。元・明時代は経学の振るわなかったという通説に著者も従い、本書では来知徳の『易註』しか取り上げられていないのはおおむね妥当であろう。著者は、わが心に理を求める陽明学のあり方にその原因の一端があるとしているが、ただ王龍渓をはじめ『易経』を好んだ陽明学者は少なくなく、その発掘と解明は我々後学に遺されている。

　考証学の流行した清朝では易学者は数多いが、本書では恵棟《けいとう》、張恵言、焦循《しょうじゅん》の三人に絞られている。明末清初の独創的な思想家・王夫之《おうふうし》（船山）は本書では採り上げられていないが、彼については著者は別に先駆的な専論を発表している（「王船山の易学」『東洋思想研究』創文社、一九八七年）。考証学者というと、我々は謹厳実直な学者像を想像しがちであるが、著者は銭大昕の語を引いて、彼らには学問のための学問を楽しむ近代性があったと述べている（二三五〜二三七頁）。

第三章「筮法」の前半では繋辞伝に記された正統的筮法が再現されるのであるが、確率論にまで言及されているのには驚かされる（二四九頁以下）。後半では占筮を巡る逸事のほか、術数や道教との関連について説かれる。そして結びに、中国の知識人が占いへの信仰を捨て切れず、呪術に寛容であった理由を考察して、唯一神を持たず「呪術の段階から一足とびに理神論乃至無神論の段階に入った」ことが「呪術的光背を残存させる結果となった」と著者は言う（二五九頁）。

最後の第四章「易と中国人のものの考え方」のハイライトは、「易」の陰陽二元論の考察である。著者は、ライプニッツが西洋風に陽をプラス1、陰をマイナス1とはせず、陽を1、陰を0と規定したことを「無限の興味を覚えさせる」と評価し、そこからは西洋的な根本悪や原罪の観念は生まれず、「中国に魂の救済にかかわる宗教が発達しなかった」根拠をそこに求める（二六三〜二六四頁）。一見識と言うべきである。そして最後に、「高踏的であって庶民的、哲学的であって通俗的、神秘的であって合理的、真面目なようでいてユーモラス……最後に残るもの、最も中国独自のもの、それは易」という、「易」へのオマージュで本書は結ばれる（二七二頁）。

（大阪市立大学名誉教授）

り

りく（ろく）

りゅう

りょ（ろ）

りょう，りん

れい，れつ，れん

ろ，ろう，ろん

ぼく

ほん

ま，み，む

めい

もう

やま

ゆ，ゆう

よ，よう

らい

せん，ぜん

そ，そう

そん

だ，たい，だい

しゅく，じゅつ

しゅん，じゅん

しょ，じょ

しょう，じょう

こ，ご

こう，ごう

きょ，ぎょう

きん

く，ぐ，くらい

けい

けん，げん

かん，がん

き，ぎ

きゅう

えん

おう，おぎ

か

かい，がい

かく，がく

索引

KODANSHA

本書の原本は、一九六〇年にサーラ叢書（平楽寺書店）より刊行されました。

なお、本文中に中国古典原文に由来する、現在では差別的なものと捉えざるを得ない、身体障碍や身体的特徴についての表現が含まれます。古代社会の事情を論述するために使用が避けられないものと判断し、原本のままとしました。

本田　済（ほんだ　わたる）

1920-2009年。伊勢に生まれ，のち京都にて育つ。京都帝国大学文学部支那哲学史科卒。『易経の思想史的研究』により文学博士（京都大学）。大阪市立大学教授，梅花女子大学学長を歴任。元日本道教学会会長。著書に『東洋思想研究』『易』『易経講座』『近世散文選』『墨子』『抱朴子（内篇・外篇）』『韓非子』ほか多数。

講談社学術文庫

定価はカバーに表示してあります。

易《えき》　学《がく》

成立《せいりつ》と展開《てんかい》

本田《ほんだ》　済《わたる》

2021年９月７日　第１刷発行

発行者　鈴木章一

発行所　株式会社講談社

東京都文京区音羽 2-12-21 〒112-8001

電話　編集（03）5395-3512

販売（03）5395-4415

業務（03）5395-3615

装　幀　蟹江征治

印　刷　豊国印刷株式会社

製　本　株式会社国宝社

本文データ制作　講談社デジタル製作

ISBN978-4-06-525011-2

「講談社学術文庫」の刊行に当たって

これは、学術をポケットに入れることをモットーとして生まれた文庫である。学術は少年の心を養い、成年の心を満たす。その学術がポケットにはいる形で、万人のものになることは、生涯教育をうたう現代の理想である。

こうした考え方は、学術を巨大な城のように見る世間の常識に反するかもしれない。また、一部の人たちからは、学術の権威をおとすものと非難されるかもしれない。しかし、それはいずれも学術の新しい在り方を解しないものといわざるをえない。

学術は、まず魔術への挑戦から始まった。やがて、いわゆる常識をつぎつぎに改めていった。学術の権威は、幾百年、幾千年にわたる、苦しい戦いの成果である。こうしてきずきあげられた城が、一見して近づきがたいものにうつるのは、そのためである。しかし、学術の権威を、その形の上だけで判断してはならない。その生成のあとをかえりみれば、その根は常に人々の生活の中にあった。学術が大きな力たりうるのはそのためであって、生活をはなれた学術は、どこにもない。

開かれた社会といわれる現代にとって、これはまったく自明である。生活と学術との間に、もし距離があるとすれば、何をおいてもこれを埋めねばならない。もしこの距離が形の上の迷信からきているとすれば、その迷信をうち破らねばならぬ。

学術文庫は、内外の迷信を打破し、学術のために新しい天地をひらく意図をもって生まれた。文庫という小さい形と、学術という壮大な城とが、完全に両立するためには、なおいくらかの時を必要とするであろう。しかし、学術をポケットにした社会が、人間の生活にとってより豊かな社会であることは、たしかである。そうした社会の実現のために、文庫の世界に新しいジャンルを加えることができれば幸いである。

一九七六年六月　　野間省一